Editorial

Liebe Leserinnen und liebe Leser,

der Weg vom Kopf ins Herz könnte auch vom Bauch ins Herz umgetauft werden. Wissenschaftler wissen schon lange, dass unser Verdauungstrakt über 100 Mio. Nervenzellen besitzt, dass unser Bauch denkt und damit das Gehirn und seine Gedanken beeinflusst. So werden 95 % des selbst produzierten Serotonins (ein Glückshormon) im Verdauungstrakt hergestellt und wirkt auf unser Wohlbefinden sehr stark ein.

Das Bauchhirn arbeitet alleine, es denkt alleine und es trifft Entscheidungen, die sich unserem Intellekt entziehen. Manchmal bekommen wir sie als Bauchgefühl mit. Wenn wir zum Beispiel die berühmten Schmetterlinge im Bauch haben, dann läuft etwas gut. Wir setzen die rosarote Brille auf und fühlen uns in unserer Haut sehr wohl.

Ganz anders ist es, wenn uns ein Stein im Bauch liegt. Haben Sie schon einmal einen unangenehmen Brief bekommen und mussten dann ganz schnell zum Örtchen? Wahrscheinlich haben Sie den

Richard Weigerstorfer
Geschäftsführer RiWei-Verlag GmbH

Brief noch gar nicht gelesen, aber unser Bauch kennt den Brief und reagiert darauf. Da kann unser Kopf denken was er will, der Bauch ist stärker.

Wenn der Bauch nur sein Ding machen würde, wären wir arm dran, denn er kann sich nur aufgrund seiner Erfahrungen verhalten und denken. Es gibt aber einen Ausweg und zwar unser Herz. Unser Herz ist in der Lage, mit unserem Bauch zu kommunizieren.

Sie werden Sie sich nun fragen, wie? Ganz einfach, der Kopf denkt „alles ist gut" und lässt diesen Gedanken in sein Herz sinken. Das Herz wandelt diesen Gedanken in das korrespondierende Gefühl um und gibt es weiter an den Bauch. Schon kann sich der Bauch entspannen und normal weiterarbeiten. Und dabei entsteht besonders viel Serotonin, das uns glücklich macht.

Noch kürzer geht es, wenn Sie sich immer wieder sagen: **Mein liebes Herz, übernimm du die Führung.**

Mussten Sie nun einen tiefen Atemzug machen? So, als wenn Ihnen ein Stein vom Herzen fällt? Das war die freudige Antwort Ihres Herzens.

Doch nun erst einmal viel Freude mit der heutigen Ausgabe von Herzgefühl.

Richard Weigerstorfer

Ich bin einfach glücklich

Richard Weigerstorfer

Einfach glücklich sein, das wünschen wir uns wohl alle. Doch wie soll das gehen, werden Sie sich nun fragen. Ganz einfach! Sie lassen sich von mir anstecken und machen das Gleiche wie ich. Dass glücklich werden so einfach sein soll, wollen Sie mir nicht glauben?

Ich kann Ihnen Versprechen: Es klappt! Denn das, was ich gemacht habe, spricht das Gefühl ganz tief in uns an und macht zufrieden und glücklich.

Was meine Seele berührt

Bei dieser Tätigkeit habe ich immer das gleiche innere Bild. Ich bin ein Steinzeitmensch und sitze in meiner Höhle. Draußen ist es sehr kalt und dunkel. Aber ich habe ein Licht, das mich wärmt und die Dunkelheit vertreibt. Ich weiß auch, dass ich noch viele Lichter habe, die über die kalte, dunkle Zeit hinweghelfen, Sicherheit für mich und meine Sippe geben. Dieses Wissen um die Lichter erfreut und erfüllt mich.

In meiner Küche fülle ich mit einem Milchkännchen eine Flüssigkeit in kleine und große Gläser. Vorsichtig stelle ich einen Docht, der ein kleines Metallfüßchen hat, in die flüssige Masse. Wie lang wird diese Kerze brennen? Das Glas hat sechs Zentimeter Durchmesser und ist dreizehn Zentimeter hoch. Es ist also mit etwas mehr als einem viertel Liter Wachs gefüllt. Bei einem Docht, der aus 35 miteinander verwobenen Baumwollfäden besteht, wird diese Kerze ungefähr 60 Stunden brennen.

Ich muss schmunzeln und das schöne Gefühl durchdringt mich wieder. Viele lange Nächte wird mir diese eine Kerze Licht schenken. Ich erinnere mich an den Höhlenmenschen. Ja, es ist etwas ganz Elementares jederzeit auf Feuer zurückzugreifen zu können. Kommt das schöne Gefühl daher, dass dieser Zusammenhang Schichten meiner Seele berührt, die von den ersten Menschen noch einen Abdruck tragen?

Kerzen selber gießen

Ich mache einen Test und schenke ein Kerzengieß-Set einem Freund. Das Set besteht aus einem kleinen Eimer mit 100% pflanzlichen Stearin-Flocken, einer Hand voll Dochte, einige Alunäpfchen und Farbkügelchen, damit er zuhause auch Kerzengießen kann. Ich bin neugierig, was er empfindet und rufe ein paar Tage später an. Fehlanzeige. „Ich bin noch nicht dazu gekommen, am Wochenende will

ich es versuchen", antwortet mein Freund. Gut, weiter warten. Ich brauche aber kein zweites Mal anzurufen, er ruft mich von sich aus an. Er erzählt ganz aufgeregt und freudig, was er für schöne Kerzen gegossen hat. Und dass er nun so glücklich ist. Diese Tätigkeit hat in ihm eine Lawine von Freude und Zufriedenheit losgetreten, dass er mich am liebsten durch das Telefon umarmen würde.

Geht es anderen auch so?

Ich will noch mehr Testpersonen beobachten. Eine ist besonders feinfühlig und auch hellsichtig. Sie arbeitet mit dem Urteilchen-Strahler und hat eine ganz besondere Entdeckung bzw. Beobachtung machen können. Sie erzählte mir, dass sie das flüssige Wachs während des Abkühlvorganges mit dem Urteilchen-Strahler und einem Transmitter „Tiefer innerer Frieden" bestrahlt hat. „Die Stearinkristalle speichern diese Information und Energie in wunderbarer Weise", schwärmte sie. „Immer wenn ich die Kerze anzünde, breitet sich diese wunderbare Schwingung für alle deutlich spürbar aus. Es kehrt wirklich tiefer innerer Frieden in mir ein und auch der Raum wird von tiefen Frieden erfüllt. Und, damit ich es nicht vergesse, auch ich wurde beim Gießen der Kerzen immer glücklicher."

Ich kann es immer noch nicht ganz glauben. Kann man mit einer so einfachen Tätigkeit so tiefe Freude auslösen? Ich denke mir: vielleicht ist es ja nur Einbildung. Ich hebe mein Milchkännchen, das mit flüssigem Wachs gefüllt ist und fülle langsam das nächste Glas. Dabei komme ich nicht umhin, richtig breit zu grinsen.

Auch wunderschöne farbige Teelichter habe ich mit meinem Kännchen gefertigt.

Flüssige Kristalle

Lena Lieblich

Es gibt für mich kein faszinierenderes Material als Stearin. Stearin ist weiß. Schmilzt man es, so wird es glasklar. Es ist vollkommen geruchsfrei und wird nicht ranzig. Das Beste am Stearin ist aber die Eigenschaft, beim Erkalten Kristalle zu bilden. Als kleiner Junge habe ich immer die Eisblumen am Fenster bewundert, die ganz langsam gewachsen sind. Meist vom Rande her

zur Mitte und dann in die Dicke.
Fülle ich heute Stearin in ein Glas, so kann man beim Abkühlen des Wachses das Wachsen der Kristalle im Zeitraffer beobachten. Wie hauchzarte Girlanden wachsen sie von unten nach oben, drehen und winden sich dabei und die Struktur, die dabei entsteht, gleicht einem wunderschönen Gemälde. Ab einem gewissen Punkt ist auch die Oberfläche so

abgekühlt, dass erst nur vereinzelt Kristalle darauf schwimmen. Bläst man leicht auf die Oberfläche, wachsen sehr schnell weitere Kristalle nach, bis die ganze Fläche „zugefroren" ist.

Löscht man eine Stearinkerze, so kann man dieses Schauspiel jedes Mal beobachten, wenn das Wachs wieder fest wird.

Stearin wird aus den Kernen der Palmöl-Palme gewonnen. Einige Kunden haben uns auf die Waldrodungen hingewiesen, die noch immer stattfinden sollen, damit Palmöl-Plantagen errichtet werden können. Dazu muss ich sagen, dass die Berichterstattung manchmal etwas schwer nachzuverfolgen ist. Ein Lieferant von Stearin erzählte mir, dass Nachbarinseln von Singapur die Plantagen niederbrannten und monatelang die Rauchfahnen zu sehen waren, weil der Markt keinen vernünftigen Preis bezahlte.

Stearin wird in großen Mengen seit über 100 Jahren für alles Mögliche verwendet. So gibt es fast keine Creme, die nicht Palmöl enthält. Im Bereich der Ernährung wird Palmöl aufgrund seiner ausgezeichneten Hitze- und Oxidationsstabilität eingesetzt. Außerdem wird es international verwendet für die Herstellung von Backwaren, Margarine, Süßwaren und auch für Kakaoglasuren, Eiskonfekt, Cremeüberzüge und schnell schmelzende Schokoladenfüllungen, Toffees und Karamell. Durch verschiedene Veränderungen kann es auch zu hochwertigen Spezialfetten für die Süßwarenindustrie umgewandelt werden.

Das ölhaltige Fruchtfleisch ist das begehrte Produkt der Palmplantagen-Betreiber. Die harten Steinkerne sind es aber, die das Wachs für unsere Kerzen liefern. Die Kerne mit dem daraus gepressten Kern-Öl sind mehr ein Nebenprodukt, das in den Anfängen der Ölplantagen einfach kompostiert wurde.

Ich habe mich lange und kritisch mit dem Stearin als Kerzenmaterial auseinandergesetzt und bin zu dem Schluss gekommen, dass wir das Stearin aus den Kernen mit gutem Gewissen verwenden können. Der Großteil der weltweiten Palmölproduktion wird mit etwa 71,5 % für Nahrungsmittel (Margarine, Küchenfett) verwendet. Etwa 21,5 % werden für die industrielle Produktion von Reinigungsmitteln und Kosmetika verwendet und etwa 5 % fließen in die energetische Nutzung (Quelle: Wikipedia) ein. Dabei ist das Öl aus den Kernen nicht mit eingerechnet. Es würde keine einzige Palme wegen der Kerne angebaut, sondern nur wegen des sehr öligen Fruchtfleisches.

Schon nach wenigen Minuten Abkühlen, bildet das Stearin eine kristalline Haut.

Bei den Herzlicht-Kerzen sieht die kristalline Struktur wunderschön aus. Das reine Anschauen der Kerze erfüllt mich mit Freude.

Blaise Pascal
(1623 - 1662)

Verbindung von Herz und Verstand

Anita Radi-Pentz

„Schreib doch mal einen Artikel über den Mystiker Pascal!", ermunterte mich Richard Weigerstorfer in einer Redaktionssitzung. „Einen Mystiker namens Pascal? Den kenne ich nicht!", antwortete ich. „Natürlich kennst du ihn: Blaise Pascal!" – „Den aus dem Physikunterricht? Was hat der denn mit Mystik zu tun?"

Menschliche Dinge muß man kennen, um sie zu lieben. Göttliche muß man lieben, um sie zu kennen.
Blaise Pascal

Ich vermute, Ihnen geht es ebenso wie mir. Blaise Pascal ist aus dem Schulunterricht als Genie der Mathematik und Physik bekannt. Doch ebenso hat er als christlicher Philosoph seine Zeit geprägt und vielfältige Diskussionen angestoßen. Geboren wird Pascal in Frankreich am 19. Juni 1623. Als er drei Jahre alt ist,

stirbt seine Mutter. Er wächst mit dem Vater und 2 Schwestern auf. Der Vater unterrichtet den kränklichen Jungen selber. Er erkennt dessen naturwissenschaftliche Hochbegabung und zieht mit der Familie 1631 nach Paris, um den Kindern ein anregendes Umfeld zu schaffen. Schon mit 12 Jahren entwickelt Blaise Pascal mathematische Regeln über Kegelschnitte. Später konzipiert er eine Rechenmaschine, die seinem Vater bei seiner Aufgabe als Steuerbeamter hilft. Ganz sicher haben Sie den Namen Pascals schon im Alltag verwendet: Ihr Barometer zeigt den Luftdruck in Hektopascal an. Diese Maßeinheit ist nach Blaise Pascal benannt.
Mit Religion und Glaube hat die Familie

keine Berührungspunkte. Bis der Vater sich 1646 nach einem Unfall erholt. Dabei lernt die Familie die Lehren eines holländischen Reformbischofs kennen. Vater und Kinder werden regelrecht fromm, so dass eine Schwester beschließt, ins Kloster einzutreten. Weder seine schwächelnde Gesundheit noch die Hinwendung zum Glauben halten Blaise Pascal davon ab, sich am gesellschaftlichen Leben von Paris zu beteiligen. Doch nach einem Erweckungserlebnis mit 31 Jahren bricht Pascal schließlich mit seinem bisherigen Leben. Er zieht sich von der Welt zurück. Diese Wende wäre rätselhaft geblieben, hätte nicht ein Diener nach seinem Tod im Futter seiner Jacke ein Stück Pergament gefunden. Darauf hatte Blaise Pascal in seinem „Memorial" für sich selbst aufgeschrieben, wie er zum kosmischen Bewusstsein erwachte.

Dass ihn die äußeren Ereignisse des Lebens nach dieser spirituellen Erfahrung nicht mehr sehr „bewegten", beschreibt der Naturwissenschaftler Pascal an einem physikalischen Beispiel:

„Die Kleinen und die Großen erleiden die gleichen Zufälle, den gleichen Ärger und die gleichen Leidenschaften; aber der eine befindet sich am Rande des Rades und der andere in der Nähe der Nabe, des Mittelpunkts und so wird er von den gleichen Bewegungen weniger erschüttert."

Herz und Hirn

Was mich am Anfang überraschte, war, dass Pascal als Naturwissenschaftler und Mystiker bekannt war, was für die damalige Zeit tatsächlich eine Besonderheit war. Gerade hatte die Gesellschaft begonnen, Glaube und Wissen zu trennen. Das Zeitalter der Aufklärung stand vor der Tür. Unter Einsatz des Verstandes sollten alte Strukturen verändert werden. Für Pascal ging das Eine nicht ohne das Andere. Das wissen Sie als Herzgefühl-Leser besonders gut: Der Kopf ist ohne das Herz arm dran. Um den Alltag zu bewältigen brauchen wir auch den Ver-

stand. Die Lösung: Benutzen Sie beides.

Nicht nur für kühle Rechner

Kennen Sie das Pascalsche Dreieck? Nach diesem Prinzip lernen schon Grundschüler das Addieren. Im Dreieck, das sie auf der Abbildung sehen, wird von oben nach unten gerechnet. Immer zwei Zahlen, die nebeneinander stehen, ergeben zusammengezählt, die Zahl darunter.

Ich sehe dazu etwas anderes im Zahlendreieck: alles erwächst aus dem einen Höchsten, dem Einen und wird von ihm beschirmt. Ob Blaise Pascal eine solche Symbolik beabsichtigt hat, weiß ich nicht. Fragen Sie Ihr Herz und Ihren Verstand.

Blaise Pascal
(1623 - 1662)

$$
\begin{array}{ccccccccccc}
 & & & & & 1 & & & & & \\
 & & & & 1 & & 1 & & & & \\
 & & & 1 & & 2 & & 1 & & & \\
 & & 1 & & 3 & & 3 & & 1 & & \\
 & 1 & & 4 & & 6 & & 4 & & 1 & \\
1 & & 5 & & 10 & & 10 & & 5 & & 1
\end{array}
$$

Pascalsches Dreieck

Die Natur hat Vollkommenheiten, um zu zeigen, dass die das Abbild Gottes ist, und Mängel, um zu zeigen, dass sie nur das Abbild ist.

Gott begreift man nur mit dem Herzen, nicht mit dem Verstand.

Wie wohl fühlt sich der Mensch, wenn er vom vergeblichen Suchen des Heils im weltlichen Leben erschöpft, ermattet, seine Hände zu Gott ausstreckt.

Blaise Pascal

♥ Herzgefühl – für die neue Erde

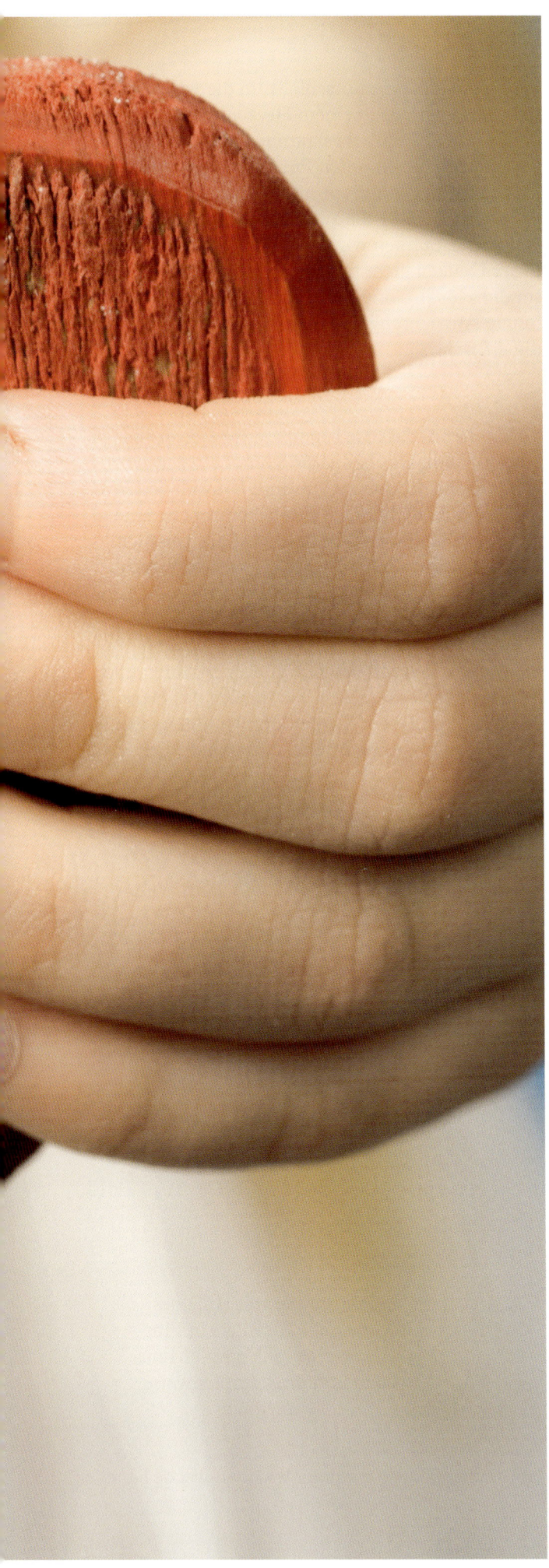

Der Herz Transmitter

Dieser kleine Begleiter deckt alle drei Ebenen ab. Das körperliche Herz, das emotionale Herz und das mentale Herz …

Richard Weigerstorfer

Unser Herz ist ein einmaliges Organ. Tag und Nacht schlägt es. Während alle anderen Organe Ruhezeiten haben, in denen sie nichts tun, muss unser Herz ununterbrochen für die Aufrechterhaltung des Lebens sorgen.

Unser physisches Herz

Umweltgifte, falsche Ernährung, zu wenig Bewegung uvm … machen es unserem Herzen schwer, die Arbeit gut zu machen. Die Menge an Herzkrankheiten und Herztoten macht deutlich, wie groß das Problem wirklich ist. Was braucht unser physisches Herz, um gesund zu bleiben?
Wir haben in diesen Transmitter alles an Informationen eingespeist, was uns wichtig und bekannt ist. Dazu gehören auch die umgebenden Faktoren wie Blutdruck, gesunde Adern und richtiges Basen-/Säureverhältnis. Ebenso Bereiche wie: Lust auf Bewegung in frischer Luft und Appetit auf gesundes Gemüse und Obst sind bei der Auswahl der Informationen bedacht worden.

Unser emotionales Herz

Sorgen und Ängste werden über die Medien verbreitet wie noch nie. Noch vor 100 Jahren haben wir es nicht einmal erfahren, wenn sich Menschen irgendwo auf der Erde die Köpfe eingeschlagen haben. Heute bekommen wir alles brühwarm und gleich mehrmals hintereinander serviert, noch dazu so stark emotional aufbereitet, dass es uns wirklich zu Herzen geht. Auch unsere persönlichen Baustellen der Liebe und des Zusammenlebens haben sich beschleunigt. Früher brauchte ein Brief Tage und oft hat man erst einmal darüber geschlafen, bevor man ihn abgeschickt hat. Heute belasten uns so viele verschiedene Dinge, die uns oftmals gar nichts angehen.

Der größte Heiler für emotionale Verletzungen ist die Liebe, deren Sitz auch im Herzen zu finden ist. Können wir etwas oder jemanden liebevoll verstehen, so belastet es uns nicht mehr, sondern wir finden aus diesem liebevollen Verstehen heraus eine Lösung, wie es künftig besser gehen kann.

So verwundert es auch nicht, dass „Liebesfähigkeit und Verstehen" die beiden wichtigsten Informationen sind, die auf der emotionalen Ebene helfen können. Wertfreies Beobachten und liebevolles Annehmen gehören zu den Informationen.

Unser mentales Herz

Es sind die Gedanken, die Gefühle erzeugen. Es sind Gefühle, die Gedankenketten auslösen.

Wir kennen die Endlosschleife, in die wir oft geraten, wenn wir uns in einem Herzensproblem befinden, wie z. B. bei Liebeskummer. Wir denken klar bis zu einem bestimmten Punkt, an dem uns die Emotion einholt und springen dann wie bei einer Schallplatte eine Rille zurück und beginnen erneut von vorne. Stärken wir unser mentales Herz, so wird unser Denken nicht mehr problembezogen ablaufen, sondern lösungsorientiert. Das ist eine ganz andere innere Ausrichtung, die unser Herz nährt und lebendig erfrischt.

Nebenwirkungen des Transmitters:

Es kann sein, dass Sie beginnen, Ihr Leben neu auszurichten. Das hat natürlich mit einigen Übergangserscheinungen zu tun. Ihre Umwelt versteht Sie vielleicht nicht mehr und bekommt erst einmal Probleme, weil sie auf Schuldzuweisungen nicht mehr mit einem schlechten Gewissen reagieren, sondern selbstbewusst neue Lösungen des Zusammenlebens vorschlagen.

Sie werden sich mit der Zeit anders ernähren und Zugang zur Natur finden. Sie werden das Herz öfters stark in Ihrem Körper klopfen hören, aber vor lauter Freude und nicht vor Angst wie früher.

Wie wird der Transmitter angewandt?

Mit dem Urteilchen-Strahler auf Ihr Foto strahlen oder sich selbst direkt bestrahlen. 2-3x täglich je 15 Minuten.

Den Transmitter auf ein Foto legen

Den Transmitter in einem Holzköcher am Körper tragen

Transmitter mit Hilfe des Urteilchen-Strahlers in Flüssigkeit einstrahlen (2-3 Minuten) und diese tropfenweise einnehmen

Den Transmitter können Sie unter www.wu-wei.de bestellen

Der Rosenstrauch

Man konnte den Alten des Dorfes jeden Morgen beobachten, wie er sich in seinen kleinen Garten setzte. Kathi fragte ihn eines Tages, welche Meditation er denn ausführte.

Der Alte lächelte und meinte: „Ich versuche, den Rosenstrauch zu sehen."

Kathi war etwas verwirrt und sagte: „Der Rosenstrauch ist doch auffällig, wie kannst du so viel Zeit dafür verwenden?"

„Weisst du, liebe Kathi, wenn ich mir keine Mühe gebe, sehe ich nur meine Vorstellung vom Rosenstrauch, aber nicht den Richtigen. In dem Augenblick, wo ich den richtigen Rosenstrauch sehe, fängt er an, mir, meine Geschichte zu erzählen."

„Und was kann das zum Beispiel sein?", forschte Kathi weiter.

„Ach, das ist ganz einfach, in dem Augenblick wird der Rosenstrauch zu meinem Leben. Betrachte ich eine Gabelung des Rosenzweiges, so erkenne ich darin Möglichkeiten die ich habe: z.B. wächst einer der beiden Äste kümmerlich, der andere entwickelt sich prächtig. So spricht er mit mir. Auch jedes Blatt, jede Blüte oder Knospe wird auf diese Art ein Teil meines Lebens", erklärt der Alte.

Kathi verstand nun und der Rosenstrauch wurde auch ihr geliebter Freund, den sie oft besuchte.

Kommentar:
Ich habe einen alten, knorrigen Baum, der zu mir spricht. Kennen Sie es auch, dass ein Weg, ein Wolkengebilde oder eine Pflanze Ihnen Antworten gibt? Lassen Sie sich einmal darauf ein, es ist sehr schön, auf diese Weise etwas über sich zu erfahren.

Der Mann und die Dunkelheit

Es war einmal ein Mann, der in einem dunklen Zimmer wohnte.
Er mochte die Dunkelheit nicht und er versuchte, sie mit Beschimpfungen und Beschwörungen zu vertreiben.

Aber die Dunkelheit verschwand nicht.
Eines Tages besuchte ihn eine weise Frau. Sie sagte zu ihm: „Das,
was dich ärgert, die Dunkelheit, wie du es nennst, gibt es eigentlich gar nicht. Dagegen zu kämpfen bringt deshalb überhaupt
nichts. Konzentriere dich lieber darauf, mehr Licht in deine Wohnung zu bringen und du wirst sehen, dass dein Problem damit
von alleine verschwindet."
Der Mann lachte nur und rief: „Ha! Das kann nicht sein. Keine
so einfache Methode kann einen so übermächtigen Feind wie die
Dunkelheit besiegen. Du irrst, närrisches Weib!"
Und so verbrachte der Mann den Rest seines Lebens in der Dunkelheit, von der er glaubte, sie sei unbezwingbar.
Das Licht einer einzigen Kerze hätte ihn vom Gegenteil überzeu-
gen können.

Lena Lieblich

Editorial

Liebe Leserinnen und liebe Leser,

„Alles ist gut", „einverstanden sein, mit dem was ist". Leicht gesagt, schwer umgesetzt. Besonders wenn man sich in einer schwierigen Lage befindet. Trotzdem hat der Gedanke, konsequent durchgedacht etwas Erlösendes. Er erinnert uns an die Freiheit, alles zu tun, was wir wünschen.

Oft fühlen wir emotionale Belastungen, die von Familie und Umfeld ausgehen als so stark bindend, dass wir glauben, wir haben keine andere Wahl.

Aber stimmt das wirklich?

Muss ich mich wirklich so verhalten, weil es die Oma, die Tante oder der Nachtbar von mir erwartet?

Nein, wir sind nicht dazu verpflichtet, haben aber oft Angst vor den Konsequenzen, wenn wir es anders machen. Wer sagt, dass das, was wir als Konsequenz befürchten wirklich eintritt?

Wie viele haben es schon bewiesen, dass man ganz anders handeln kann – und obendrein sogar noch erfolgreicher ist, als nach dem alten Verhaltensmuster.

Richard Weigerstorfer
Geschäftsführer RiWei-Verlag GmbH

Den Weg und den Mut kann man sich aber nicht zusammendenken, denn unser Kopf ist ein wahrlich schlechtes Werkzeug. Er spult immer wieder die gleichen Gedankenketten durch und festigt damit den Weg, der nicht geht.

Unser Herz kann neue Wege viel besser erfühlen. Dazu bedarf es aber der Stille und der Ruhe und vielleicht auch noch einem energetischen Helfer, wie der „Alles wird Gut" Transmitter.

Versuchen Sie es einmal und träumen Sie sich die Zukunft, die Sie sich wünschen, dann schreiben Sie alles auf, so als wäre es nur ein Traum oder ein Roman. Lesen Sie ihren Traum immer wieder durch. Schon bald werden Sie die Kraft spüren, die der Traum entwickelt und zur Wirklichkeit werden will.

Nun denn, viel Freude bei lesen der heutigen Ausgabe.

Richard Weigerstorfer
Chefredakteur

© Loy Vasilka

Der alte Mann und sein Hund

Unbekannt

Ein alter Mann und sein Hund starben bei einem Unfall.

Nachdem dies geschehen war, spazierten sie einen schmutzigen Weg entlang. Auf beiden Seiten des Weges standen hohe Zäune. Als sie an einer Tür vorbeikamen, schauten sie hindurch. Vor ihnen lag eine schöne Wiese umgeben von einem Wald. „Herrlich!", sagte der alte Mann zu seinem Hund. „Genau so lieben wir es!" Auf einem Schild neben der Tür stand allerdings: „Durchgang verboten!" Also gingen sie weiter.

Später kamen sie an ein prachtvolles Tor. Vor ihm stand ein Mann in weißer Robe.

„Willkommen im Himmel!", begrüßte er die Wanderer. Der alte Mann glaubte sich am Ziel und wollte geradewegs mit seinem Hund eintreten. Doch der Torwächter stoppte ihn.

„Hunde sind nicht erlaubt! Es tut mir leid, aber der darf nicht mit herein."

„Was ist denn das für ein Himmel, in dem Hunde nicht erlaubt sind?", fragte der alte Mann. „Wenn mein Hund nicht mit darf, dann bleibe ich auch draußen. Er war sein ganzes Leben lang mein treuer Begleiter, da kann ich ihn doch jetzt nicht einfach zurücklassen."

„Sie müssen wissen, was sie tun", antwortete der Torwächter. „Aber ich warne Sie! Der Teufel ist auf diesem Weg unterwegs und wird versuchen Sie zu überreden, bei ihm einzukehren. Er wird Ihnen alles Mögliche versprechen. Beim Teufel sind Hunde allerdings auch nicht willkommen. Wenn Sie jetzt nicht eintreten, dann bleiben Sie bis in alle Ewigkeit auf diesem schmutzigen, steinigen Weg."

Der alte Mann entschied sich mit seinem Hund weiter zu gehen. Bald kamen sie an einen herunter getrampelten Zaun. Durch ihn führte keine Tür, sondern lediglich ein Loch. Als der alte Mann durch das Loch hindurch trat; erblickte er eine Gestalt.

„Entschuldigen Sie!", rief er der Gestalt entgegen. „Mein Hund und ich sind sehr müde. Macht es Ihnen etwas aus, wenn wir reinkommen und uns etwas in den Schatten setzen?"

„Aber nein, kommen Sie ruhig herein! Dort unter dem Baum ist auch etwas Wasser. Machen Sie es sich bequem!", antwortete die Gestalt.

„Wirklich? Sie haben nichts dagegen, wenn ich meinen Hund mit hereinbringe? Ein Mann dort unten an der Straße sagte mir, Hunde seien hier nirgends erlaubt."

„Würden Sie denn hereinkommen, wenn Ihr Hund draußen bleiben müsste?", fragte die Gestalt.

„Nein! Deshalb bin ich ja auch nicht in den Himmel gekommen, weil ich meinen Hund nicht zurücklassen wollte. Da bleiben wir beide lieber bis in alle Ewigkeit auf dem Weg. Mit etwas Wasser und Schatten wären wir schon zufrieden", erklärte der alte Mann.

Die Gestalt lächelte und sagte: „Willkommen im Himmel!"

Der alte Mann sah die Gestalt skeptisch an.

„Sind Sie sich sicher, dass hier der Himmel ist und dass Hunde erlaubt sind? Wie kann dann der da unten behaupten, dass Hunde nicht erlaubt sind?"

„Das da unten war der Teufel. Der holt sich alle Menschen, die es vor allem komfortabel haben wollen. Die geben dafür auch die Begleiter ihres Lebens auf. Meistens erkennen sie bald, dass sie einen Fehler gemacht haben aber dann ist es zu spät.

Die Hunde kommen hierher, die schlechten Menschen aber bleiben dort. Gott würde nie erlauben, dass Hunde aus dem Himmel verbannt werden! Er erschuf sie doch, um die Menschen im Leben zu begleiten, warum sollte er sie im Tod trennen?"

Alles wird gut

„Am Ende wird alles gut. Wenn es nicht gut ist,
ist es noch nicht das Ende.“

Oscar Wilde

Der optimistische Königsberater

Es war einmal ein König. Dieser König hatte einen Berater, der ihm manchmal durch seinen extremen Optimismus ganz schön auf die Nerven ging.

Eines Tages zerkleinerte der König gerade mit einem riesigen Messer eine Kokosnuss, als neben ihm unerwartet ein Vogel aufflog. Der König erschreckte sich und hackte sich dabei mit dem Messer einen Zeh ab.

Der König schrie vor Schmerz und Wut auf und humpelte zu seinem Berater, um ihm das Unglück zu zeigen.

„Das ist wunderbar!“, rief der Berater.

„Wie bitte?“, fragte der König verdutzt.

„Na, ich sage, dass dieses Unglück ein Segen ist. Verlasst Euch auf mich, denn es wird sich zeigen, dass dieser Unfall sein Gutes hatte.“

Dem König reichte es nun. Er ließ den Berater in einen trockenen Brunnen werfen und entschied, zurück zum Schloss zu gehen.

Auf dem Weg dorthin überfiel ihn aber eine Bande von Kopfjägern, die auf der Suche nach einem Menschenopfer für ihren Gott waren. Der König schien ihnen da genau richtig.

Als jedoch der Schamane den Kopfjäger sah, dass dem König ein Zeh fehlte, sprach er: „Nein, dich können wir als Opfer nicht gebrauchen. Der Gott akzeptiert nur vollständig unversehrte Körper.“ und man ließ den König laufen.

Der König war überglücklich. Da fiel ihm plötzlich ein, dass er ja seinem Berater bitter Unrecht getan hatte. Er lief zurück und ließ den Berater aus dem Brunnen holen.

„Bitte entschuldige, dass ich dich in den Brunnen werfen ließ“, sagte er und erzählte ihm, was vorgefallen war.

„Kein Grund, sich zu entschuldigen Euer Hoheit. Es war ein Segen, dass ihr mich in diesen Brunnen geworfen habt!“

„Aber wie kannst du denn auch darin wieder etwas Gutes sehen?“, fragte der König.

„Na, wäre ich hier nicht im Brunnen gesessen, hätten die Kopfjäger doch mich als Opfer genommen!“

Aus Lena´s Seelennahrung - Band 3

Richard Weigerstorfer

Einige unserer Leser meinten, die Kerze müsste „Alles ist gut“ heißen, weil wir beim positiven Affirmieren schon das Gewünschte als real, als schon vorhanden formulieren sollen.

Ich persönlich mag es aber lieber, wenn die Kerze als: „Alles wird gut“ bezeichnet wird.

Mein Unterbewusstsein weiß und zeigt mir das Bild, wie es bereits gut aussieht.

Die Lösung existiert bereits und die Kerze „Alles wird gut“ hilft, diese zu finden und zu erkennen. Sowohl das Problem als auch die Lösung existieren gleichzeitig. Wir nehmen lediglich entweder das eine oder das andere wahr.

Stellen Sie sich einmal ein Koordinatensystem mit x- und y-Achse vor. Im übertragenen Sinn stellt es unser Leben dar. Es existieren unendlich viele Punkte in diesem System. Einer von diesen ist das Problem,

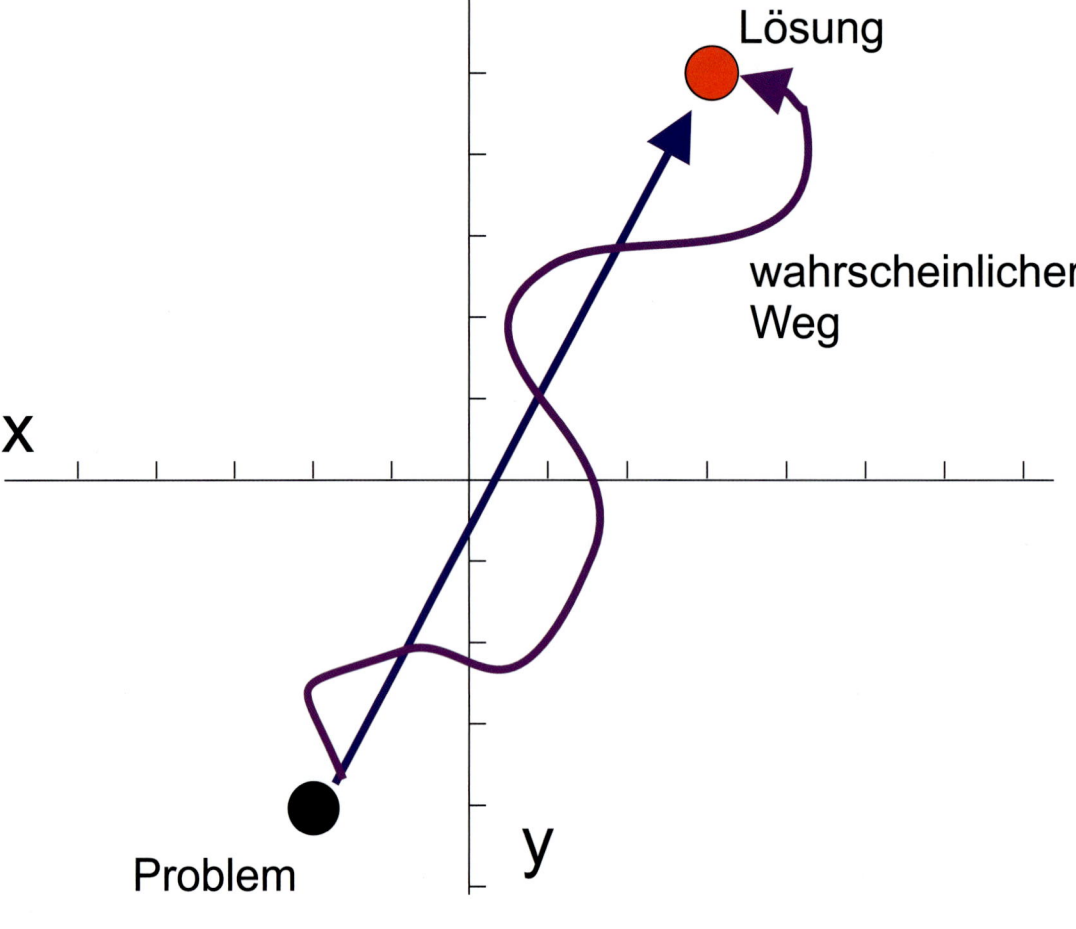

Lösung

wahrscheinlicher Weg

x

y

Problem

ein anderer die Lösung dazu.

Die Punkte werden in Zahlenpaaren angegeben wie x-2/y-4 oder x3/y5. Ich habe die beiden Werte einfach mal in das unten stehende Koordinatenkreuz eingezeichnet und damit für uns sichtbar gemacht. Es existieren aber auch alle anderen Punkte wie x1200/y-345,8 oder x0,023/y1,3452. Diese Punkte sind da, aber werden von uns im Augenblick nicht beobachtet.

Nehmen wir an, dass der linke Punkt x-2/y-4 unser Problem, bzw. die Sichtweise von uns auf die Welt ist, dann stellen wir in dem anderen Punkt x3/y5 die Sichtweise der Lösung dar.

Der kürzeste Weg vom Problem zur Lösung wäre eine gerade Verbindungslinie. Die Erfahrung zeigt aber eine kurvige Linie. Das liegt daran, dass wir eine Änderung unserer Sichtweise durch Millionen kleinster Entscheidungen erreichen. 99% dieser Mini-Entscheidungen geschehen noch unbewusst. Wenn unser bewusstes Denken so wenig ausrichten kann, dann wird klar, dass wir uns Hilfe holen sollten, wenn wir wirklich etwas verändern wollen.

Habe ich ein Problem, dann waren es meine Mini-Entscheidungen, die mich dazu geführt haben. Nun werden Sie sich fragen, warum kann ich nicht die Lösung sehen und mit meinen Mini-Entscheidungen ansteuern? Die Antwort ist einfach: Wir haben einen blinden Fleck für die Lösung. Wir sehen sie einfach nicht! Es ist unser Energiefeld, das die Lösung unsichtbar macht.

Unsere Energie wirkt wie ein Filter. Eine rote Glasscheibe verhindert, dass wir rote Gegenstände sehen können. Entfernen wir die rote Glasscheibe aus unserem Blickfeld, können wir die roten Gegenstände wieder sehen.

Die „Alles wird gut"- Kerze oder der „Alles wir gut" - Transmitter löscht diese Unfähigkeit, die Lösung zu erkennen. Das geschieht ebenfalls im Unterbewusstsein, welches ja 99% der Mini-Entscheidungen auslöst.

Plötzlich werden ganz neue Gedanken und Einsichten von unserem Unterbewusstsein in unser bewusstes Denken gesendet. Wir bekommen diese Impulse fast unmerklich und ändern unsere Einstellungen.

An dieser Stelle fangen wir vielleicht an, das Gute am Problem zu sehen. Wir erkennen, dass das Pro-

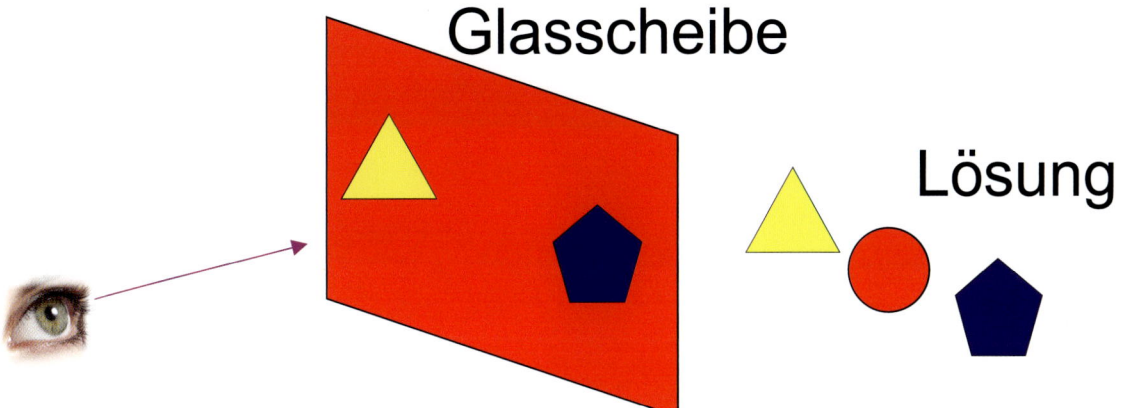

Glasscheibe

Lösung

blem ein Geschenk für uns bereithält. Es kann ein Lernschritt oder eine neue Einstellung zum Leben, zu unserem Beruf oder unserem Partner sein. Nach und nach werden wir uns verändern und plötzlich ist das Problem verschwunden, löst sich oder wandelt sich zu neuen Gelegenheiten.

An dieser Stelle erkennen wir vielleicht, dass unser bester und billigster Personaltrainer oder Guru unser Problem war.

An dieser Stelle haben Sie vielleicht die Chance sich zu fragen: „Was ist das Geschenk von meinem Problem?"
Schreiben Sie alles auf, was Ihnen dazu einfällt! Dann leben Sie nach diesen Geschenken und das Problem hat seine Aufgabe erfüllt. Es hat Sie dahin gebracht, wo Sie Ihre Seele hinbringen wollte. Ihre guten Zurufe und sanften Schubser haben nicht

geholfen, also hat Ihre Seele das Problem zur Hilfe geholt.
Wenn sie dies einmal auf diese Weise gelebt haben, dann werden Sie auftauchende Probleme willkommen heißen. Denn diese sind der Vorbote für Ihren nächsten Lernschritt.

Die Energie und Kraft der Kerze wird Sie unterstützen. Zahllose Briefe und telefonische Rückmeldungen bestätigen mir immer wieder auf's Neue: „Alles ist gut".

Einen Film mit Richard Weigerstorfer zu der Herzlicht-Kerze „Alles wird gut" können Sie sich ansehen unter www.riwei-tv.de

Urteilchen-Transmitter und Kerze „Alles wird gut"

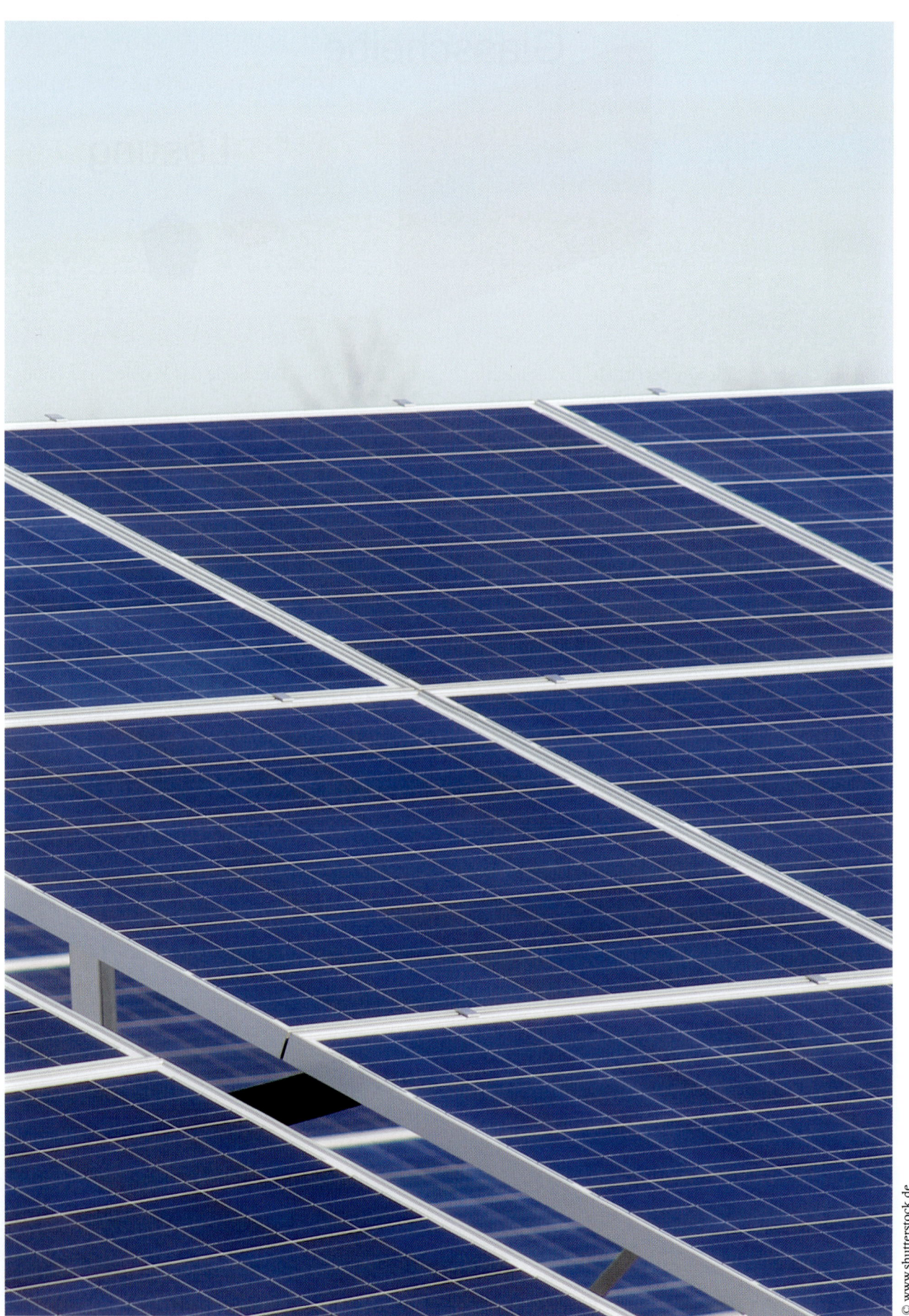

Der Solar-Entstörer

Hansruedi Kneubühler

Wie ich Ihnen anlässlich meiner Bestellung für einen Solar-Entstörer mitteilte, hatte ich vor 2 Jahren eine Photovoltaikanlage auf das Dach unseres Hauses montieren lassen. Natürlich wurde dabei nicht erwähnt, dass so eine Anlage schädliche Auswirkung haben kann. Diese kam denn auch prompt.

Beklemmende Gefühle nach Montage der Anlage

Ich kann nicht mehr sagen, wie lange es ab dem Montagezeitpunkt dauerte, bis ich das Gefühl einer Umklammerung in meiner Brust hatte. Es fühlte sich wie ein Drahtgitter an, das sich mehr und mehr zusammenzog und immer drückender wurde. Bald konnte ich auch nicht mehr die Tiefenatmung durchführen, die ich mir vom Yoga angeeignet hatte. Es schien wie Asthma zu sein, was ich jedoch nie hatte. Es machte fast Angst, ins Bett zu gehen. Ich fühlte mich morgens auch nicht ausgeruht. Von meinem Sohn und meiner Tochter erfuhr ich dann, dass Photovoltaikanlagen schädliche Auswirkungen haben. Meine Tochter machte mich auf dieses Produkt (Solar-Entstörer) aufmerksam.

Befreiung mit Solar-Entstörer

Ich musste nicht lange nachlesen. Schnell war mir klar, dass es sich um eines Ihrer großartigen Produkte handelt. Ich bestellte es bei Ihnen. Unmittelbar nachdem ich diesen Entstörer aufgehängt hatte, war die sehr unangenehme Beklemmung weg. Schlaf und Atmung wurden wieder tiefer und ich fühlte mich am andern Tag wieder ausgeruht.

Es ist schon wunderbar, dass es solch tolle Menschen gibt wie Sie, die aus der Geistigen Welt den Auftrag annehmen, solche Produkte zum Wohle der Menschen herzustellen. Meine große Anerkennung und herzlichen Dank.

Obwohl es sehr gut ist, die Dachfläche zur Stromerzeugung zu nutzen, verändern die Haltekonstruktionen das ganze Feld im Haus. Die Halterungen, die aus Metall sind, wirken wie eine riesige Antenne. Immer mehr Menschen klagen über Unwohlsein seit der Montage der Photovoltaik-Anlage auf ihrem Haus. Die Störungen gehen vom leichten Schwindel, Kopfschmerzen bis zu Schlaflosigkeit und Gewichtszunahme.
Der Urteilchen Solar-Entstörer erstellt ein für den Menschen harmonisches Energiefeld. Störungen, die vorher beobachtet wurden, verschwinden sehr schnell wieder. Anwender berichten von einem tieferen Schlaf, mehr Ruhe und bessere Vitalität. Erhältlich unter www.wu-wei.de

Leserbrief zu Erfahrungen
Der Haussegen

Claudia Adam

Ich bekam den Haussegen vor ca. 12 Wochen geliefert und war schon sehr gespannt. Grund für meinen sehr starken Wunsch, den Haussegen bei mir zu Hause zu haben, war unsere schwierige familiäre Situation:

Ich lebe in einer sehr kleinen Wohnung mit meiner Tochter (17,5 Jahre), unserem kleinen Nachzügler von 10 Monaten und dem Kindesvater. Dieser lebt zwar in einer kleinen Wohnung im Nachbarhaus, hält sich aber tagsüber ebenfalls in unserer kleinen Wohnung auf.
Die Nächte waren kurz durch den Kleinen und meine Tochter brachte tagsüber viel Stress und Unruhe mit nach Hause. Zudem hatten wir in der Wohnung unter uns eine laute Baustelle.

Veränderungen mit dem Haussegen
Ich habe am Anfang Tagebuch geschrieben, weil so viel Neues passiert ist:
Menschen, zu denen ich den Kontakt verloren hatte, kamen mich plötzlich besuchen.
Ein Nachbar, der allen Mitbewohnern das Leben schwer machte, war bei einem Besuch in meiner Wohnung wirklich freundlich.
Ich als Gelegenheitsraucherin hatte gar keine Lust mehr auf Zigaretten und mein Partner rauchte deutlich weniger.
Und das Größte und Schönste waren die Nächte: Unser Sohn schlief plötzlich quasi durch und selbst wenn ich mal für länger aufstehen musste, konnte ich – anders als vorher – wieder tief und fest einschlafen. Das Gefühl geborgen zu sein, ist sehr stark.
Ordnung in der Wohnung zu halten war immer etwas, wozu ich mich sehr zwingen musste. Nun hatte ich plötzlich Impulse, aufzuräumen und es mir schön und gemütlich zu machen.
Meine Tochter hat ihr rücksichtsloses Verhalten deutlich reduziert und sagt mir nun öfter einmal, dass Sie mich sehr lieb hat.
Außerdem habe ich festgestellt, dass die anderen Urteilchen-Produkte intensiver wirken. Ein Beispiel ist mein „Anti-Selbstsabotage"-Anhänger.

Insgesamt habe ich das Gefühl, dass man sich in Vielem klarer wird und sich manche Dinge wie von selbst bereinigen.

Meine Kugel möchte ich nicht mehr hergeben und bin Richard Weigerstorfer und seinen geistigen Helfern sehr dankbar.

Der Haussegen ist eine violett eingefärbte Kugel mit 8 cm Durchmesser. Er wird zusammen mit einer Glasschale und Granulat geliefert.

Entstörung, Harmonie, Frieden, Energie, innere Ruhe und eine angenehme Atmosphäre zählen zu den positiven Eigenschaften vom Haussegen.

Erhältlich unter www.wu-wei.de

Die Spirale
Alles dreht sich um die Mitte

Wie herum sich die Spirale auch dreht: Sie unterstützt Energien

Richard Weigerstorfer

„Hilfe, hier dreht was links!" Kennen Sie das auch? Jemand holt sein Pendel aus der Tasche und hält es über einen Gegenstand oder einen Ort. Das Pendel dreht links herum. Sofort kommt der Ausruft: „Dieser Platz ist negativ, es dreht links!"
Ohne richtiges Verständnis wurde vor langer Zeit etwas behauptet, was immer wieder nacherzählt wird. Dreht sich ein Pendel über einem Gegenstand links folgert man unreflektiert: das ist negativ.

Ich möchte Ihnen meine Beobachtungen dazu erzählen, die frei von Bewertungen, wie „negativ" oder „positiv" sind. Sie werden sehen, dass das Wissen um einen Sachverhalt befreit und den Geist einlädt, selbst weiterzudenken und Schlüsse zu ziehen.

Die Spirale:
Wann dreht sie rechts, wann links?

Wenn Sie sich dieses Bild (Bild 1) der Spirale anschauen, werden Sie sagen, sie dreht rechts.

Drehen Sie das Blatt aber um und halten Sie es ins Licht, werden Sie die Spirale genau andersrum sehen (Bild 2).

Der Standpunkt entscheidet die Antwort auf die Frage in welche Richtung die Spirale sich dreht. Würde ich die Spirale auf eine Fensterscheibe malen, könnten wir sagen, derjenige, der eine rechte Spirale sieht, befindet sich im Haus, derjenige, der eine linke Spirale auf der Fensterscheibe sieht, steht vor dem Haus.
Folgen Sie der Linie nun einmal von innen nach

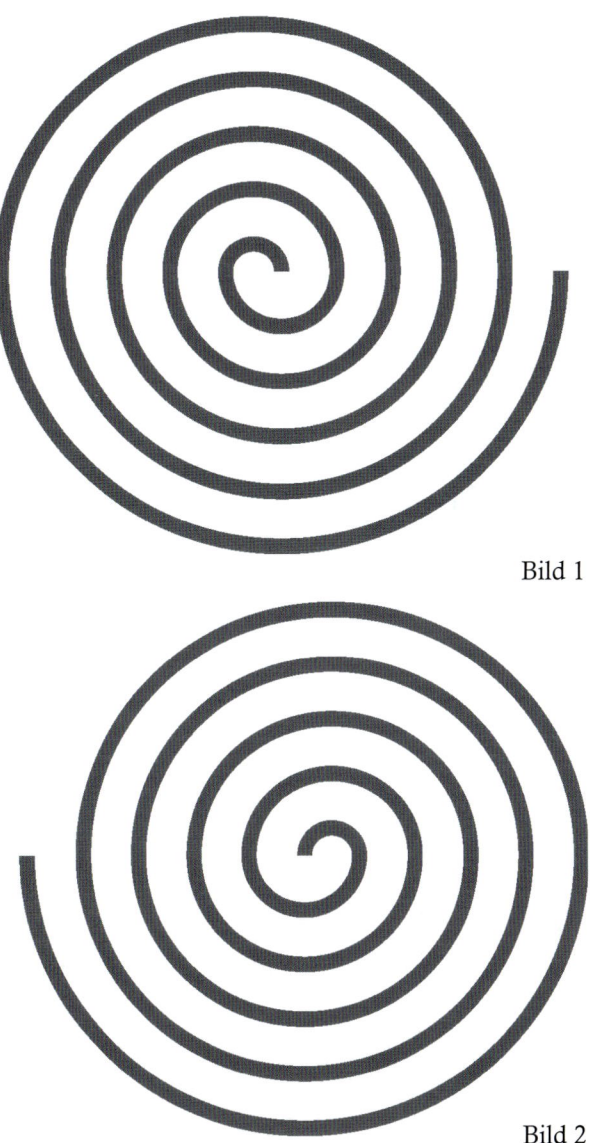

Bild 1

Bild 2

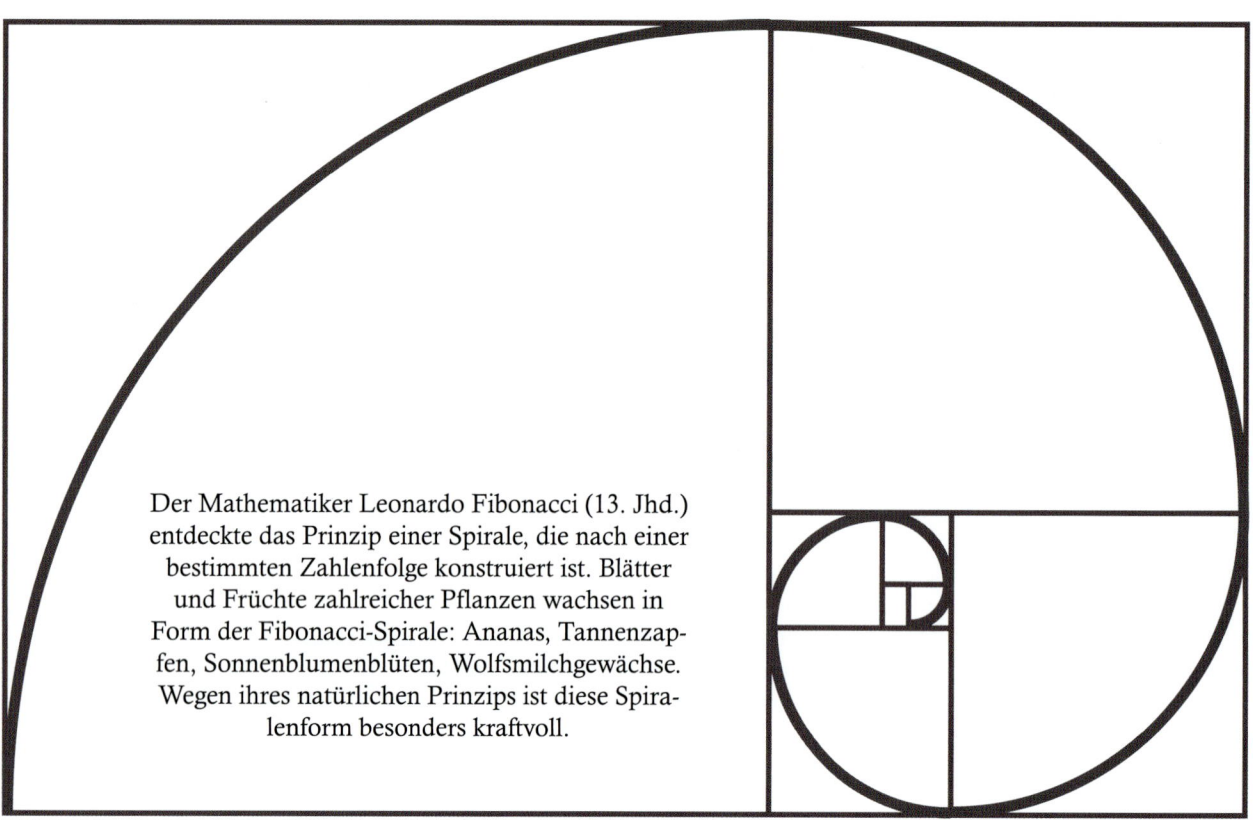

Der Mathematiker Leonardo Fibonacci (13. Jhd.) entdeckte das Prinzip einer Spirale, die nach einer bestimmten Zahlenfolge konstruiert ist. Blätter und Früchte zahlreicher Pflanzen wachsen in Form der Fibonacci-Spirale: Ananas, Tannenzapfen, Sonnenblumenblüten, Wolfsmilchgewächse. Wegen ihres natürlichen Prinzips ist diese Spiralenform besonders kraftvoll.

außen, und dann von außen nach innen. Sie werden bemerken, dass sich damit die Drehrichtung der Spirale verändert.

Verdichten und Auflösen

Wie können wir dies für uns nutzen? Wir haben in unserer Zahlenreihe zwei Zeichen, die Spiralen sehr stark ähneln. Die Zahl 6 und die Zahl 9.

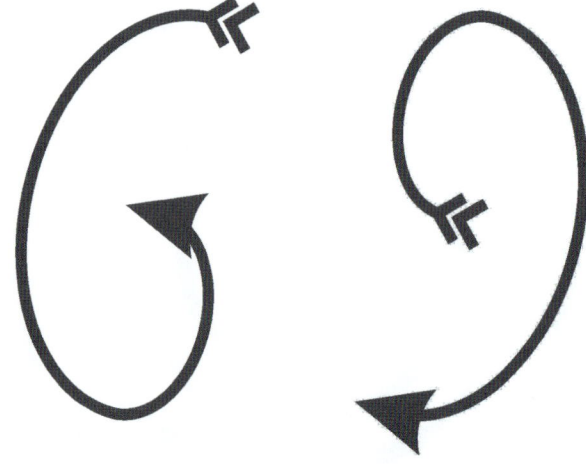

Wenn Sie die Zahl 6 nachfahren, werden Sie spüren, dass sich diese Spirale immer mehr verengt. Mit dieser verengenden Energie wird etwas verdichtet.

Fahren Sie nun die Linie der Zahl 9 nach. Hier spüren Sie, wie der Weg von innen nach außen die Energie erweitert, sich auflöst.

Nutzen Sie die Spirale je nach Situation: Das eine intensiviert sich, etwas Anderes verliert Energie.

Wollen Sie zum Beispiel Gesundheit in Ihren Körper bringen, so gibt es eine einfache Methode: Zeichnen Sie auf ein Blatt Papier die Fibonacci-Spirale, schreiben Sie von außen beginnend „vollkommene Gesundheit für Name und Geburtsdatum" der Linie entlang, dann aktivieren Sie die Spirale, indem Sie mit dem Finger der Linie von außen nach innen entlang fahren.

Wollen Sie hingegen etwas auflösen, so schreiben Sie den Text von innen nach außen. Auch diesmal aktivieren Sie die Spirale indem Sie mit dem Finger die Linie nachfahren. In dem Fall folgen Sie der Linie von innen nach außen. Die dichte, komprimierte Energie wird weiter, freier und löst sich mit der Zeit auf. Auf diese Weise können Sie alles schreiben, was Sie in Ihrem Leben nicht mehr haben wollen, wie zum Beispiel: Magenschmerzen oder bedrückende Gedanken.

Die Fibonacci-Spirale

Spirale in groß für eigene Versuche

Der links gedrehte Baum

Erfahrungen mit den Energien an Plätzen

Richard Weigerstorfer

Ich gehe abends gerne spazieren. Mein Ziel ist öfters ein sehr alter Baum, dem man schon von Weitem ansieht, dass sein Stamm links herum gedreht ist. Die Gemeinde hat eine Bank davor aufstellen lassen, da man von diesem Punkt aus, eine sehr schöne Fernsicht hat. Natürlich herrscht im Dorf die Meinung, dass er auf einer Störstelle steht. Jemand hat hoch oben in einer Astgabel ein Marienrelief befestigt. Es ist schon sehr verwittert, so dass man sich anstrengen muss, um es zu finden. Für mich ist die Marienenergie bei dem Baum sehr präsent und ich führe oft lange Gespräche mit ihr. Natürlich ging es dabei auch um den verdrehten Stamm des Baumes. Er steht auf einer Stelle, die Energie absaugt. Es ist also über der Landschaft und dem Baum ein energetischer Wirbel, der in die Erde abfließt.

Reinigung durch abfließende Energie

Wenn ich mich auf dieser Stelle befinde ist es für mich sehr angenehm, denn es werden aus meinem Energiefeld alle energetischen Verschmutzungen gezogen. Es ist ein Büßerplatz, auf dem man loslassen kann. Wenn ich auf dieser Bank sitzend noch bewusst visualisiere, wie alles Störende aus meinem Körper in die Erde gesogen wird, dann unterstütze ich den Vorgang. Gleichzeitig werde ich mit feiner, nachströmender Energie erfüllt, die mir die Kommunikation mit Mutter Maria erleichtert.

Aufladen bei abstrahlender Energie

Umgekehrt gibt es Plätze, die Erdenergie abstrahlen. Halten wir uns längere Zeit auf diesen Plätzen auf, so würden wir immer fitter und vitaler werden. Hätten wir zum Beispiel Kopfschmerzen, weil zu viel Energie in unserem System ist, so würden sich diese noch verstärken. Mit solchen Kopfschmerzen könnten wir Linderung an Büßerplätzen erfahren, weil diese den Energiestau auflösen können.

Wenn Sie nun in Ihrer Umgebung ein wenig auf die Suche gehen, werden Sie Plätze finden, bei denen Ihr Pendel, entweder links- oder rechtsherum dreht. Spüren Sie nach: an dem einen Platz können Sie etwas loswerden und an dem anderen bekommen Sie etwas. Vielleicht können Sie die Bewegung der Energie eines Platzes anhand der Drehrichtung Ihres Pendels schnell erkennen. Unter welchen Umständen sich Ihr Pendel nach rechts oder links dreht ist natürlich Ihre Übereinkunft mit Ihrem Pendel.

Ein Experiment

„Das war schon immer so!"

L egende oder Wirklichkeit? Ob das beschriebene Experiment so jemals stattfand, ist unklar. Die Redaktion konnte keine Quelle für seine tatsächliche Durchführung finden. Dennoch! Auch als erdachte Geschichte führen uns diese Affen Menschliches vor Augen.

In einer Studie sperrten Wissenschaftler fünf Affen zusammen in einen Käfig. In der Mitte des Käfigs befand sich eine Standleiter auf deren obersten Stufe Bananen lagen.

Immer dann, wenn ein Affe die Leiter hinauf kletterte, besprühten die Wissenschaftler die anderen Affen mit kaltem Wasser.

Nach einer Weile begannen die Affen selber jedes Gruppenmitglied, das versuchte, auf die Leiter zu den Bananen zu klettern, gemeinsam zu verprügeln.

Es dauerte nicht lange, bis sich kein Affe mehr traute, die Leiter zu erklimmen. Auch wenn die Versuchung durch den verlockenden Duft der Bananen groß war.

Nun ersetzten die Wissenschaftler einen der Affen durch einen unerfahrenen Artgenossen. Das erste, was dieser neue Affe im Käfig tat, war, auf die Leiter zu steigen, um an die Bananen zu kommen. Weit kam er nicht. Die anderen Affen schlugen ihn sofort nieder.

Nach einigen weiteren Versuchen hatte Neuzugang gelernt, dass er nicht auf die Leiter klettern darf, auch wenn er keine Ahnung hatte weshalb diese Regel bestand.

Die Wissenschaftler nahmen einen zweiten erfahrenen Affen aus dem Käfig heraus und führten der Gruppe einen weiteren Neuling zu. Diese wurde ebenfalls deutlich daran gehindert auf die Leiter zu steigen. Diesmal beteiligte sich auch der Affe an dem Kampf, der als erster neu zu der Gruppe kam.

Nach und nach ersetzten die Wissenschaftler auch den dritten, vierten und fünften Affen.

Somit bestand die Gruppe nun aus fünf Affen, die jeden verprügelten, der versuchte, auf die Leiter zu klettern. Und das, obwohl keiner von ihnen je eine kalte Dusche erhalten hatte.

Wenn man die Affen hätte fragen können, weshalb sie sich so verhielten, dann hätten sie vielleicht geantwortet: „Keine Ahnung. So haben wir das schon immer gemacht!" Klingt das vertraut?

Editorial

Richard Weigerstorfer
Geschäftsführer RiWei-Verlag GmbH

Liebe Leserinnen und liebe Leser,

Ordnung kann überall stattfinden. Räume ich den Keller auf, so werden auch meine Gedanken und Gefühle aufgeräumter. Räume ich meine Gefühle auf, so werde ich automatisch meine Umgebung ordnen ohne direkt aufzuräumen. Bringe ich Klarheit in mein Denken, so beruhigen sich auch meine Emotionen. Jede Handlung durchdringt alle Ebenen und manifestiert sich. Der Kluge sieht im Außen das Innere. Die Mutter, die über das unaufgeräumte Zimmer des Kindes schimpft, könnte schneller für ein aufgeräumtes Zimmer sorgen, wenn sie sich Zeit nähme, dem Pubertierenden zu helfen, seine Gedanken zu ordnen und die Sehnsucht nach Klarheit in sein Herz zu legen.

Antoine de Saint-Exupéry drückte dieses Prinzip so aus:

„Wenn Du ein Schiff bauen willst, so trommle nicht Männer zusammen, die Holz beschaffen, Werkzeuge vorbereiten, Holz bearbeiten und zusammenfügen, sondern lehre sie die Sehnsucht nach dem weiten, unendlichen Meer."

Wie vermögen wir es, Frieden in die Welt zu bringen? Welche Gedanken, welche Gefühle und welche Handlungen könnten es sein, die uns nach dem Frieden in der Welt sehnen lässt?

Doch nun erst einmal viel Freude mit der aktuellen Ausgabe von

Herzgefühl – der Weg vom Kopf ins Herz

Richard Weigerstorfer
Chefredakteur

Feng Shui und die Ordnung der Dinge

Warum es so angenehm ist, wenn wir in unseren Räumen aufräumen

Corinna Herbst

Endlich Feierabend! Ein arbeits- und aktionsreicher Tag liegt hinter uns. Wir sinken in unser Sofa und wollen telefonieren. Seit das Telefon nicht mehr mit der Schnur an der Wand fixiert ist, kann das Gerät überall in der Wohnung liegen – und irgendwo liegt es auch jetzt! Der erste Blick sucht auf dem Couchtisch, der überfüllt ist mit Zeitungen, Gläsern von gestern Abend, Notizen und Spielzeug vom Kind. Wir müssen die Sachen in die Hand nehmen, sie hochheben, dabei

fallen andere Dinge herunter und wir sind innerhalb kürzester Zeit genervt. Um diesem Zustand zu entgehen, beschäftigen wir uns mit etwas anderem und verschieben die Suche nach dem Telefon. Es wird schon irgendwann wieder auftauchen, beruhigen wir uns.

Wer hört in einer solchen Situation nicht die Eltern und Großeltern, die mit erhobenem Zeigefinger versuchten, uns zum Aufräumen zu bewegen oder auf die Folgen der Schlamperei hinzuweisen. Haben wir irgendwann unseren jugendlichen Trotz gegen den „Sauberkeitsfimmel" der Eltern und die damit verbundene Abwehr gegen die elterlichen, unzulässigen Eingriffe in unsere Intimsphäre überwunden, entwickeln wir unser eigenes Ordnungsmaß, in dem wir uns wohlfühlen oder uns wohlzufühlen glauben. Der eine entpuppt sich als Chaot, der andere als Hygienefachmann. Die meisten werden mittelmäßige Aufräumer mit dem zeitweiligen Hang, die Gegenstände dort liegen zu lassen, wo sie der Zufall hinlegt.

Es spricht allerdings einiges dafür, sich anzugewöhnen, seinen Lebensraum täglich ordentlich und sauber zu halten.

Die Ordnung von Maria Montessori

Maria Montessori entwickelte als Erzieherin die nach ihr benannte Pädagogik. Eines ihrer Prinzipien war, dass die vielfältigen Lernmaterialien nach deren Gebrauch ordentlich in gleich große Regale geräumt werden müssen. Ihre Begründung: Nur auf diese Weise ist das Kind in der Lage, nach seinen tatsächlichen Interessen, ein Lernmaterial zu wählen. Würden die Gegenstände unordentlich gestapelt sein, zu viel oder zu wenig in einem Fach liegen – dann beeinflusst dies die Wahrnehmung des Kindes. Ein Puzzle drängt sich vor, der Buchstabenkasten steht hinter einer Malkiste und verschwindet aus dem Blickfeld. Das Kind greift nach den Dingen, die hervorstechen – es nimmt den Malkasten und nicht den Buchstabenkasten, obwohl es zur Zeit begeistert das ABC interessiert.

Genauso ergeht es uns, wenn wir auf dem Sofa sitzen. Auf der Suche nach Entspannung müssen wir über einiges hinwegsehen, was herumliegt – weil es sich in unsere Wahrnehmung drängt. Aber das Telefon, mit dem wir Freunde anrufen wollten, um ein angenehmes Gespräch zu führen, finden wir nicht. Wir räumen herum. Dabei fällt uns etwas anderes in die Hände mit dem wir uns beschäftigen und der ursprüngliche Impuls ist vergessen.

Die Energieströme des Feng Shui

Eine andere Sichtweise auf die Ordnung bietet die chinesische Kunst des Feng Shui. Einfach ausgedrückt wird hierbei darauf hin gearbeitet, die Energieströme in unserer Umgebung auszubalancieren und zu harmonisieren. Der Energiestrom, das Chi, kommt durch die Türen und Fenster in den Raum, die Wohnung und wird um die Möbel, alle Wohngegenstände, über freie Flächen und in Ecken gelenkt. Gegenstände, die herumliegen ohne tatsächlich benutzt oder geliebt zu werden, wirken wie Umlei-

tungen, Tempolimits oder Stoppschilder für das Chi im Raum. In einem aufgeräumten Raum fließt der Energiestrom frei, verteilt sich, versorgt die Ecken und verlässt den Raum wieder. Fachleute des Feng Shui unterstützen diese Bewegung durch Symbole und energetische Accessoires.

Herumliegende Gegenstände, Schmutz und Staub absorbieren die Energie.

Wie erkennt man Unordnung?

Karen Kingston hat in ihrem Buch „Feng Shui gegen das Gerümpel des Alltags" vier Orientierungsmarken in die Unordnung von Gerümpel gesetzt. Diese lassen sich auch auf die alltäglich angehäufte Unordnung anwenden. Mit ihnen lassen sich folgende Fragen beantworten: Was soll ich überhaupt aufräumen? Wo ist es in dem Raum eigentlich unordentlich? Wo fange ich nur an?

Gegenstände stören die Ordnung wenn:

- sie nicht gebraucht oder geliebt werden
- zu viele auf zu engem Raum liegen (Couchtisch!)
- sie schlecht organisiert sind (Abstell-Station für das Telefon liegt an einem abgelegenen, wenig frequentierten Ort)
- sie nicht zu Ende gebracht wurden. (Bastelarbeiten, Reparaturen, Papierzeug)

Aufräumen entlang des Feng Shui-Baguas

Dass Ecken, Bereiche oder Abschnitte eine Hauses, einer Wohnung oder eines Raumes bestimmten Lebensaspekten zugeordnet sind, ist eine Grundlage der Energiearbeit nach Feng Shui. Das Bagua ist ein Raster, in dem dieser Zusammenhang aufgezeigt ist. Ernsthafte Arbeit mit dem Bagua ist sehr vielschichtig und erfordert eine intensive Auseinandersetzung. Für den Teilbereich der Ordnung innerhalb des Feng Shui kann das Raster ein Hilfsmittel sein. Wenn zum Beispiel in einem Wohn- oder Arbeitsbereich die Unordnung immer wieder zur freien Entfaltung kommt, finden Sie heraus, welcher Lebensbereich diesem Platz zugeordnet ist. Kann es sein, dass dieser Aspekt Ihres Lebens für Sie unbefriedigend oder schwierig verläuft? Oder Ihnen ist die Förderung eines Lebensbereichs wichtig, weil Sie in diesem das Gefühl des Stillstandes erleben. Dann prüfen Sie, ob in dem entsprechenden Raum Ihrer Wohnung Ordnung herrscht. Sie können auch einfach aus Neugierde das Raster des Bagua über Ihre Wohnung legen. Entdecken Sie den Zusammenhang Ihrer Lebensräume und der Zustände der Bereiche Ihres Wohn- und Arbeitsraumes. Gibt es Parallelen? Spätestens nach einem solchen Experiment könnte die Motivation zum Aufräumen oder Ausmisten steigen.

10 Tipps, um Ordnung zu halten

Für das Feng Shui ist der Eingangsbereich zu Wohnungen oder Arbeitsräumen sehr wichtig. Hier kommen die Menschen und die Energie in Ihre Räume. Deshalb werden die Tipps anhand der Situation der Eingänge erläutert.

1 Jedes Ding braucht einen Platz:
Haben Sie genügend Haken oder Bügel für die Jacken aller im Haushalt lebenden Menschen? Haben die Schuhe genügend Platz in einem Regal oder Schrank? Im Eingangsbereich stapeln sich schnell abgelegte Taschen, Jacken, Schuhe, Schlüssel und alles das, was wir brauchen, um rauszugehen. Überprüfen Sie ob all diese Dinge einen Platz haben.

2 Plätze zuordnen, die praktisch sind:
Behalten Sie an der Eingangsgarderobe gerade die Jacken, Schuhe, Tücher usw. die sie in der Saison tragen. Die Winterjacken können auch im Kleiderschrank überwintern und die Stiefel im Keller. Oder die Winterstiefel haben im Schuhregal im Sommer den hinteren Platz die Sandalen vorne. Für die Schlüssel oder die Ablage von Brieftaschen oder Geldbeutel sollte auch ein schnell erreichbarer Platz eingeräumt sein. Denn die werden zuerst aus den Jackentaschen gefischt und irgendwo hingelegt. Schultaschen der Kinder sind wahrscheinlich die Meisterprüfung in Sachen Ordnung. Bleiben sie geduldig.

3 Legen Sie Räumzeiten fest:
Legen Sie einen Zeitraum in der Woche fest, in dem Sie auf die Herstellung der Ordnung in Ihrem Lebens- oder Arbeitsraum achten. Anfangs mag es einen halben Tag dauern, bis sie mit dieser Aufgabe durch sind. Wenn Sie sich angewöhnen Ordnung zu halten – ist es ein eher vorsorglicher Termin. Spätestens jetzt erkennen Sie, dass Sie Zeit sparen, wenn Sie sich um aufgeräumte Räume bemühen.

4 Legen Sie alles wieder an seinen Platz:
Wenn Sie Ihre Wohnung betreten, dann hängen Sie Ihre Jacke an den Haken für Ihre Jacke. Hängt sie an einem anderen Hacken, bekommt der Nächste, der die Wohnung betritt, ein Platzproblem – schon liegt seine Jacke quer über der Kommode! Wenn Sie eine Tätigkeit ausführen und diese abschließen, legen Sie die benötigten Utensilien wieder an ihren Platz.

5 Nehmen Sie Unordnung bewusst wahr:
Unruhige, unordentliche Plätze in der Wohnung oder am Arbeitsplatz zu bemerken, braucht zunächst Übung. An diesen vorbeizuschauen verbraucht mehr Lebensenergie als sie wahrzunehmen und zu entscheiden, ob man etwas tun möchte.

6 Haben Sie leeren Raum geschaffen – dann spüren Sie den Unterschied:
Betreten Sie Ihre Wohnung und achten darauf, wie es Ihnen geht, seitdem Sie dort aufgeräumt haben. Spüren Sie einen Unterschied?

7 Gönnen Sie sich Kruschelschubladen:
Lassen Sie diese aber nicht zu voll werden und misten Sie diese immer wieder aus.

8 Stellen Sie Körbe an Treppenauf- und abgänge: Wegen eines Zettels oder einer leeren Flasche will man selten in den Keller rennen, um sie aufzuräumen. Sammeln Sie diese Dinge in den Körben und machen Sie es sich zur Angewohnheit, die Körbe jeden Tag auszuräumen, wenn Sie gerade nach oben oder unten gehen.

9 Befüllen Sie Regale übersichtlich:
In offenen Regalen nur so viel lagern, dass die Dinge genügend Platz haben. Wenn Sie zu vielen Dingen einen Platz in einem offenen Regal zuweisen, sieht es schnell unordentlich und unruhig aus.

Erzengel Raphael

Der humorvolle Heiler und Wegbegleiter

Vasilka Loy

Ich bekam den Auftrag einen Erzengel zu malen. Einen Erzengel malen? Was für eine Aufgabe! Mein Herz sprang voller Freude auf und ab. Auch der Verstand mischte sich gleich ein. Er fragte: „Kannst du das überhaupt? Du kennst dich doch in der Bibel nicht aus!"

Ähnliche Fragen stellte mir auch mein Auftraggeber. Meine Antwort überraschte mich selbst. „Wenn ich mich dem öffne, wird es mir gelingen." So war es auch. Ich durfte auswählen, welchen Erzengel ich zuerst malen möchte. Sofort kam die Antwort – den Erzengel Raphael.

Seit einem Jahr begleitet mich dieser Erzengel. Damals nahm ich an einer Meditation teil und durfte eine Engelskarte ziehen. Ich zog den Erzengel Raphael. Auf der Karte stand:

„Der Erzengel Raphael schenkt mir Heilung, Reichtum und Liebe."

Ich war sprachlos. Mit der Zeit rückte dieses Erlebnis in den Hintergrund. Eines Tages saß ich ohne

Die Künstlerin Vasilka Loy

Hoffnung da – genau in dem Moment erinnerte ich mich an die Engelskarte und ich bat um Hilfe.

Von diesem Zeitpunkt an, änderte sich mein Leben. Ich fing wieder an zu malen. Wagte mich damit sogar an die Öffentlichkeit. Das hatte einen schönen Nebeneffekt. Meine Geldbörse nahm an Volumen zu. Ich lebte insgesamt glücklicher, zufriedener, entspannter. Meine Gesundheit wurde stabiler.

Aquarell Toskana

Zurück zu dem Auftrag. Zuerst schob ich alles vor mir her. Voller Aufregung lief ich Tag für Tag mit dem Gedanken an Erzengel Raphael herum. Ich stellte mir die Frage, wie ich anfangen sollte. Wie sieht er aus? Engel habe ja kein Gesicht. Ich las einiges über den Erzengel und eines Tages setzte ich mich hin und fing an zu zeichnen. Wieder vergingen Tage, ich sprach mit ihm und bat ihn, sich mir zu zeigen. Eines frühen Morgens, in der Stille des aufwachenden Tages, sah ich ihn vor meinem inneren Auge.

Voller Vorfreude, innerlich aufgewühlt und angespannt, fast wie im Lampenfieber, ging ich ans Werk. Ich malte, versunken im Schaffen. Die Zeit blieb für mich stehen. Als ich allerdings meinen Kopf hob, sah ich: draußen war es bereits dunkel. Der Erzengel war da, auf meinem Tisch, in seiner Schönheit und seinem Strahlen. Ich war zufrieden. Als meine Enkelin am nächsten Tag vorbei kam und ihn sah, sagte sie nur: „Oh, ist der schön".

Ich bin dankbar, dass es ihn gibt.
Ich trage die Liebe in meinem Herzen. Sie ist der Schlüssel zu meiner Heilung.

Humorvoller Patron der Apotheker und Kranken
Raphael bedeutet: „Gott heilt". Der Erzengel Raphael ist somit der Engel des Heilens, aber auch des Wissens. Er unterstützt jede Heilung, Regeneration, Verjüngung und Erneuerung auf der Erde, im gesamten Kosmos und vor allem der Menschen. Er ist der Schutzpatron für Apotheken und den Kranken selbst. Er lehrt uns, dass Heilung von uns und durch uns kommen muss. Für ihn bedeutet Heilung nicht immer die schulmedizinische Genesung, sondern auch Krankheit anzunehmen und ohne Angst den auferlegten Weg zu gehen. Der Erzengel vertreibt Hoffnungslosigkeit und Mutlosigkeit.

Raphael hat viel Sinn für Humor und ist ein amüsanter, kameradschaftlicher Begleiter und Führer durch das Leben.
Seine Energie ist weich, umhüllend, heilend, klärend, reinigend, aufbauend, erneuernd, wie Balsam.
Er steht allen Lichtwesen, die uns begleiten zur Seite. Ihr Wirken führt uns durch die Arbeit an uns in die Gesundheit, inneren Frieden, Selbstliebe und Bejahung.

Raphael ist der Vorsteher des Reiches der Erzengel. Ihm sind zugeteilt: der Westen, die Materie, das Element Erde, der Planet Merkur, der Mittwoch und das Metall Messing.
Er befindet sich immer vor uns.
Wenn wir auf die Reise gehen, können wir um seinen Schutz bitten. Auch den Tieren ist er ein Beschützer.
Er ist Hüter des smaragdgrünen Strahles, des Lichtes (5. Strahl).
Hilfreich steht er zur Seite bei der Entwicklung von innerem Sehen und Hellsichtigkeit. Seine Energie berührt das Herzchakra, die Farbe ist grün.
Seine Symbole sind der Äskulapstab und die weiße Rose. Ich wählte die weiße Rose, in der alles enthalten ist. Seine offene Hand ist immer bereit zu heilen. Ein kraftvoller Begleiter auf dem Weg zum Selbst und auf allen Ebenen des Seins.

Im Buch Sohar, einer Schrift der jüdischen Kabbala ist Raphael beauftragt die Erde zu heilen, damit sie den Menschen Platz zum Leben bietet.

Raphael half Tobias den Fisch zu finden, mit dessen Herz und Niere die Hochzeit mit Sarah möglich wurde und dessen Galle den blinden Vater heilte. (Buch Tobit, der alttestamentlichen Spätschriften, Tobit 11, 7-14)

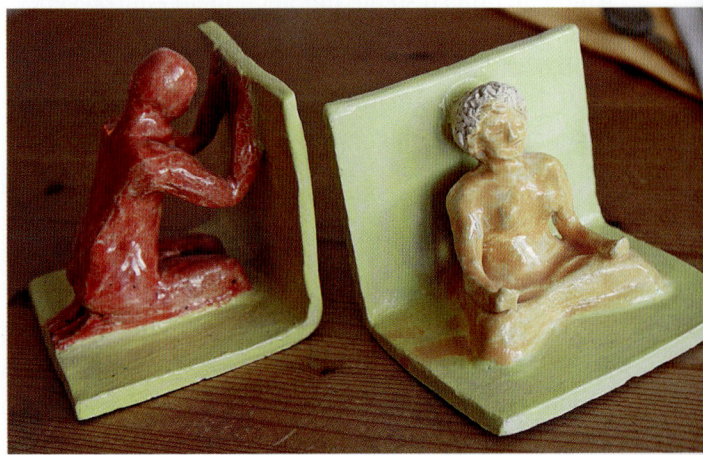

Buchstützen aus Keramik

Vasilka Loy – die Engelmalerin

Lena Lieblich sprach mit der Künstlerin, die für Herzgefühl die Reihe der Erzengel malt

Heute habe ich einen besonderen Auftrag. Ich darf eine Engelmalerin besuchen. Das Wetter ist schon mal ein guter Vorbote - wolkenloser Himmel und die Donau schimmert heute so schön wie nur selten. Ein wenig bin ich aufgeregt, denn, wenn Engel Modell stehen, könnte sich ja vielleicht noch einer im Atelier aufhalten? Frau Vasilka Loy, öffnet mir mit einem Strahlen im Gesicht die Türe. Ich trete ein und als ich mir die Schuhe ausziehen will, meint sie nur vollkommen entspannt: „Die dürfen Sie ruhig anlassen". Ich schaue mich in der Wohnung um. Es hängen nicht so viele Bilder an den Wänden wie ich gedacht habe. Mir fällt aber auf, dass nahezu alles in leuchtendem Gelb ist. Die Vorhänge, der Teppich, die Wohn-Accessoires. Natürlich spreche ich sie gleich darauf an und Vasilka Loy lächelt nur und meint: „Diese Farbe brauche ich zur Zeit, sie tut mir gut."

Ich packe meine Schreibsachen aus und bereite den Fotoapparat vor, in der Zwischenzeit brüht sie einen Tee für mich auf.

LL: Seit wann malen Sie?
VL: Seit meiner Kindheit. Da brachte ich meine Träume von einer heilen Welt zu Papier. Oft war das Malen mein Halt. Wenn ich mich Zuhause unverstanden fühlte, nahm ich meinen Block und ging in die Natur. Ich malte, und meine Trauer und Tränen verwandelten sich in Freude und Zufriedenheit.

LL: Womit haben Sie gemalt?
VL: Mit Zeichenstiften, dann Wasserfarben, später mit Ölfarben. Erst später entdeckte ich die Aquarell- und Acrylfarben für mich.

LL: Sind Sie ein Naturtalent?
VL: Eine gewisse Begabung fürs Malen habe ich schon in die Wiege gelegt bekommen. Dazu habe ich aber auch verschiedene Lehrer gehabt, die mir z.B. das perspektivische Zeichnen beibrachten. Auch die verschiedenen Techniken mit den unterschiedlichen Farben, wie „Nass in Nass" Aquarellieren oder das Zeichnen von Körpern, lernte ich bei unterschiedlichen Lehrern auf Malreisen in die Toskana, Provence oder nach Venedig.

LL: Wann haben Sie Ihre ersten Engel gemalt?
VL: Die ersten Engel habe ich für meine Kinder gemalt. Man will ja jedem Kind einen Schutzengel mitgeben. Ich habe es mit einem Bild ausgedrückt. Dann waren lange Zeit Stillleben und Landschaftsbilder im Mittelpunkt meiner Malerei. Erst in jüngster Zeit, durch den Auftrag von Herzgefühl bin ich wieder zu den Engeln gekommen. Herr Weigerstorfer hatte mich gefragt, ob ich mir das zutrauen würde und ich hatte damals spontan ja gesagt. Zwei Wochen ging ich mit Raphael schwanger. Ich las alles was ich über ihn finden konnte und stimmte mich die ganze Zeit auf ihn ein.
Als ich ihn dann sehen durfte, so wie ich ihn zeichnen soll, ging es los mit dem Skizzieren und Malen.

LL: Sie haben ja den Auftrag, alle Erzengel nach und nach zu malen. Warum war Raphael der Erste und wer wird der nächste Erzengel sein?
VL: Zu Raphael habe ich eine besondere Beziehung. Für mich war sofort klar, das muss er sein. Der zweite wird nun Michael werden. Ich bin schon dabei, mich einzustimmen. Ich brauche immer eine bestimmte Zeit, bis ich ein Bild aufs Papier bringen kann. Wie bei einer Schwangerschaft – am Ende der Zeit sehe ich das Bild, wie es werden soll. Dieser erste Teil ist der schwierigere vom ganzen Bild. Obwohl man nichts sieht, beschäftigt es mich fast Tag und Nacht.

LL: Ich habe mir Zitate über das Malen rausgesucht und finde das folgende passend für Sie. Denn zuerst haben Sie es im Kopfe und dann in der Hand. Ich bedanke mich für das schöne Gespräch.
„Will ein Maler Schönes sehen, das ihn hinreißt, so vermag er es selbst zu erschaffen. Will er Dinge sehen, die grotesk sind oder lächerlich oder wahrhaft mitleiderregend, so gebietet er als Herr auch über sie. Was das Universum, in Wirklichkeit oder in der Phantasie, auch berge, er hat es zuvörderst im Kopfe, dann in der Hand."
Leonardo da Vinci

Sauberkeit um jeden Preis

Mit altbewährten Putz- und Waschmitteln lassen sich die Gesundheit und die Umwelt schonen

Corinna Herbst

Für Glas, Spiegel, Fliesen, Geschirr, Backofen, Teppich, Polster und einige andere Materialien mehr, haben wir vielfältige Putz-, Scheuer-, Spül- und Waschmittel in unserem Putzschrank. Wir haben uns daran gewöhnt, zu jedem Fleck im Haushalt zu jedem Schmierfilm oder Staub ein eigenes Mittel vom Handel angeboten zu bekommen. Und so schwirrt ein Gemisch aus diversen Chemikalien, Gerüchen und Partikeln durch unsere Wohnungen und Häuser. Dabei türmen sich die Plastikabfälle. Von den handelsüblichen Putzmitteln bleiben Rückstände im Wasser und manche Nutzer leiden unter Allergien, Hautirritationen oder Atemwegsproblemen. Diejenigen, bei denen gesundheitliche Nebenwirkungen wegen des Chemiegemisches auftreten, haben sich meist anders orientiert. Aber auch diejenigen, die sich bemühen ökologisch bewusst zu leben, vermeiden die Flut der aufgerüsteten Putzmittelkolonnen. Denn es geht auch anders!

Wenn wir einfach unseren Haushalt sauber halten wollen, brauchen wir wenige altbewährte, naturnahe Reinigungsmittel. Sie lassen sich leicht und kostengünstig selber herstellen. Einige von den Rezepten werden Ihnen bekannt sein. Denn sie wurden bereits von unseren Eltern und Großeltern benutzt. An das eine oder andere muss man einfach erinnert werden, um nach dem „Ach ja, genau!" Effekt beim nächsten Einkauf einfach mal wieder eine Flasche hellen Haushaltsessigs einzukaufen oder die Schmierseife in den Regalen der Drogerie zu suchen.

Allzweckreiniger

250 g Schmierseife, 3 gehäufte EL Natrimbicarbonat in 2 l heißem Wasser unter ständigem Rühren auflösen.

Dieses Konzentrat in Kanister, Flaschen abfüllen und vor jedem Gebrauch schütteln.

In das Wischwasser einen Schuss davon.

oder

Schalen von Zitronen und Apfelsinen und andere Zitrusfrüchte mit Essig ansetzen und stehen lassen.

oder

1 l heißes Wasser, 1 EL Backpulver, 1 EL Zitronensaft, Essig und Teebaumöl

Teppichboden

Großzügig mit Salz oder Natron bestreuen eine Stunde einwirken lassen dann absaugen.
Frische Flecken mit Mineralwasser und einem Schwamm entfernen, ältere Verschmutzungen mit Gallseife und warmem Wasser.

Kalkflecken im Bad

1 l Wasser, 1 Tasse Essig und Salmiakgeist

Essig und Zitronensäure verdünnt in Sprühflasche

Natriumbicarbonat können Sie auch bei Erkältung/Grippe trinken, bei Schnupfen inhalieren, bei Hautproblemen als Lotion nutzen. Auch zum Entgiften ist das Wunderpulver bestens geeignet.

Geschirrspülmittel

½ Tasse Molke und etwa 3 EL Essig

Molke gibt es in jedem Reformhaus oder Bioladen

oder

1 TL Natron, 85 ml flüssige Seife (Schmierseife), 500 ml warmes Wasser durch einen Trichter in eine Flasche füllen und 20 Tropfen ätherisches Öl dazu mischen.

Angebrannte Töpfe

Etwas Wasser in einen Topf geben und 1 TL reines Backpulver hinzufügen – nach 2 Stunden sollte der Topf leicht zu reinigen sein.

Toilette

Kloschüssel mit Natron und Klobürste reinigen.

Urinstein lösen durch Zitronensäure; 2 EL ins Wasser, 2 Stunden wirken lassen und nachspülen

Deckel und Sitzfläche mit Essig- oder Zitronenreiniger.

Fenster

Zu gleichen Teilen Wasser und destilliertes Wasser, einen gehörigen Schuss Brennspiritus oder Essig

Streifenfrei nachpolieren mit Zeitungspapier oder Nylonstrumpf

Mischung zum leichteren Auftragen in eine Sprühflasche füllen.

Mit Backpulver (Natron) lassen sich Abflüsse geruchsfrei halten und reinigen. Einige EL in den Abfluss, warmes Wasser hinterher. 1 - 2 Stunden wirken lassen und mit kochend heißem Wasser nachspülen.

Destilliertes Wasser in einer Sprühflasche: Glatte Oberflächen lassen sich damit streifen frei und ohne Wasserflecken säubern.

Die leere Waschmaschine mit Essig regelmäßig durchlaufen lassen, entkalkt und mindert Gerüche.

Aus Natron und Wasser lässt sich eine Paste herstellen, die als Scheuermittel Kochfeld, Backofen oder andere Oberflächen säubert.

Gallseife ist ein vielseitiges Fleckenmittel für Hemdkragen und sonstige Wäsche mit schwierigen Flecken.

Urteilchen
Natriumbicarbonat

= Natron bzw. Backpulver

ganz rein, ohne Rieselhilfen und ohne Aluminium

Erhältlich bei Wu-Wei GmbH

www.wu-wei.de

Verdünnen und dynamisieren – weniger bewegt mehr

Potenzieren homöopathischer Mittel

Sigrid Häse, Corinna Herbst

Ein kleines weißes Globuli (lat.: die Kügelchen) Saccharose mit so gut wie nicht nachweisbaren Spuren der Wirksubstanz soll physische oder psychische Leiden heilen? So ähnlich fragen unerfahrene Patienten oder Gegner der Homöopathie. Dass diese Art der Behandlung immer mehr Anhänger findet, liegt an ihren Heilungserfolgen. Entgegen der volkstümlichen Meinung „viel hilft viel" arbeitet die Homöopathie mit dem Gegenteil. Je weniger von der materiellen Ursubstanz in dem Kügelchen vorhanden ist, desto stärker ist seine Wirkung. Bei der Herstellung der homöopathischen Arzneien geht es also nicht darum, möglichst viel Substanz in die Tabletten, Tropfen oder Kügelchen hinein zu mischen. Es geht vielmehr darum, durch einen von Samuel Hahnemann (1755 – 1843) in seinem Grundlagenbuch „Organon der Heilkunst" festgelegten Vorgang den Substanzen ihre Materie zu entziehen. Dieser Vorgang wird „potenzieren" genannt. Je stärker ein Mittel potenziert ist, desto wirkungsvoller ist es. Denn mit der Potenzierung wird der Geist, der einem Mittel innewohnt, frei gesetzt. Heilsam ist dabei also nicht die Materie sondern die Energie, die in ihr steckt.

Patienten an.

Um eine D1-Potenz (D für lat. Decem = zehn) herzustellen, wird ein Teil der Urtinktur auf 9 Teile einer Alkohollösung geschüttet und verschüttelt. Eine D2 Potenz entsteht, wenn 1 Teil aus der D1 Mischung mit 9 Teilen Alkohollösung verschüttelt werden. Der Vorgang kann mehrmals wiederholt werden. Die Zahlen hinter dem D zeigen, wie oft der Vorgang wiederholt wurde. Dabei wird die Mischung weiter verdünnt und dynamisiert.

Bei einer C1 (C für lat. Cenum = hundert) wird entsprechend 1 Teil der Urtinktur mit 100 Teile der Alkohollösung verschüttelt. Eine C2 Potenz entsteht, wenn ein Teil aus C1 mit 100 Teile Alkohollösung verschüttelt wird.

D- und C-Potenzen sind die gebräuchlichsten. Der Vorgang kann aber bis zu einem Mischungsverhältnis von 1: 50 000 vorgenommen werden. Die Resultate werden als LM- oder Potenzen bezeichnet.

Beim letzten Arbeitsschritt zur Herstellung homöopathischer Heilmittel werden die Lösungen auf die Kügelchen gesprüht, verteilt und getrocknet. Weiterhin gibt es auch Darreichungsformen als Tabletten, Tropfen oder Salben.

Von der Ursubstanz zur Tinktur

Der Prozess beginnt mit einer Ursubstanz. Dies sind in der Regel Pflanzen, chemische Elemente, einfache organische Verbindungen oder tierische Sekrete. Im Prinzip kann jede Substanz, die in der Lage ist, das menschliche Befinden zu ändern ein homöopathisches Heilmittel sein. Zunächst wird 1 g einer nicht löslichen Ursubstanz mit 99 g Milchzucker mit einem Porzellanmörser 1 Stunde lang verrieben. Es entsteht ein Mischungsverhältnis von 1:100. Schon beim Prozess des Verreibens kann die Wirkung der Substanz bei den Menschen eintreten, die diesen Vorgang ausführen. Bei neuen Mitteln beginnt hier die Dokumentation der körperlichen und emotionalen Bewegungen, die im Prozess auftreten. Anschließend wird das pulverartige Gemisch in Alkohol oder Wasser aufgelöst.

Bei einer löslichen Ursubstanz wird die Masse in Wasser und Alkohol eingelegt. Dabei wird der Wirkstoff herausgelöst. Beide Urtinkturen bilden die Ausgangsstoffe für das Potenzieren.

Verschütteln bringt die Dynamik

Die Urtinktur wird nun wiederholt verdünnt und dynamisiert. In einem genau definiertem Mischungsverhältnis wird die Urtinktur mit einem Trägerstoff (Alkohol) in eine Flasche gegeben und verschüttelt. Dabei wird die Flasche mit der Hand kräftig auf eine Platte geklopft. Die Dynamik der hinzugefügten Bewegung geht in die Medizin über. Sie regt die Lebens- und damit auch die Selbstheilungskraft der

Das Homöopathische Arzneibuch (HAB) legt exakte Regeln verbindlich fest, nach denen homöopathische Arzneien hergestellt werden.

Die Wirksamkeit einer Substanz wird herausgefunden, indem sie an gesunden Testpersonen angewendet wird. Veränderungen werden dokumentiert und ausgewertet.

Globuli der D-Potenzen können bei Bedarf viertelstündlich gegeben werden, bis eine Reaktion erfolgt. Globuli der C-Potenzen werden sorgfältig typgerecht ausgewählt und als Einmalgabe verabreicht. Globuli der LM-Potenzen werden bei geringer Reaktionskraft und zum Aufbau der Lebenskraft verabreicht.

Potenz	Verdünnung der Urtinktur	Menge Flüssigkeit	Bemerkung
D1	1:10		
D2	1:100	1 Teelöffel	
D3	1:1.000	5 Esslöffel	Bei stark giftigen Urtinkturen immer noch giftig
D4	1:10.000	2 Trinkgläser	Giftige Urtinktur meist unbedenklich
D6	1: 1.000.000	kleine Mülltonne	Beliebte Niedrigpotenz
D12	1:1.000.000.000.000	25 große Schwimmbecken	Beliebte Niedrigpotenz
D30	1:1 Quintillion	50 Erdvolumen	Kaum noch Atome pro typischer Einnahmeflasche

Potenzen	Anteil der Flüssigkeit je Potenzierungsschritt
D	10
C	100
M	1.000
XM	10.000
LM	50.000
Q	50.000
CM	100.000

Die Trennung

Lena Lieblich & Richard Weigerstorfer

Der Alte des Dorfes wurde von vielen aufgesucht, die mit ihrer augenblicklichen Lebenssituation nicht zurecht kamen. Eines Tages besuchte ihn eine junge, sehr hübsche Frau. Ihr Problem war, dass ihr Mann mit ihrer besten Freundin durchgebrannt war. Voll Wut, Ärger und Hass auf beide sucht sie beim Alten nicht wirklich Rat, sie wollte nur seinen Zuspruch. Sie wollte von ihm hören, dass sowohl ihr Mann als auch ihre Freundin die schlimmsten Menschen sind und auch vom Alten für verurteilungswürdig gehalten werden.
Der Alte schaute sie nur mit ganz viel Liebe an und fragte sie: „Liebst du?" Sie verstand die Frage nicht und holte von Neuem aus, das schäbige, ungerechte Verhalten der beiden aufzuzählen. Dieses

Mal mit Erklärungen, wie es ihrer Meinung nach hätte richtig sein müssen. Erst eine Beziehung beenden, dann die Neue beginnen, aber nicht so. Der Alte schaute sie immer noch mit ganz viel Liebe an und fragte sie noch einmal: „Liebst du?" Darauf wurde die Frau sehr wütend und wollte noch weiter ausholen, um dem Alten endlich klar zu machen, was er zu denken hat. Als sie jedoch in sein lächelndes Gesicht schaute, wurde ihr klar, dass auch der dritte Versuch nichts in ihrem Sinne ändern würde. So verstummte sie, weil sie im Augenblick nichts mehr zu sagen wusste.
Der Alte fragte sie nun: „Liebt dein Mann, liebt deine Freundin?" Das war ihr zuviel, sie hätte wirklich Rat bekommen können, hätte sie danach

gefragt; ihr Interesse war aber nur darauf aus, auch den Alten für ihre Hetzkampagnen einspannen zu können.

Dieses Gespräch fand im Freien statt, die Frau hatte es so gewünscht, dass mehrere alles mitbekommen sollten. Kathi, die auch in der Nähe war, hatte alles gehört und verstand die Reaktion des Alten auch nicht; bei einem so schlimmen Vergehen muss man doch ein Urteil sprechen, dachte sie. Darum ging sie zum Alten und fragte ihn: „Warum hast du so zu dieser Frau gesprochen?" Der Alte lächelte sie an und stellte ihr die Frage: „Seit wievielen Jahren werden Frauen von ihren Männern wegen einer anderen Frau verlassen?"

„Ich denke, schon immer", erwiderte Kathi. „Gut, wie lange noch werden Männer ihre Frauen wegen einer anderen Frau verlassen?", fragte der Alte weiter. „Ich denke, das wird es immer wieder geben", sagte Kathi dieses mal schon nachdenklicher.

„Gut", sinnierte der Alte weiter: „Wenn es etwas schon immer gibt und auch in Zukunft weiterhin geben wird, dann werden wir es wohl akzeptieren müssen. Wir haben doch auch nichts gegen die Jahreszeiten, sie bringen auch Werden und Vergehen, Hochzeiten und Ruhezeiten."

Kathi wurde nervös. „Aber eine Liebesbeziehung ist doch was anderes, da kann man doch nicht einfach so darüber stehen", platze nun Kathi heraus. „Die Liebe ist etwas Heiliges, das hast du schon so oft gesagt, warum hier auf einmal nicht?" Kathi war nun richtig aufgewühlt.

„Schön, dass du es auf den Punkt bringst. Du hast Recht, die Liebe ist etwas Heiliges."

Nun muss ich dich aber fragen: „Wenn du deinen Partner aus ganzem Herzen liebst, würdest du dann mit einem anderen durchbrennen?" „Nein, nicht einmal der Gedanke, einen anderen Mann zu begehren, würde in meinem Kopf entstehen können." „Meinst du, dieser Mann hat seine Frau wirklich geliebt, wenn er mit einer anderen durchbrennt?", fragte nun der Alte zurück.

„Nein, wohl nicht", gab Kathi kleinlaut zurück. „Nun frage ich dich, was gewesen wäre, wenn er sich erst getrennt hätte, ohne von seiner neuen

Liebe etwas zu erzählen?" Kathi erwidert: „Seine Frau wäre im Dunkeln getappt und hätte bestimmt alle Anstrengungen gemacht, um ihren Mann vom Trennungswunsch abzubringen."

Der Alte schaut sie fragend an und spricht: „In dieser Situation hätte sie keine Erfolgsaussichten gehabt; die Folge davon wären Selbstzerfleischung, Abbau der Selbstwertgefühles und vieles andere, das ihrer Psyche sehr geschadet hätte."

Kathi nickt und spricht für den Alten weiter: „Dann war ja in dem Verhalten, einfach durchzubrennen, viel mehr Liebe enthalten, denn nun kann sie sich richtig aufregen und mit dieser starken Emotion auch ihre Gefühle für den Mann zur Ruhe bringen."

„Ja", sagt der Alte: „Es geht sogar noch viel weiter: Wenn dieser Mann bei der Frau geblieben wäre, sie hätten vielleicht Kinder bekommen, ohne dass die wirkliche tiefe Liebe mit im Bunde ist, wo führt das denn hin? Der Mann würde immer wieder zu anderen Frauen gehen, nach einiger Zeit würde sich auch die Frau zu anderen Männern hingezogen fühlen und es besteht nur noch eine Zweckgemeinschaft, die einen an den anderen fesselt. Keiner ist wirklich glücklich und kann weder Liebe geben noch Liebe empfangen. Das wäre für mich grausam. Schau dich um, wie viele solcher Ehen überall zu beobachten sind."

Kathi schaute nun sehr nachdenklich und der Alte sprach weiter: „Viele junge Menschen sind noch nicht reif, sie haben noch eine Menge Defizite und Bedürftigkeiten. Treffen sie auf einen Partner, der die Eigenschaft hat, eine oder gleich mehrere Bedürftigkeiten auszufüllen, so glauben sie, geliebt zu werden und denken, sie lieben ebenfalls. In Wirklichkeit hängen zwei voneinander abhängige Personen zusammen. Das hat keinen langen Bestand. Einer brennt nach einiger Zeit durch, der allein gelassene Partner wird schnell wieder einen Neuen finden und oft beginnt das Spiel der Abhängigkeit erneut.

Manchmal glauben wir, es geht gut, aber in Wirklichkeit ist aus der Liebe eine ‚Hänsel und Gretel' Beziehung geworden. Die Beiden verbindet zwar Liebe, aber nicht die Richtige wie sie bei Eheleuten sein soll, sondern eine geschwisterliche Liebe. Aber das GöttlichSchöpferische, das aus der richtigen Liebe zwischen Mann und Frau entspringt, ist da nicht zu beobachten."

Kathi hatte sich alles angehört, doch in ihrem Kopf geisterten noch so viele Fragen. Zum Beispiel sagte sie: „Warum sind alle im Dorf richtig verheiratet, warum lässt sich bei uns keiner scheiden? Ich habe auch nicht den Eindruck, dass ein Paar in unserer Mitte so was wie geschwisterliche Liebe lebt?"

Denk doch einmal nach Kathi: „Bei uns heiraten die Leute erst, wenn sie voll reif sind, wenn sie ganz in sich ruhen, keine Bedürftigkeiten mehr haben. Dann sind sie frei und können ihre Liebe des Lebens genau erkennen. Keiner von uns wäre eine Partnerschaft eingegangen, bei der das Gegenüber noch in der Bedürftigkeit hängt."

Kathi drängte weiter: „Aber so wie bei uns im Dorf ist es nicht überall."

„Ja", sagte er Alte: „Viele Seelen kommen auf die Erde mit der Absicht, sehr viel zu lernen. Am schnellsten und besten lernt die Seele, wenn sie liebt. So verlieben sich solche Seelen sehr schnell in jemand, weil sie spüren, da kann ich was lernen, ist alles gelernt, verschwindet auch die Liebe wieder und sie suchen sich den nächsten Partner, von dem sie was lernen können. Das ist auch so in Ordnung."

Kathi ist immer noch nicht zufrieden; sie fragt den Alten: „Wenn unsere Frau aber den Mann wirklich liebt?" Der Alte zog die Stirne in Falten und grübelte ein wenig, dann sagt er: „Ja, leider ist es manchmal so, dass zwei zusammengehören und einer hat die Reife noch nicht. Nun geht er weg und sucht aus seiner Bedürftigkeit heraus eine andere Lebenspartnerin. Wenn es wirklich so ist, wird er sehr schnell merken, dass ihm die erste Frau etwas geben konnte, das er von der neuen Partnerin nicht bekommt. Er wird sich dann zurücksehnen und wieder ihre Nähe suchen. Dann liegt es an der Frau, wenn sie reif ist, wird sie ihm Gelegenheit einräumen, dass er vollkommen reifen kann, spürt sie seine Reife, so nimmt sie ihn auf. Ist sie aber selber noch bedürftig, so wird sie ihn sofort aufnehmen und das gleiche Spiel wird sich mit viel Herzeleid noch einige Male wiederholen, solange, bis einer der beiden die richtige Reife hat. Richtig voneinander loskommen werden sie nicht. Die wahre Liebe gräbt tiefe Spuren in die Seelen."

Kathi hatte plötzlich keine Fragen mehr, irgendwie hatte sie nun das ganze System verstanden. Alle noch auftretenden Fragen beantworteten sich nun aus dem Verstehen des Systems wie von selbst. Lange saß sie schweigend beim Alten und sortierte ihre Gedanken und Eindrücke. Als sie dann aufstand, um nach Hause zu gehen sagte sie zum Alten: „Nun bewundere ich den Mann, der durchgebrannt ist fast ein wenig für den Mut und die Kraft, diese Entscheidung auch wirklich durchzuziehen. Sein Verhalten ist fast wie ein Geschenk für beide". Dann fügte sie noch hinzu, dass sie nun auch verstehen würde, warum so viele Geschiedene nach langer Zeit sagen: „Ich bin ihm direkt dankbar, dass er mich damals hat sitzen lassen!"

Kommentar:
Wahre Liebe lässt frei! Wahre Liebe urteilt nicht!

Editorial

Liebe Leserinnen und liebe Leser,

Richard Weigerstorfer
Geschäftsführer RiWei-Verlag GmbH

es gibt wissenschaftliche Versuche, bei denen die Probanden ihren Mittelfinger über einige Zeit intensiv fixiert haben. Alle berichteten, dass sie ihn dann sehr deutlich fühlen konnten. Manche meinten sogar, dass er größer geworden sei. Bei Temperatur Messungen hat sich herausgestellt, dass er tatsächlich wärmer geworden ist. Der Finger wurde besser durchblutet. Verletzungen heilten schneller, als die anderen verletzten Finger, die nicht über einen längeren Zeitraum fixiert worden waren.

Hat unser Blick heilende Kräfte? Ich weiß es nicht. Auf jeden Fall hat es was mit Aufmerksamkeit zu tun. Die Energie folgt der Aufmerksamkeit. Das ist eine alte Weisheit. Die Kahunas, die weisen Männer Hawaiis nennen dieses Gesetz Makia. Es wird als Katze symbolisch dargestellt.

Ich möchte Ihnen eine kleine Übung vorstellen: Tippen Sie ganz leicht mit dem Mittelfinger an die Stirn, genau an die Stelle etwas oberhalb, zwischen den Augenbrauen. Dann legen Sie Ihre Aufmerksamkeit auf die dahinter liegende Zirbeldrüse. Fühlen, spüren, erahnen Sie die Zirbeldrüse? Sicherlich. Denn durch Ihre Aufmerksamkeit wird sie besser durchblutet und aktiviert. Wiederholen Sie dieses leichte Antippen immer wieder, indem Sie den Finger ca. 30 Sek. die Haut berühren lassen, dann leicht anheben und wieder die Haut für 30 Sekunden berühren.

Aus vielen Telefonaten weiß ich, dass fast jeder hellsichtig werden möchte. Eine aktive Zirbeldrüse hängt mit der Hellsichtigkeit zusammen. Spielen Sie immer wieder mit Ihrer Aufmerksamkeit. Es muss ja nicht immer die Zirbeldrüse sein. Probieren Sie es mit den Augen (nicht beide gleichzeitig), der Nasenspitze oder Ihren Ohren. Sie werden erstaunt sein, dass die reine Aufmerksamkeit etwas verändern wird.

Also, wenn Ihnen mal langweilig ist, weil der Zug Verspätung hat oder der Termin nicht pünktlich sattfinden kann, dann können Sie auch üben, ohne mit dem Finger anzutippen. Der Magen, die Galle oder schmerzende Fuß freuen sich auch über Ihre Achtsamkeit.

Übrigens, der Weg vom Kopf ins Herz geht auch über die Aufmerksamkeit. Lassen Sie Ihre Gedanken vom Kopf ins Herz sinken, denken Sie mit dem Herzen. Mit etwas Aufmerksamkeit gelingt es Ihnen bestimmt.

Ich wünsche Ihnen viel Freude mit der neuen Herzgefühl

Richard Weigerstorfer
Chefredakteur

Erfahrungsberichte von L-Arginin Nutzern

Ich kann besser denken

In Bayern spielen wir Schafkopf, eine vereinfachte Form des Skat. Viermal im Jahr spiele ich mit einer festen Runde und ich bin viel besser geworden. Ich trinke vor und während des Spielens mein L-Arginin-Wasser und stelle mit Erstaunen fest, dass ich bei jedem Spiel die Augen und die Trümpfe mit einzähle. In der Vergangenheit habe ich das nur gemacht, wenn ich selbst ein schwieriges Solo gespielt habe. Nun fällt es mir ganz leicht – früher musste ich mich immer sehr konzentrieren.

Halsschlagader zu 85 % verlegt

Meinen Vater, dessen Halsschlagader stark verlegt war (85%), wollten die Ärzte operieren. Ein Schlaganfall war vorprogrammiert. Ich machte mich auf die Suche nach einer natürlichen Alternative und empfahl meinem Vater L-Arginin. Gott sei Dank wurde die OP verlegt, da mein Vater sehr starke Blutverdünner eingenommen hatte. Wegen einer Kreislaufschwäche wurde er erneut in die Uniklinik eingeliefert. Hier stellte man mit Erstaunen fest, dass die Halsschlagader nur mehr zu 60 % verlegt war. Ich glaube aber, dass bei der ersten Messung ein Fehler unterlaufen war. Denn eine solche Veränderung innerhalb von acht Wochen, erscheint sogar mir wie ein Wunder. In der Fachliteratur liest man immer wieder, dass es ein bis zwei Jahre dauert, bis die Adern wieder frei sind.
Der Hausarzt meines Vaters meinte, mein Vater könne das L-Arginin bedenkenlos nehmen, denn es helfe sowieso nicht. Mein Vater, der dieses Jahr 80 Jahre alt wird, meinte dazu, er sei ja schon zufrieden, wenn es nicht schlimmer werde.
Auf jeden Fall haben sie ihm in der Uniklinik gesagt, dass er das blutdrucksenkende Mittel weglassen solle, weil sein Blutdruck in Ordnung sei. Das sehe ich als Erfolg. Denn jedes Medikament, das er nicht mehr nehmen muss, braucht auch sein Körper nicht zu verarbeiten und hinterlässt auch keine Nebenwirkungen.

Ich bin viel glücklicher

Dass dies mit dem Trinken von L-Arginin zusammenhängt, mag auf den ersten Blick komisch wirken. Ich erzähle Ihnen, wie ich es festgestellt habe. Mein Bett steht in Blickrichtung Dachbalkon und ich genieße jeden Morgen eine wunderbare Aussicht in die sanften Hügel des bayrischen Vorwaldes. Wenn im Sommer die Sonne aufgeht und ich in den klaren Himmel schaue, dann hüpft mein Herz vor Freude. Ich spüre, dass ich glücklich bin.
Der Ort, in dem ich wohne, liegt eingebettet zwischen drei Flüssen, der Donau, der Naab und dem Regen. Ab Herbst ist deshalb Nebel angesagt. Er ist oft so dicht, dass er über Wochen anhält. Man hört zwar, dass die Sonne woanders scheint aber bei uns kommt sie nicht durch. Dieses Wetter hat mich in den vergangenen Jahren schon stark in der Freude getrübt und gerade beim Erwachen habe ich es besonders wahrgenommen. Seit ich das L-Arginin Wasser trinke, werde ich wach und fühle mich wie an einem sonnigen Sommermorgen – voll Freude und glücklich. Ich suche dann immer die Sonne, sehe aber nur die graue Nebelwand und wundere und freue mich, dass ich so glücklich bin. Ich habe schon mehrmals darüber nachgegrübelt, ob vielleicht ein anderer Grund für das Glücksgefühl verantwortlich sein könnte, aber ich finde immer nur das Arginin-Wasser, das es verursachen muss.

Geistheilerin aus England schwärmt vom L-Arginin Wasser

Eine gute Freundin, die seit vielen Jahren in England lebt und dort Geistheiler ausbildet, bekam von mir eine Dose L-Arginin. Als ich am Wochenende mit ihr telefonierte, äußerte sie sich sehr freudig und positiv über das L-Arginin-Wasser. Sie meinte: „Ich bin viel klarer im Kopf, das Heilen und die geistige Arbeit gehen besser und ich fühle mich körperlich und seelisch in Hochstimmung."

Schaufensterkrankheit hat sich gebessert

Eine sehr positive Nachricht erzählt einer unserer Mitarbeiter. Sein Vater leidet an der Schaufensterkrankheit. Er hatte Schmerzen in den Füßen und Beinen bis zur Hüfte hoch. Seit drei Wochen trinkt er täglich das Arginin und hat keine Schmerzen mehr in den Beinen. Lediglich in Hüfthöhe spürt er es noch manchmal.

Mehr Intelligenz durch Wasser und L-Arginin

Es gibt einige Studien, die belegen, dass Studenten, die vor einem Test ausreichend Wasser trinken, einen 10 % höheren IQ haben, als wenn sie im dehydriertem Zustand den Test antreten.
Ich möchte aus meiner eigenen Erfahrung sagen, dass sich bestimmt weitere 10 % rausholen lassen, wenn man nicht nur Wasser, sondern auch L-Arginin trinkt. Was spricht dagegen dies vor Prüfungen zu machen?
Stellen Sie sich vor, wir hätten vor jeder Prüfung, die wir im Leben gemacht haben, unsere geistige Leistungsfähigkeit um 10 – 20 % steigern können! Nun können wir es. Sagen Sie es weiter, denn diese Information ist so wertvoll, dass sie in der heutigen Zeit vielleicht über das letzte Quäntchen (Glück) entscheidet.

Dosierung von L-Arginin

Immer, wenn ich etwas Neues ausprobiere, übertreibe ich es erst einmal. Ich will ausloten, welche Beschwerden bei Missbrauch auftreten können. Ich habe über einen längeren Zeitraum täglich zwischen 20 g und 40 g eingenommen. Ich lebe aber seit Jahrzehnten vegetarisch und seit zwei Jahren vegan. Ich rauche nicht, trinke keinen Alkohol, bewege mich ausreichend an der frischen Luft und trainiere meinen Körper. Ich fühle mich gesund und leistungsfähig. Auf dieser Basis haben mir diese Mengen nichts Negatives ausgemacht. Ich weiß nicht, wie es jemandem in einem anderen körperlichen Status geht, wenn er so hohe Mengen probiert. Ich möchte es auch nicht empfehlen.
Viele Bodybuilder nehmen auch Arginin in großen Mengen. Das einzige was ich dazu gelesen habe, war, dass bei den Muskelmännern vermehrt Pickel aufgetreten sind.
Ich habe diese hohen Mengen auch nicht sofort konsumiert, sondern die Dosis nach und nach gesteigert. Ich kann mir durchaus vorstellen, dass ein nicht an Arginin gewohnter Körper mit einem sehr niedrigen Blutdruck reagiert. Wenn Sie blutdrucksenkende Mittel nehmen, würde ich vorher mit dem Hausarzt abklären, wieviel Sie trinken können. In verschiedenen Studien wird von 5.000 mg täglich als Mindestmenge gesprochen, um einen Plaque-Abbau in den Adern auszulösen.

Wo kann ich L-Arginin in Pulverform bekommen

Alle hier gemachten Erfahrungen sind mit dem reinen Arginin aus dem wuwei-shop gemacht worden. Es ist 100 % pflanzlich, frei von Zusätzen, Rieselhilfen oder Streckmittel.

Kerzenronden

viele Farben für Ihre Kerzenfantasien

Eine Weltneuheit aus der Kerzenwerkstatt
von Richard Weigerstorfer

Heute kann ich Ihnen eine Weltneuheit aus Regensburg vorstellen. Es ist eine Methode Kerzen selber herzustellen – ohne Wachs schmelzen zu müssen!

Grundlage ist der Kerzenbaukasten. In ihm finden Sie Wachsronden, verschiedene Dochte und zwei türkische Teegläser.

Die Wachsronden bestehen aus 100% pflanzlichen Ölen und sind in 40 Farben erhältlich. Die Spezialfarben sind vollkommen unbedenklich. Das Farbmaterial wird auch zur Herzstellung von Holzspielzeug für Kinder verwendet. In diesem Bereich sind bekanntlich die Anforderungen sehr hoch, da Kinder die Holzteile gern in den Mund nehmen.

Zu den vielen Farben werden Sie zukünftig auch unter 12 verschiedenen Duftnoten wählen können.

Das Wachs wird mit reinen ätherischen Ölen behandelt sein.

Für Ihre Kerzenfantasien werden Dochte in verschiedenen Längen und Stärken angeboten.

Das Teelicht

Die einfachste Anwendung ist, sich ein Teelicht selbst zu bauen. Dazu wird der Docht mit dem Metallfüßchen durch das Loch des farbigen Wachsrondus gesteckt. Anschließend wird er in ein Alunäpfchen gestellt, welches sie so oft wiederverwenden können, wie sie möchten. Fertig ist das Teelicht.

Die Perlenkette

Das eigentlich Neue beginnt, wenn Sie zwei oder mehr Wachsronden übereinander auf einen längeren Docht fädeln. So können Sie z.B. aus drei Ronden eine schöne dreifarbige Kerze zaubern. Stellen Sie sich ihre Farben selber zusammen. Es gibt unendlich viele Varianten! Fädeln Sie die Ronden auf den Docht wie eine Perlenkette.

Die Glaskerze

Wollen Sie ein Saftglas in eine schöne Kerze verwandeln? Mit dem Kerzenbaukasten ist das kein Problem.

Die Schwierigkeit bei Glaskerzen ist, die mittige Position des Dochtes im Glas zu finden. Fädeln Sie dazu so viele Wachsronden auf, bis Sie die Höhe des Glases erreicht haben. Dann stellen Sie die Rondenkette in die Mitte des Glases und füllen den Rand mit flüssigem Wachs auf. Der Docht ist dann exakt in der Mitte fixiert, er verrutscht nicht, biegt sich nicht durch und fällt auch nicht um. Kühlt das Wachs ab, zieht sich kein Loch in der Mitte ein, weil sich hier die Rondenkerze befindet. Eine einfache und geniale Art, schnell schöne Kerzen zu fertigen. Das Kerzenzauber-Set beinhaltet dazu die Pflanzenölwachse und Dochte in passender Stärke. Die einzelnen Bestandteile des Sets können Sie einzeln nachbestellen.

Das flüssige Wachs der brennenden Kerze verteilt sich in kräftigen Farben im Glas und sorgt für

leuchtende Farbpunkte. Ist die Kerze abgebrannt, können Sie das Glas einfach reinigen, weil das Wachs aus Pflanzenöl ist. Waschen Sie es einfach mit etwas Spülmittel aus. So könne Sie sich frisch an einen neue Kerzenkombination machen!

WachZen.de – die neue Plattform für Ihre Zauberkerzen

Wer das Angebot von wu-wei.de kennt, weiß wie reichhaltig das Sortiment dort ist. Die Kerzen sind in dieser Fülle etwas untergegangen. Deshalb wurde die neue Plattform wachZen.de installiert. Hier erwartet Sie der Kerzenzauber neu aufgestellt und

leichter erreichbar. Neben den Herzlicht-Kerzen finden Sie eine Fülle von Farben, Dochten und Kerzenvariationen.

Über viele Experimente zum Ziel

Die Herzlicht-Kerzen waren schon immer die große Liebe von Richard Weigerstorfer. Mit pflanzlichen Wachsen, schönen Farben und besonderen Düften zu arbeiten ist für ihn etwas so Erfüllendes, dass er beim Arbeiten in der Kerzenwerkstatt fortlaufend am Schmunzeln ist. Vor über 13 Jahren wurden die ersten Palmkerzen aus Indonesien in das Sortiment aufgenommen. Für Richard Weigerstorfer war das aber nicht so ökologisch wie er es gerne gehabt hätte. Damals wurden die Gläser aus China nach Indonesien geliefert, die Dochte, Aufkleber und Farben kamen aus Deutschland. Nach dem Gießen der Kerzen wurde wieder alles nach Deutschland zurückgeliefert. Was für ein Transportwahnsinn! Das sollte verbessert werden. Handarbeit-Kerzen aus bayerischem Rapsöl, gegossen in Gläser der Firma Weck, die ebenfalls in Deutschland fertigt, mit Farben aus Nürnberg und Dochten aus Fulda: das war die Vision von Richard Weigerstorfer.
Nun nach ca. 10 Jahren Erfahrung in der Kerzenherstellung konnte das Kind geboren werden.

Kerzenzauber kreativ

Mit dem Set werden vierzig verschiedenfarbige Wachsronden, 40 Dochte für Teelichter und 12 Dochte für Kerzen in orientalischen Teegläsern geliefert. Von den Gläsern sind ebenfalls zwei im Set enthalten. Die Ronden gibt es in 10er Einheiten entweder unifarben oder bunt gemischt zum Nachkaufen. Auch Dochte können Sie in allen möglichen Längen und für unterschiedliche Durchmesser nachbestellen.

erhältlich bei
www.wu-wei.de

Joseph & Zuleika

Die epische Liebesgeschichte von Joseph und Zuleika findet sich sowohl in der Bibel, der Tora wie auch im Koran. Sie wurde unzählige Male erzählt – immer mit Variationen aus dem Blickwinkel des Erzählers – je nach dem was gezeigt werden soll.

Eine Version gefällt mir besonders gut, denn sie zeigt die Erlösung aus der bedürftigen Liebesbeziehung.

Lena Lieblich

Josef war eines von 13 Kindern und wurde von seinen Eltern immer bevorzugt behandelt.

Seine 12 Geschwister ärgerten sich darüber. Sie warfen ihn in einen Brunnen. Ihren Eltern erzählten sie, wilde Tiere hätten ihren Bruder gefressen.

Kurze Zeit später rastete eine Karawane an dem Brunnen. Die Männer retteten Josef und nahmen ihn mit nach Ägypten. Der oberste Befehlshaber des Pharao, Potiphar, kaufte Josef als Sklave. Josef war ausnehmend schön und gut gewachsen. Zuleika, die Frau Potiphars verliebte sich so sehr in Josef, dass sie ihre Liebe öffentlich bekannte und alles unternahm, um in seiner Nähe zu sein. Josef konnte aber die Liebe nicht erwidern, da er nur der Sklave war. Zuleika verschenkte all ihre Schätze an jene, die ihr von Josef berichten konnten. Sie setzte ihren guten Ruf, ihr Geld, ihre Ehre und ihr Heim aufs Spiel. So wurde ihre Liebe zu einem Skandal der ägyptischen Oberschicht. Po-

tiphar verstieß seine Frau, die nun betteln musste, um zu überleben.

Josef, der als Seher und Traumdeuter sehr erfolgreich war, konnte Potiphars Traum von den sieben fetten und den sieben mageren Kühen deuten und rettete auf diese Weise viele Menschen vor dem Hungertod.

Als Dank für seine Hilfe stieg Josef in den Stand des ersten Beraters auf, bekam seine Freiheit und enorme Schätze.

Als er einmal mit seinen Leibwachen durch die Stadt ritt, entdeckte er Zuleika als Bettlerin. Josef stieg von seinem Pferd, nahm die Frau an der Hand und sprach: „Liebe Zuleika, damals konnte ich meine Liebe zu dir nicht zeigen, da du meine Herrin warst und ich nur ein Sklave. Heute aber bist du ungebunden und ich kein Sklave mehr. Ich will, dass du meine Frau wirst."

Zuleika sah ihn tief an und sprach: „Lieber Josef, damals war ich bedürftig, ich brauchte deine Liebe um glücklich zu sein. Heute jedoch, habe ich die Liebe Gottes in mir gefunden und ich brauche

Ob Zuleika mit Josef ging und seine Frau wurde? Oder hat sie als Bettlerin weiter auf der Straße gelebt? Die Antworten auf diese Fragen erscheinen mir unwichtig. Für mich ist das Schöne an der Geschichte, dass man die Liebe in sich selbst finden kann. Dann braucht man sie nicht mehr bedürftig von außen.

Bedürftige Liebe ist eigentlich keine Liebe. Sie hält der Definition von Liebe nicht stand. Bedürftige Liebe will besitzen – wahre Liebe lässt frei.

Zuleika hat die Liebe in sich gefunden. Erfüllt von Gottes Liebe kann sie das, von ihr früher begehrte Objekt, freilassen und so ihre Liebe zu Josef noch mehr zeigen.

Kerzenzauber – Zauberkerzen

Eine brennende Kerze zieht unsere Blicke auf sich und verbreitet eine angenehme Stimmung – ob feierlich oder besinnlich – Kerzen wirken auf allen Ebenen.

Richard Weigerstorfer

K erzen sind etwas Magisches. Jede Glaubensgemeinschaft und jedes Ritual werden von Kerzen begleitet. Es beginnt bei der Geburt mit der Taufkerze und endet nicht mit der Trauerkerze bei der Beerdigung. Mit den Grablichtern wirken sie über den physischen Tod hinaus.

Wenn wir etwas feiern, schmücken wir die Tafel mit Kerzen, um dem Ganzen einen bestimmten Zauber zu geben.

Was bewirken Kerzen, wenn sie abbrennen?

Wachs, wenn es im Kerzendocht verbrennt, gibt Energie auf allen Ebenen ab. Auf der dichtesten Ebene spüren wir es als Wärme. Etwas feiner nehmen wir das Auflösen des Wachses als Licht wahr. Für die meisten unsichtbar: Kerzen erleuchten dunkle Schwingungen. Sind sie entsprechend informiert, können sie die dunklen Felder auch transformieren oder auflösen.

Das Abbrennen von Kerzen kann ganz konkrete Hilfe bedeuten. Wir sehen das am Brauchtum der Wetterkerze. Eine Kundin, die die Herzlicht-Wetterkerze immer bei Unwettergefahr anzündet, erzählte, dass die Unwetter dann plötzlich einen anderen Weg nehmen oder so abschwächen, dass keine Schäden auf den Feldern entstehen. Sie meinte, ihr Mann, der nichts davon halte, käme inzwischen zu ihr und bitte sie, die Wetterkerze anzuzünden. Er hat bereits so viele wunderbare Dinge damit erlebt.

Herzlicht-Wetterkerze

Foto © Wu-Wei GmbH

Wie Kerzen wirken

Stellen Sie sich einen Maurer, Bäcker oder Schlosser vor. Wenn Sie kein Material, wie Sand, Mehl oder Eisen zur Verfügung haben, können sie nichts arbeiten. Obwohl sie alle Fähigkeiten, Erfahrungen und Willen mitbringen, sind sie nicht im Stande etwas zu erschaffen.

Unseren Schutzengeln und geistigen Helfern geht es genauso. Wenn sie kein Material haben, mit dem sie für oder an uns arbeiten können, dann ist ihre Hilfe mehr ein Notprogramm. Sie vermag vielleicht das Schlimmstes zu verhindern. Es reicht nicht aus alles in die richtigen Wege zu lenken.

Gebete – das Material für Engel

Das Material für die Engel können wir selbst herstellen – indem wir beten! Beim Gebet erzeugen wir einen Stoff, der genau für die Erfüllung unseres Gebetswunsches im Feinstofflichen kristallisiert. Dieser Gebets-Stoff kann dann als Material für die Engel verwendet werden, um zu helfen.

Wir müssen also erst einmal etwas geben. Dann können wir empfangen. Interessant ist, dass das Wort „Gebet", anders betont, den Sinn von geben ausdrückt – „ge-bet"! Wenn wir danken oder selbstlos bitten, in dem Sinne, dass wir schon empfangen haben, werden wir die Kraft und das feinstoffliche Material erzeugen, das Engel benötigen, um unseren Gebetswunsch zu erfüllen.

Wachs, das mit einer Flamme dematerialisiert wird, verändert sich ebenfalls zu diesem feinstofflichen Material. Kerzen können also, in der richtigen Form abgebrannt, unsere Gebete verstärken. Das ist ein so großes Geheimnis, das nur die wenigsten davon wissen, obwohl viele intuitiv davon Gebrauch machen.

Der Stoff, aus dem die Wünsche sind

Der mit Abstand am häufigsten verwendete Kerzenstoff ist Paraffin. Paraffin wird aus Erdöl gewonnen und eignet sich meiner Ansicht nach NICHT für lichtvolle Gebetsunterstützung. Bienenwachs verwende ich persönlich ebenfalls aus verschiedenen ethischen und praktischen Gründen nicht.

Die zweiten Stoffe sind tierische Fette. Die Fettsäuren werden auch als Stearin bezeichnet. Auch hier ist uns klar, dass durch Verbrennen von Tierfett oder Talk keine besonders gute Energie entstehen kann. Der dritte Stoff wird aus Pflanzenölen gewonnen. Dies können alle fetten Pflanzenöle sein, wie Olivenöl, Sonnenblumenöl, Rapsöl oder auch das Öl aus den Kernen der Palmölpflanze. Auch dieses Material wird Stearin genannt. Diese Pflanzenöle

Pflanzenöle sind geronnenes Sonnenlicht! Das ist der richtige Grundstoff für unsere Kerzen. Das Element Feuer vermag es, dieses geronnene Sonnenlicht wieder frei zu setzen.

werden hydriert, bis sie fest werden. Dies entspricht dem Verfahren bei der Margarineherstellung.

Noch ist die Kerze keine Gebetskerze

Schauen wir uns einmal die Rituale der großen Glaubensgemeinschaften an. Da werden Kerzen geweiht oder gesegnet. Für jeden Zweck gibt es eigene Segenssprüche, die die Priester über den Kerzen aussprechen. Werden dann die Kerzen angezündet, so glaubt man, dass die gewünschte Wirkung sich vollzieht. Da kommt es aber besonders auf die Person an, die das Segnen vornimmt. Ein achtlos herunter geplapperter Segensspruch bewirkt fast gar nichts. Ein im tiefen Glauben und Vertrauen gesprochener Segen hat viel Kraft und vermag es, die Kerze zu programmieren.

Das Segnen der Kerzen

Viele glauben, sie seien nicht befugt, das zu tun, oder sie könnten es nicht. Das ist ein großer Irrtum. Jeder Mensch kann für sich und zum Wohle seiner Umwelt sehr wirkungsvoll segnen.

Wie beim Gebet entstehen beim Segnen Energien.

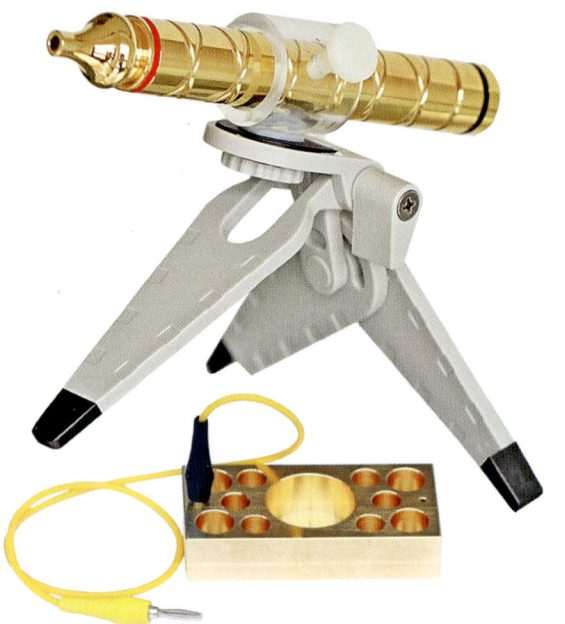

Der Urteilchen-Strahler

Foto © Wu-Wei GmbH

Nur dass sich hier diese Energie mit den Kerzen verbindet und beim Abbrennen nach und nach frei wird.

Noch einfacher ist es, wenn Sie mit dem Urteilchen-Strahler die Kerze bestrahlen und die gewünschte Eigenschaft so aufprägen. Der Urteilchen-Strahler ist mit unserem Schutzengel verbunden und kann so für eine klare und kraftvolle Prägung der Kerze verwendet werden.

Ich empfehle dazu, die Medikamentenwabe zwischen die zum Gebet gefalteten Hände zu nehmen und dabei die Kerze zu bestrahlen. Diese Methode hilft uns auch, ganz rein zu bleiben. Egoistische oder falsche Formulierungen werden auf diese Art richtig gestellt, denn unser steuernder Schutzengel filtert das vielleicht versehentlich falsch

Fotos © Wu-Wei GmbH

links: Herzlicht-Kerzen „Alles wird gut"; rechts: Herzlicht-Kerzen „Frieden"

Formulierte aus unserer Energie heraus. Auch ist die Kraft mit dem Urteilchen-Strahler um ein Vielfaches stärker, als ohne.

Wünsche für den Weltfrieden oder Vaters Krankheit

Wenn Sie sich fragen, was Sie sich alles wünschen dürfen, gibt es eine eindeutige Antwort: Im Prinzip alles! Alles, was in göttlicher Ordnung steht und nicht in die Freiheit einer anderen Person eingreift. Das kann der Friede auf der Welt, Gesundheit oder das gute Gelingen eines Vorhabens sein. Für alles, was wir beten, können wir auch eine Kerze anzünden. Also auch für die Erdbebenopfer oder den bedrohten Regenwald im Amazonas, für den kranken Vater oder das gute Gelingen einer Prüfung.

Ausrichten bereits geprägter Kerzen

Kerzen, wie die Herzlicht-Kerzen sind schon optimal geprägt. Sie sollten diese bereits auf ein Thema geprägten Kerzen lediglich vor dem Anzünden noch kurz an Ihr Herz halten und Ihre persönliche Ausrichtung einbringen, wie „Frieden im Mittleren Osten" oder „Frieden in der Hausgemeinschaft". Ohne dieses Ritual fließt die Gebetsenergie dieser Kerzen für den Weltfrieden.

Welche Kerzen soll ich verwenden?

Für große Angelegenheiten verwende ich große Kerzen im Glas. Diese brennen sehr lange und durch die neue Dochtentwicklung bei den Herzlichtkerzen brennen diese auch rußfrei bis zum Ende. Sie können aber auch Stab- oder Stumpenkerzen nehmen, oder Teelichter. Achten sie immer darauf, dass pflanzliches Stearin oder Pflanzenwachs verwendet wird, denn diese haben die größte Wirkung. Besonders schön finde ich das neue Kerzenset von „WachZen.de". Lesen Sie dazu den Artikel „Kerzenronden. Viele Farben für Ihre Kerzenfantasien" auf Seite 28.

Herzgefühl – für die neue Erde 65

Die Gotteskerzen

Lena Lieblich

Ein junger Mann kommt in eine neue Stadt und lernt an der Universität viele neue Menschen kennen, die ihm alle sehr sympathisch sind. Er wundert sich, dass diese Menschen so einen glücklichen Eindruck machen. In einer Vorlesungspause kommt er mit einem Studenten aus seinem Kurs ins Reden. Dieser erzählt voll Freude von seiner Freundin, mit der er so glücklich ist. Der junge Mann hört zu und meint schließlich etwas schwermütig: „Du Glücklicher, ich würde mir auch eine solche Freundin wünschen. Aber alle, die ich bisher kennengelernt habe, stellten sich nach kurzer Zeit als Flop heraus."

„Hast du für die Suche der Freundin auch die Gotteskerze angezündet?", fragte sein Kommilitone. Der junge Mann will gerade fragen, was das denn bedeute, als das Pausenzeichen ertönt und sie wieder in den Unterrichtsraum zurückmüssen.
In der Mensa sitzt er am Tisch bei zwei jungen Frauen. Eine erzählt freudig über ihre tolle und preiswerte Studentenwohnung. Da der junge Mann noch keine Wohnung gefunden hat und zur Zeit in der Jugendherberge wohnt, mischt er sich in das Gespräch ein. Er erfährt das Geheimnis der erfolgreichen Wohnungssuche. Das Geheimnis besteht aus einem Wort: Gotteskerze.
Der junge Mann ist darüber so erstaunt, dass er vergisst, weiter nach dieser Kerze zu fragen.

Im Laufe der nächsten Tage hört der Neuling das Wort „Gotteskerze" immer wieder. Er beschließt, der Sache auf den Grund zu gehen. Aber fragen will er niemanden mehr, denn jeder scheint zu wissen, was eine Gotteskerze ist. Mit seiner eigenen Unwissenheit will er sich nicht bloßstellen.

Am nächsten Tag schlendert der junge Mann durch die Stadt. In einer Seitenstraße bleibt er wie angewurzelt stehen. Im Schaufenster eines Kerzenladens hängt ein Schild mit der Aufschrift: „Gotteskerzen neu eingetroffen!". Kurz entschlossen betritt er den Laden. Den älteren Verkäufer fragt er: „Was, bitte, ist eine Gotteskerze?"
Der Verkäufer schmunzelt, legt seine Hand auf die Schulter des jungen Mannes und meint im väterlichen Ton: „Dann komm mal mit, mein Junge!"
Im hinten gelegenen Raum stehen viele Kerzen in unterschiedlichen Farben. Jede Kerze hat drei Dochte und irgendwie eine magische Ausstrahlung. Normalerweise nehme ich doch solche Dinge gar nicht wahr, wundert sich der junge Mann. Er erinnert sich an eine Freundin, die die Ausstrahlung jeden Steins und überhaupt jeden Gegenstands wahrnehmen konnte. Damals hielt er die Frau für übergeschnappt. Schließlich hatte er von den beschriebenen Sachen überhaupt nichts gespürt. Umso mehr erstaunt es den jungen Mann, dass er die Ausstrahlung der Gotteskerzen vor ihm so deutlich wahrnimmt. Der ältere Verkäufer bleibt vor einer wunderschönen, rosa Kerze mit drei Dochten stehen und erklärt:

Docht für deine Freundin, die du noch nicht hast und der dritte Docht für den lieben Gott. Wenn du alle drei Dochte anzündest, sagst du zur Kerze: „Ich will eine richtige Freundin und ich meine es ernst." Dann lässt du die Kerze jedes Mal, wenn du sie anzündest, mindestens so lange brennen, bis sich alle drei Wachsspiegel vereint haben und eine gemeinsame Oberfläche ergeben. Am besten lässt du sie noch viel länger angezündet, denn die Kerze scheint ewig zu brennen. Du wirst erstaunt sein, dass schon bald die Richtige kommen wird. Oft ist es nicht der Typ, auf den man steht. Ein Freund von mir, der sehr aktiv und erfolgreich ist, hatte immer aktive, sehr dynamische Frauen angezogen. Nach einiger Zeit klappte es dann zwischen den beiden nicht mehr. Als er die Liebes-Gotteskerze anzündete, lernte er eine Frau kennen, die still, ruhig und immer für ihn da ist. Diese Frau tut meinem Freund gut, denn sie ist genau der Gegenpol zu seinem ruhelosen Wesen. Schon bald merkte er ihren beruhigenden Einfluss auf seine Seele. Er veränderte sich nach und nach zu einem charismatischen, ruhigen Mann. Natürlich haben die zwei geheiratet und sind seit Jahren sehr glücklich zusammen."
Der junge Mann hört nachdenklich zu. Dabei geht ihm alles Mögliche durch den Kopf.
Der Verkäufer hat sich nun so richtig in Schwung geredet. Er führt den jungen Mann vor die nächste Gotteskerze. Diese ist wunderschön rot. „Diese

Gotteskerze „Beziehung"

Gotteskerze „Liebe"

„Wenn du eine Freundin suchst, eine richtige, die zu dir passt und später einmal deine Frau werden soll – also, wenn du es ernst meinst, dann musst du diese Kerze kaufen! Ein Docht steht für dich, der zweite

Gotteskerze brauchst du, wenn du schon verheiratet bist oder lange in einer Beziehung lebst", erklärt er ernst. „Du brauchst sie, wenn es so scheint, als sei die Liebe zwischen euch verschwunden. Hier steht ein Docht für deine Frau, der andere Docht für dich und der dritte wieder für Gott. Gott soll immer der dritte im Bunde sein – deshalb heißt die Kerze auch

Gotteskerze."
Der Verkäufer stellt nun eine grüne Kerze vor den jungen Mann.
„Das ist die Gottes-Heilungskerze. Bei der ist es

Gotteskerze „Heilung"

etwas anders. Der Docht, der bisher für eine Frau oder gewünschte Freundin stand, wird hier für das Leiden angezündet. Also du, Gott und die Krankheit – da kannst du schon raten, wer stärker ist?"
Da der junge Mann vollkommen gesund ist, interessiert ihn die Heilungskerze nicht besonders. Etwas anderes geht ihm durch den Kopf. „Wie sieht es mit meinem Studium aus, lässt sich da auch eine Gotteskerze verwenden?", fragt er den Verkäufer.
„Aber klar!", antwortet dieser sofort. „Wir stehen direkt davor! Hier bei der blauen Gotteskerze steht der dritte Docht für ein gutes Gelingen des Studiums. Diese wird bei mir am meisten gekauft."

Gotteskerze „Erfolg"

Der Verkäufer lächelt still in sich hinein. Der junge Mann hat den Eindruck, dass der Ältere ganz weit

in der Vergangenheit ist.
Langsam beginnt der Verkäufer zu erzählen: „Es ist schon lange her, da kaufte so ein junger Mann wie du eine Kerze. Er beendete sein Studium hervorragend. Viele Jahre später stand er auf einmal wieder in meinem Laden. Ich erkannte ihn sofort. Auch er erkannte mich und begrüßte mich so freudig, dass diese Freude direkt auf mich übergesprungen ist. Er erzählte mir seine Geschichte der letzten 20 Jahre und wie gut alles in seinem Leben gelaufen ist. Das alles hat er den Gotteskerzen zu verdanken, versicherte er mir. Nun wollte er für seinen Sohn eine Gotteskerze, denn der begann gerade sein Studium. Mehr könne er im Augenblick nicht für seinen Sohn tun, aber ihn in Gottes Fürsorge zu wissen, erfülle sein Herz mit großer Freude."

Auf dem Verkaufsregal stehen noch Kerzen in drei weiteren Farben. Der junge Mann fragt nach deren Bedeutungen. Er erfährt, dass die gelbe auch vorne beim Eingang des Ladens brennt. Das ist die Gotteskerze für Unternehmer. „Deshalb brennt sie hier

Gotteskerze „Unternehmer"

den ganzen Tag", sagt der Verkäufer. „Die Kerze soll dafür sorgen, dass liebe, gute Kunden zu mir finden. Die anderen, die nicht zu mir passen, dürfen in andere Läden gehen. Ganz am Anfang, als ich die Gotteskerzen noch nicht hatte, war immer eine gewisse Unruhe im Geschäft. Kunden, die nicht zahlten, Lieferanten, die unzuverlässig waren und so weiter. Ich bin mein bester Kunde. Ich bin überzeugt von dieser gelben Kerze und sehe es jeden Tag auf's Neue. Sie wirkt. Ich brauche mir nur Sie anzuschauen. Was mir der liebe Gott für einen tollen, jungen Mann geschickt hat, mit dem ich mich nun schon seit 30 Minuten wunderbar unterhalte." Der junge Mann wird verlegen und räuspert sich: „So viel habe ich nun auch wieder nicht gesagt."

„Das macht nichts!", erwidert der Verkäufer. „Ich
spüre bei Ihnen den Wunsch, Gott mit in Ihr Leben
zu nehmen. Bisher wussten Sie wohl nicht, wie Sie
es anstellen sollen. Denn wirklich, am wichtigsten
ist ja Gottes Hilfe im Alltag. Verstehen Sie, das ist
für mich so schön, dass Sie so denken."

Dann schweigen beide in Gedanken versunken.
Nach kurzer Zeit stellt sich der Verkäufer vor die vi-
olette Kerze und erzählt: „Diese ist meine spirituelle
Kerze. Sie stärkt mich in meiner seelischen Entwick-

Gotteskerze „Spiritualität"

lung. Sie nimmt meine Sehnsucht nach Gott auf
und verstärkt sie, so dass ich immer tiefer in Gottes
Liebe eintauchen kann. Diese Kerze wird nicht oft
gekauft und doch ist sie die wichtigste von allen."
Schließlich führt der Verkäufer den jungen Mann
vor die siebte Gotteskerze. Sie ist leuchtend
beige-grün eingefärbt. Breit lächelnd nennt der Verkäufer den Namen dieser Kerze: „Kinderwunsch-
Gotteskerze".

Gotteskerze „Kinderwunsch"

Als sie wieder in den vorderen Laden zurückgehen,
bemerkt der junge Mann in der Nähe des Ausgangs
eine weiße Gotteskerze. Er bleibt stehen und sieht
den Verkäufer fragend an.

„Dies ist die Weltfriedenskerze", erklärt der Ältere.

Gotteskerze „Frieden"

„Sie sieht weiß aus. Aber wenn du sie anzündest,
wirst du eine Überraschung erleben. Ein Docht
wird sich rot, der andere blau und der dritte grün
verfärben. Die Farben stehen für die drei göttlichen
Tugenden – Glaube grün, Hoffnung blau, Liebe rot.

Die drei Dochte färben sich in den Farben
blau, rot und grün.

Die Dochte stehen für Gott, dich und den Weltfrieden. Ich habe einen alten Kunden, der schon über 80
Jahre alt ist. Er kommt jede Woche und kauft eine
Friedenskerze. Die lässt er immer von Anfang an
brennen, bis sie von alleine verlöscht. Er meint, es

ist für ihn das schönste Geschenk, dass er auf diese Weise zum Weltfrieden beitragen darf."

Der junge Mann lässt seinen Blick noch einmal von einer Kerze zur nächsten wandern. Schließlich sagt er: „Sie haben mich durchschaut mit Ihrer Aussage vorhin, dass ich Gott gerne in mein Leben einbinden möchte. Ich glaube auch an die Wirkung der Kerzen und ich spüre ihre Ausstrahlung. Sie müssen aber wissen, dass ich Physik studiere und mein Kopf gerne eine Erklärung für die Wirkung hätte. Wie kommt es, dass die verschiedenen Kerzen verschiedene Aufgaben erfüllen können?"

Der Verkäufer hat diese Frage schon oft gestellt bekommen und meint dazu: „Kerzen werden in allen Kulturen der Erde eingesetzt – meistens für religiöse Handlungen. So wird die anfänglich neutrale Oster-, Tauf- oder Kommunionskerze durch ein Ritual aufgeladen. Durch das Abbrennen des Wachses wird das Ritual vollzogen. Immer, wenn etwas Wachs verbrennt, dematerialisiert es sich. Diese Energie kann auf einer feinstofflichen Ebene verwendet werden, um das Gewünschte zu manifestieren. Der Erfinder der Gotteskerzen hat eine Art und Weise gefunden, die verschiedenen Eigenschaften auf die Kerzen zu übertragen. Soviel ich weiß, macht er es mit Kristallen, Spulen und Gebeten und der Hilfe von Engeln. Diese moderne Art des segnenden Rituals ist sehr stark und die Ausstrahlung hast du ja selbst gespürt. Der Erfinder war schon einmal bei mir im Laden. Er hat mir genau erklärt, wie es geht. Aber ehrlich gesagt, ich verstehe nichts von Quantenphysik, Schwingkreisen und Überlagerungen. Deshalb kann ich es dir auch nicht erklären. Aber eigentlich brauche ich selber diese Erklärung gar nicht. Ich habe schon so oft die Wirkung der Gotteskerzen erlebt. Ihre Kraft steht für mich außer Zweifel."

Der junge Mann verlässt den Laden, ohne eine Kerze mitzunehmen. In den folgenden Tagen überlegt er alle Möglichkeiten. Dann entscheidet er, eine Liebes-Gotteskerze zu kaufen. Wenn ich erst die richtige Freundin habe, denkt er sich, dann suchen wir uns gemeinsam eine Wohnung. Das Studium ist ja im ersten Semester nicht so schwer, das kann noch warten. Als er den Laden betritt, begegnet er bei der Kasse einer jungen Frau, die eine rosa Gotteskerze in ihre Tasche packt. Der junge Mann verlässt den Laden ebenfalls mit einer Liebes-Gotteskerze.

Vier Wochen später betreten die beiden Arm in Arm den Laden. Glücklich grinsen sie den Verkäufer an. „Es hat geklappt! Jetzt wollen wir eine blaue Kerze für unser Studium."

Gotteskerzen im Überblick

Gotteskerze „Liebe"

Gotteskerze „Beziehung"

Gotteskerze „Heilung"

Gotteskerze „Erfolg"

Gotteskerze „Unternehmer"

Gotteskerze „Spiritualität"

Gotteskerze „Kinderwunsch"

Gotteskerze „Frieden"

Erhältlich unter www.wu-wei.de

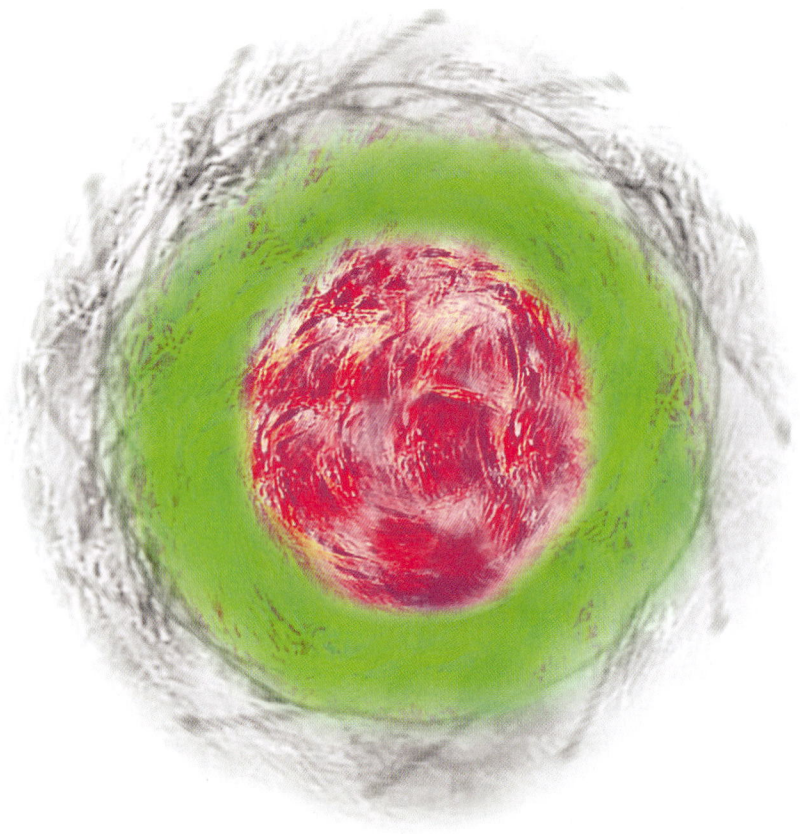

LESERBRIEF
von Brigitte Respondek

Liebes-Schutz-Siegel

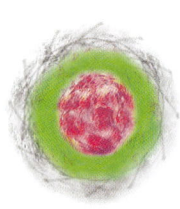

Da ich ja meistens immer skeptisch bin, habe ich erst vor kurzem die ersten 10 Stück des Liebes-Schutz-Siegels bestellt. Ich habe sie vor alle unsere Türeingänge geklebt. Was ich dadurch erfahren habe, ist, dass eine richtige Harmonie bei uns eingekehrt ist, die vorher nicht da war. (nur Hektik)

Und das Schönste kommt ja noch! Ich hatte fünf Jahre Schmerzen an meinem linken Arm. Dieses Jahr bin ich daran operiert worden. Nach der Operation schmerzte die Narbe immer noch. Aber heute kann ich berichten, dass es meinem linken Arm blendend geht! Das kommt durch die Ruhe und die Verstärkung mit dem Transmitter.

In unseren Räumen ist es jetzt so ruhig, dass ich manchmal schon denke, ob hier noch jemand wohnt. Diese Ruhe tut mir richtig gut!

Die Liebes-Schutz-Siegel haben einen Durchmesser von 25 mm und sind einseitig selbstklebend. Diese können zum Schutz überall aufgeklebt werden. Einen Film dazu können Sie sich unter www.riwei.tv anschauen

Editorial

Liebe Leserinnen und Leser,

vor einigen Jahren habe ich die Geschichte „Zärtliche Berührung" geschrieben. Sie zeigt auf, wie sich die ganze Welt wandeln kann, wenn wir uns gegenseitig, unsere Umwelt, Pflanzen, Tiere sowie materielle Dinge behutsam berühren. Den Text hatte ich damals aus einer sehr lebendigen Vision heraus erstellt.

Nun wurde ich in den letzten Tagen immer wieder damit konfrontiert, dass „Berühren" lebensnotwendig ist. Die Haut ist unser größtes Organ und als erstes ausgebildetes Wahrnehmungsorgan wesentlich an unserer psychischen und körperlichen Gesundheit beteiligt.

Richard Weigerstorfer
Geschäftsführer RiWei-Verlag GmbH

Es ist inzwischen wissenschaftlich bewiesen, dass Berühren heilt und friedvoll macht. Ein Autor geht sogar davon aus, dass es keine Kriege, keinen Neid und keinen Hass auf der Erde gäbe, wenn wir immer ausreichend berührt würden.
Gier nach Gold, Ruhm und Ehre ist nichts anderes als ein Ersatz für den Wunsch, berührt und geliebt zu werden.

Besonders für ältere Menschen ist Berührung wichtig. Ihre Freunde und Partner, mit denen sie sich zur Jugendzeit noch in den Arm genommen haben, sind vielleicht schon verstorben. Aber das Bedürfnis nach Berührung bleibt bis zum Lebensende erhalten.

Treffen Sie nun die Entscheidung, jemandem aus Ihrem Umfeld eine Fuß- oder Handmassage zu schenken. Können Sie nicht massieren? Dann cremen Sie einfach ein! Das hat die gleiche Wirkung.

Und noch etwas: Wenn Sie nicht verwöhnt werden, machen Sie es selbst! Unsere Haut kann nicht wirklich unterscheiden, wer z. B. die Füße eincremt - ob es jemand anderes ist oder Sie selbst.
Es gibt auch viele Massagearten, die als Wellness-Massagen angeboten werden.
Man muss also nicht erst krank werden, um sich einmal eine solche Massage zu gönnen.
Der Geschenk-Tipp: Viele ältere Menschen antworten auf die Frage nach ihren Wünschen für ein Geschenk, dass sie alles hätten und nichts bräuchten. Aber eine schöne Lomi-Massage oder eingecremt werden geht immer, da können Sie sicher sein!

Ich wünsche Ihnen nun viel Entspannung und Freude mit der heutigen Herzgefühl-Ausgabe.

Richard Weigerstorfer
Chefredakteur

Bild: © Vasilka Loy

Das Land der Behutsamkeit

Richard Weigerstorfer
Zeichnung: Vasilka Loy

Das Land der Behutsamkeit wird von Menschen bewohnt, die es zu einer Meisterschaft in der Sanftheit gebracht haben. In grauer Vorzeit haben sich die Bewohner dazu entschlossen, alles sehr sanft zu machen. So berührten sie ihre Pflanzen vorsichtig mit den Fingerkuppen. Dabei stellten sie fest, dass schon kurz vor der Berührung eine Art Lichtbogen aus den Fingern zur Pflanze strömte. Das Licht füllte die Pflanze vollkommen aus und nach kurzer Zeit leuchtete die Pflanze wunderbar. Diese Beobachtung beflügelte die Menschen immer mehr, zu erforschen, was es mit diesem Licht auf sich hatte. Sie merkten, dass die Pflanzen, wenn sie anfingen zu leuchten, auch eine schöne Energie an die Menschen zurücksandten. Diese Fähigkeit, den Lichtbogen zu sehen, breitete sich sehr schnell über das ganze Land aus und alle waren begeistert, dies zu sehen.

Viele berührten sich nun auch gegenseitig mit viel mehr Sanftheit und stellten auch da dieses Aufleuchten des berührten Körpers fest und dass auch dieser Licht und Energie an den Berührer zurückgab. Verliebte, die sich lange sanft streichelten, beobachteten, dass es nach einiger Zeit zu einer direkten Lichtexplosion kam, die unglaubliche Zufriedenheit, Energie und Freude freisetzte.

Es dauerte nicht besonders lange - ich denke mal ein oder zwei Jahre - dann waren alle im Land fast ständig damit beschäftigt, alles sanft zu berühren. Also auch die Tiere und die Mineralien und alles, was man berühren konnte. Merkwürdigerweise gab es Dinge, die nicht aufleuchteten, dazu gehörten alle Kunststoff- und Plastikgegenstände, die industriell gefertigt waren. Merkwürdigerweise fing ein Topflappen, der von der Oma gehäkelt wurde, an zu leuchten, während einer aus dem Kaufhaus das nicht vermochte. Das sanfte Berühren und Aufleuchtenlassen machte die Menschen glücklich und es nährte ganz wunderbar die Seele, sodass alle möglichen Krankheiten, die von der Seele ausgingen, einfach verschwanden. Auch änderte sich das Essverhalten, denn man wollte das Essen erst zum Leuchten bringen, bevor man es genießen konnte. Auch hier gab es Nahrungsmittel, die nicht leuchten wollten.

Wie von selbst, ohne Absicht, mied man die Gegenstände und Lebensmittel, die nicht leuchteten, was die Erzeuger sehr schnell dazu bewog, nur noch leuchtende Lebensmittel herzustellen.

In dem Land der Behutsamkeit war eine sehr stille Revolution ausgebrochen. Alle Menschen wurden liebevoller, zufriedener und auch die Felder brachten mehr Ertrag und das ohne die künstlichen Dünger und Insektengifte. Es war schon fast ein wenig wie im Himmel. Denn auch Verkehrssünder gab es nicht mehr und Menschen, die andere als solche aufschreiben wollten, gab es auch nicht. Keiner wollte sich für diese Arbeiten zur Verfügung stellen, die nicht leuchteten. Trotz der gewaltigen Umstellungen in der Gesellschaft verlief alles ohne großen Aufruhr. Politiker gaben ihre neuen Erkenntnisse bekannt und alle waren begeistert, denn die neue Art der politischen Führung leuchtete ebenfalls und bekam von allen Seiten volle Zustimmung.

Die nächste Generation, die heranwuchs, brachte noch einmal einen gewaltigen Schub in Richtung Sanftheit. Man hatte ja auch die eigenen Kinder mit sehr viel Behutsamkeit berührt. Dabei stellte sich heraus, dass die Kinder schon durch bloßes Fühlen und reines freudiges, liebevolles Denken dieses Licht auslösen konnten. Die nächste Generation brachte es schon zu einer Meisterschaft, sich gegenseitig mit

schönen Gedanken zum Leuchten zu bringen. Aber die Jugendlichen ließen sich nicht nur gegenseitig aufleuchten, sondern auch ihre Umgebung. Manche von ihnen waren so talentiert, dass selbst ein großer Saal viel heller wurde, wenn so ein Kind eintrat. Anfangs standen die talentierten Jugendlichen mit Leuchtfäden ständig miteinander in Kontakt, was wie ein riesiges Netz aussah, mit dem alle miteinander verbunden waren. Nach und nach wurde diese Fähigkeit, sich mit dem leuchtenden Netz zu verbinden, allen zuteil. Das löste einen erneuten Quantensprung aus. Alle Bewohner des Landes der Behutsamkeit fühlten sich als ein großer Organismus, in dem auch die Tiere und Pflanzen eingeschlossen wurden.

Die Menschen aus dem Land der Behutsamkeit konnten es sich gar nicht mehr vorstellen, wie es wohl früher mal gewesen war, als sich jeder noch getrennt vom anderen gefühlt hatte, als man noch Kriege führte und Tiere aß. Heute leben alle von der Liebe und dem Licht - nur manchmal, bei großen Festen, wird noch eine festliche Tafel gedeckt, auf der dann köstliches Obst und Gemüse angeboten wird.

Editorial

Liebe Leserinnen und liebe Leser,

wie oft sagen wir danke? Wie oft empfinden wir tiefe Dankbarkeit? Vieles ist in der heutigen Zeit einfach selbstverständlich zur Körperhygiene geworden, wie sauberes Wasser in ausreichender Menge zum Trinken und in der Toilette.

Die Kaiser der verschiedenen Epochen, die sich wirklich alles leisten konnten, hatten den Luxus von gut beheizten Räumen und ein tägliches Duschbad nicht so einfach zur Verfügung wie wir. Denken wir nun noch an unsere Fortbewegungsmittel, wie Auto, Zug , Flugzeug oder auch Fahrrad und führen uns die Strapazen einer Kutschenreise über 300 km vor Augen, die gerne 10 Tage in Anspruch genommen hat, dann können wir richtig zufrieden sein.
Unsere Möglichkeiten, selbst im strengsten Winter frisches Obst und nahrhafte Lebensmittel kaufen zu können, waren selbst vor 100 Jahren noch nicht möglich.

Richard Weigerstorfer
Geschäftsführer RiWei-Verlag GmbH

Trotz all dieser Vorzüge sind die meisten Menschen in der heutigen Zeit unzufrieden und erkennen nicht, dass Unzufriedenheit genau das in unser Leben holt, weshalb wir unzufrieden sind.

Das Heilmittel für Unzufriedenheit heißt „Dankbarkeit". Sind wir dankbar, dann verändert sich auch unsere Wahrnehmung und wir werden zufriedener und glücklicher.

Sicherlich haben Sie dieses Umschalten auf Dankbarkeit schon einmal erlebt, z. B. wenn Sie mit einer schweren Krankheit oder einem großen Unglück bei Nahestehenden konfrontiert wurden. Dann besinnt man sich, wie gut es einem eigentlich geht.
Wir haben es selbst in der Hand, was wir denken und was wir an Gedankenkost in uns reinlassen. Nachrichten und Fernsehen machen uns nicht glücklich. Nehmen wir uns lieber täglich fünf Minuten Zeit und denken darüber nach, für was wir alles dankbar sein können – vielleicht führen wir sogar ein Dankbarkeitsbuch?
Vor Jahren habe ich schon ein Büchlein Herz-GeDANKEN herausgegeben, das sich wunderbar dafür eignet, alles aufzuschreiben, was einen dankbar macht.
Auch Gillen Kalverkamp hat in ihrem Film „Erste Hilfe Box für die Seele" davon berichtet, dass man sich Dinge aufschreiben soll, für die man dankbar ist. In schweren Stunden gelesen, wirken diese Gedanken wie Balsam.

Und haben Sie schon bemerkt, dass in dem Wort Gedanken das Wort DANKEN steckt? Es ist ein deutlicher Hinweis darauf, was Gedanken sein sollen, finden Sie nicht auch?

Ich wünsche Ihnen viel Freude mit der heutigen Ausgabe der Zeitschrift Herzgefühl.

Richard Weigerstorfer
Chefredakteur

Heilung des inneren Kindes

Mutter Maria in der Praxis

Richard Weigerstorfer

Für mich war es als Bub ganz natürlich, dass im Mai die Maiandacht besucht wird. Marienverehrung ist in Bayern was ganz Selbstverständliches, und so mancher richtet sein Gebet lieber an die Mutter Maria als an Gott, weil man ihr mit ihrer mütterlichen Liebe mehr Vermittlungsgeschick vor Gott zutraut.

Erst bei meinen Seminaren wurde mir bewusst, dass Marienverehrung nicht überall daheim ist, besonders im hohen Norden wirkten meine Hinweise auf Mutter Maria oft befremdlich auf die Teilnehmer. Dabei ist Mutter Maria bei jedem meiner Seminare als Gast anwesend. Machten wir zum Beispiel eine kurze Meditation, so konnte ich beobachten, wie sie durch die Reihen ging und hier mal dem einen, da mal dem anderen ihren Mantel umlegte, um ihn in wunderbares Licht einzuhüllen. Nach dem Seminbar beschrieben die Teilnehmer auch immer Meditationserlebnisse, die sich mit meiner Wahrnehmung deckten und hatten begleitende Gefühle wie tiefe Ruhe, Freude und Zuversicht.

Wer ist nun das Wesen, das ich als Mutter Maria bezeichne?

Für mich ist dieses Wesen der weibliche Teil Gottes, der die Mutter unseres Jesus ganz und gar ausgefüllt hat. Dieses Wesen ist mehr als nur Jesus Mutter. Es ist ein hinter ihr wirkender, segnender Geist Gottes. „Gott ist zu weit weg und Christus schon viel zu beschäftigt, da geht man lieber zur Mutter Maria", meinte einmal meine Tante, als ich sie fragte, warum sie denn zur Maria betet.

Um nicht zu sehr in die Spiritualität zu gehen, ist es nicht wichtig, wer Mutter Maria ist, wichtiger ist ihre Erfahrbarkeit, Hilfsbereitschaft und Fürsprache, die wir gerne annehmen. Ich weiß aus Gesprächen mit Maria, dass wir in der neuen Zeit viel mehr Weibliches leben werden. Alle Menschen werden Zugang zu diesem Teil Gottes und zur Weiblichkeit in sich finden. Nicht nur die Männer werden diesen Teil in sich entdecken und zu schätzen lernen, auch die Frauen werden wieder zurückfinden in ihre Weiblichkeit. Es wird aber kein Matriarchat sein, das die Herrschergewalt den Frauen gibt, sondern eine Gesellschaft, in der das Weibliche und Männliche in vollkommener Balance miteinander leben werden. Egal in welchem Körper.

Gib mir das Kind

Ein sehr berührendes Erlebnis hatte ich während meines Seminars Nur der heile Heiler heilt. Dabei ging ich während der Meditation im Stuhlkreis zu jedem der Teilnehmer, um bei der inneren Kindheilung ein wenig mitzuhelfen. Bei der ersten Person geschah etwas Besonderes: Ich hielt plötzlich ein feinstoffliches Kind in meinen Armen. Es war schrecklich, welches Leiden dieses Kind erfüllte, und ich musste wegen diesem mitgefühlten Leid anfangen zu weinen. Da trat Mutter Maria an meine Seite, sie hielt ihre Hände über das feinstoffliche Kind und segnete es. Bald schon trat eine Veränderung ein, das Kind in meinen Armen wurde freier und freudiger, so wie man sich ein kleines Kind eben vorstellt, das ohne Leid ist. Nach kurzer Zeit konnte ich das Kind in die Arme der Person legen mit dem

Hinweis: „Das ist dein inneres Kind." Auch bei allen anderen Teilnehmern zeigte sich ein feinstoffliches Kind und Mutter Maria trat an meine Seite und segnete jedes einzelne, so daß ich es der Person übergeben konnte. Die Teilnehmer hielten das feinstoffliche Kind noch lange in den Armen, bis es dann langsam mit ihrem Körper verschmolz.

Am nächsten Seminartag bekam ich von Maria den Hinweis, dass jeder Teilnehmer dies nun alleine machen kann. Mutter Maria arbeitet mit uns allen. Sie tut das aber nicht unaufgefordert. Wir müssen sie darum bitten. Keines der mir bekannten guten Geistwesen würde unaufgefordert die Heilung von jemand vornehmen. Das wäre übergriffig und entspräche nicht dem freien Willen, den wir haben. Bitten wir aber um Hilfe und in diesem Fall um Heilung für unser inneres Kind, dann hilft Mutter Maria gerne und mit ganz viel Sanftheit und Liebe. Ich schrieb, sie sei „erfahrbar" und das meinte ich ernst. Sie ist für jeden erfahrbar, auch wenn er keine besonderen Fähigkeiten besitzt, wird er spüren, dass sie da ist und ihm hilft.

Ich bat meine Teilnehmer, sie sollten die Arme öffnen, als würden sie ein Kind hineingelegt bekommen und das dann an ihr Herz drücken. Mutter Maria nahm sich Zeit für jeden Einzelnen und segnete sie alle.

Eine kleine Übung

Suchen Sie sich eine Zeit, in der Sie ca. eine Stunde ungestört sind. Beten oder meditieren Sie, und bitten Sie Mutter Maria, Ihnen bei der Heilung des inneren Kindes zu helfen. Öffnen sie die Arme wie oben beschrieben und achten Sie auf Ihre Gefühle und Gedanken. Wenn Sie den Eindruck haben, dass die Heilarbeit beendet ist, dann sprechen Sie in Gedanken zu Maria und bedanken sich für dieses Geschenk. Sie wird Ihnen antworten. Sie spricht leise, sanft und sehr ruhig. Es sind immer ganz einfache Dinge, die sie sagt. Ihre Worte werden aber einen großen Einfluss auf Ihr Leben haben, wenn Sie diese umsetzen.

Zu wem soll ich beten?

Das werde ich in meinen Seminaren immer wieder mal gefragt. Die Antwort ist einfach. Schauen Sie sich einmal das Wort Gebet an. Wir sollen etwas geben. Was gibt man aber bei einem Gebet? Es ist eine Energie, die zu Gott geht und verwandelt wird. Mit dieser verwandelten Energie werden dann unsere Sorgen und Nöte geheilt. Die Antwort ist nun auch einfach erkennbar: Wenn Gebete Energie sind, die zur Verfügung gestellt wird, dann sind stark emotio-nal gefärbte Gebet, die am besten noch aus der Tiefe des Herzens kommen, die wirkungsvollsten Energien, die wir mit unseren Wünschen und Sorgen hinausschicken können.

Nun fragen Sie sich, zu wem kann ich mich in meiner Freude oder in meiner Not am besten hinwenden? An Gott direkt? Oder an Jesus Christus? Oder vielleicht doch lieber an Mutter Maria oder an einen Heiligen, der in der gleichen Not war, wie ich es momentan bin? Kann es auch Allah oder Buddha sein? Die Antwort auf all diese Fragen ist ein Ja. Wichtig ist nur Ihre innere Einstellung und Bereitschaft, sich liebevoll emotional auszudrücken. Gehen Sie davon aus, dass ein Gebet nicht von der Wahl der Worte abhängt, sondern von der Hingabe des Betenden.

Ihre Erfahrungen mit Mutter Maria

Mutter Maria hat mir kurz vor Ende des neuen Jahres einen Hinweis gegeben und es liegt mir am Herzen, diesen Hinweis mit Ihnen zu teilen: Ich wünsche mir, dass die weibliche Kraft mehr anerkannt und im Alltag eingesetzt wird, denn nur dann, so glaube ich, kann sich unsere Erde zum Positiven wandeln. Ich möchte aus diesem Wunsch heraus ein Buch herausgeben, das vom Wirken der Mutter Maria erzählt. Machen Sie doch bitte mit und schreiben Sie einen Beitrag für dieses Buch. Fühlen Sie sich dabei ganz frei. Schreiben Sie Ihr Erlebnis mit Mutter Maria auf oder erzählen sie von Ihrer Erfahrung mit der Weiblichkeit. Lassen Sie mich wissen, warum Sie denken, daß es nachhaltiger ist, weiblich zu handeln. Oder teilen Sie mir ihre Gedanken mit, warum ein Krieg gar nicht stattfinden kann, wenn alle weiblich überlegen.

Es soll ein Buch werden mit 27 ausgewählten Geschichten, die Sie, meine lieben Leser, geschrieben haben. Setzen Sie sich hin und lassen Sie sich inspirieren. Sie werden staunen, wie schnell und leicht es ihnen fallen wir, einen Beitrag zu verfassen. Mutter Maria und ich warten darauf.

Meine Erfahrungen mit dem Urteilchen Liebes-Schutz-Siegel

LESERBRIEF

Gertrud Berens

Liebes Wu-Wei-Team,

bei meiner letzten Bestellung habe ich von meinen wundervollen Erfahrungen mit den Liebes-Schutz-Siegel-Aufklebern berichtet. Sie haben mich gebeten, diese schriftlich mitzuteilen, damit noch mehr Menschen von der Wirkung dieser Siegel erfahren.

Ich habe die Liebes-Schutz-Siegel vor ca. einem Jahr bei Ihnen bestellt, nachdem ich das Poster aus Ihrer Zeitschrift Herzgefühl Nr. 16/2014 kopiert und in jedem Zimmer unserer Wohnung angebracht hatte. Selbst an meinem Arbeitsplatz im Büro hängte ich eines auf und bemerkte sehr schnell, dass sich überall eine sehr liebevolle Energie ausbreitete. Mir fiel es plötzlich leichter, liebevoller und positiver zu sprechen und ich war von diesem Zeitpunkt an von der liebevollen Energie, die von diesem Siegel ausgesendet wurde, erfüllt. Alle Spiegel und Fensterscheiben sowie sämtliche Lebensmittel und Kosmetika habe ich daraufhin mit dem Siegel versehen und ich hatte das Gefühl, dass sich auch mein Spiegelbild langsam positiv veränderte. Zuerst glaubte ich noch, ich bilde mir alles ein und meine Fantasie würde langsam mit mir durchgehen. Aber dann machte mein Sohn eine Erfahrung, die mich noch mehr von der Wirkung überzeugte.

Kundenverhalten veränderte sich

Mein Sohn arbeitet während seines Studiums als Promoter für verschiedene Unternehmen und überwiegend geht es dabei um Produktwerbung. Er hatte einen großen Auftrag erhalten, bei dem er das Produkt einer Pharmafirma, das die Energie und Ausdauer der Konsumenten steigern sollte, an die Mitarbeiter verschiedener Unternehmen verteilen sollte. Die Verteilung lief sehr schleppend.

Bei etlichen Firmen wurde er sogar abgewiesen. Er war ziemlich frustriert, da sich sein Verdienst nach der Menge der verteilten Kartons richtete. Plötzlich kam mir die Idee, alle Kartons mit dem Liebes-Schutz-Siegel zu versehen. Das Resultat war unglaublich! Die folgenden Tage wurde er in jedem Unternehmen freundlich empfangen und konnte alle ihm zugeteilten Kartons verteilen. Mein Sohn hatte sogar das Gefühl, dass sich das Siegel positiv auf den Geschmack des Produktes ausgewirkt hatte.

Wasser schmeckte frisch auch nach 17 Tagen

Danach machte ich noch eine weitere unglaubliche Erfahrung. Vom 28.06. bis zum 15.07. war ich mit meinem Mann auf dem portugiesischen Jakobsweg unterwegs. Für unseren Getränkevorrat auf dem Weg hatte ich – genau wie im Vorjahr – eine 1-Liter Lebensmittelflasche für Wasser dabei. Am Tag vor unserer Abreise versah ich beide Flaschen mit jeweils zwei Liebes-Schutz-Siegeln. Das Ergebnis war verblüffend! Das teilweise recht fahl schmeckende Discountwasser schmeckte wie frisches Quellwasser. Aber zu meiner größten Überraschung hatten die Flaschen nach 17 Tagen Jakobsweg keinerlei Algen angesetzt und das Wasser hatte auch keinen fauligen Geruch – wie im Vorjahr – entwickelt.
Ich möchte die Liebes-Schutz-Siegel nicht mehr missen und würde mich freuen, wenn immer mehr Menschen die so positive und liebevolle Energie des Liebes-Siegel erleben und erfahren würden.

Erzengel Camael

Der Erzengel mit vielen Namen und gegensätzlichen Attributen

Corinna Herbst

Chamuel, Camael, Samael sind nur drei der Namen, mit denen dieser Erzengel bezeichnet wird. Grundlage für die verschiedenen Namen sind alte Überlieferungen aus dem Juden- und Urchristentum. Ebenso variierten die Autoren mystischer Literatur die Bezeichnungen für diesen Engel. Hauptquelle für Beschreibungen Camaels ist die jüdische Kabbalah, die mystische Tradition des Judentums.

Mars und Liebesengel

Camael ist der Engel mit den zwei Gesichtern. Einerseits wird er unter dem Namen Samael Luzifer gleichgesetzt, andererseits gilt er als der Liebes- und Beziehungsspezialist.
Einerseits wird er als dem römischen Kriegsgott Mars ähnlich beschrieben, andererseits vom Propheten Enoch als Liebesengel bezeichnet. Gegensätzlicher kann ein Wesen nicht beschrieben werden. Dennoch stehen beide Charakterbeschreibungen im Zusammenhang.
Krieg, Zerstörung und Chaos sind die Schattenseiten der menschlichen Existenz. Sie werden von den Gefühlen Neid, Eifersucht, Wut und Trauer begleitet. Diese zu ignorieren hieße, das Ganze zu verleugnen. Die Aufgabe, die sich dabei stellt, ist, den Schritt zu wagen von der zerstörerischen Aggression anderer Menschen und unserer Umwelt gegenüber zu einem von Mitgefühl und Verständnis geprägten Verhalten.

Begleiter bei Entwicklung

Camael vereinigt Bewegung, Veränderung und die damit verbundenen Konflikte sowie die Ruhe und Zuversicht eines in Liebe geborgenen Zustandes. Menschen brauchen Mut und Zuversicht, um von einem Zustand in den anderen zu gelangen. Hier kann Camael mit seinen Eigenschaften hilfreich sein. Auch die individuelle Entwicklung zu einem selbstbestimmten, selbstbejahenden Zustand birgt Konflikte in sich. Erst der Blick auf seine schwierigen Anteile

ermöglicht es dem Einzelnen, den Schritt zur gesunden Selbstliebe zu vollenden. Die Energie des Erzengels Camael verhilft uns zu Mut und Stärke, um diese Brücke zu überschreiten.

Farben und Symbole

Orange und Rosa sind die bevorzugten Farben, die dem Erzengel Camael zugeschrieben werden. Orange wirkt dynamisch, belebend und vital. Rosa regt das Gefühl des Urvertrauens an und erinnert an die unerschöpfliche Quelle der Liebe.
Das Rad des Lebens, beflügeltes Herz und Schwert sind die Symbole des Erzengels, mit denen er oft

„CAMAEL, ENGEL DER FREUDE, KOMM ZUR ERDE HERAB UND GIB ALLEN DINGEN SCHÖNHEIT."

Gebet der Essener

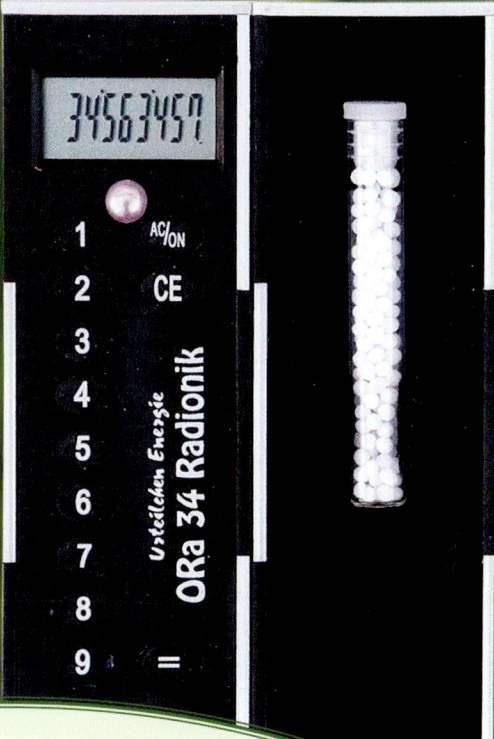

Meine Wünsche und Sehnsüchte wurden erfüllt

Maria Huber

Mein Profil:

Ich ernähre mich gesundheitsbewusst, überwiegend vegetarisch
bevorzuge alternative Heilweisen
denke positiv und glaube an Reinkarnation
die Engelwelt steht mir nahe
bin naturbewusst und gerne im Freien
bin tierlieb und habe einen Hund und eine Katze
bin sportlich
betreibe Ausdauersportarten und Yoga
bin feinfühlig und arbeite mit Einhandrute und Pendel
bin technisch aufgeschlossen, lache gerne und habe Gott im Herzen

Mein Name ist Maria Huber, ich bin 38 Jahre alt, verheiratet und habe zwei reizende Kinder im Alter von 9 und 13 Jahren.

Gerne möchte ich Ihnen erzählen, wie es mir geht und wie es kam, dass meine Wünsche und Sehnsüchte erfüllt wurden. Dazu sollten Sie wissen, wie es bei mir aussieht:

Meine Situation

Eine Familie mit zwei Kindern zu managen und gleichzeitig dem Beruf als Sekretärin gerecht zu werden, ist nicht immer einfach. Besonders eng wird es, wenn eines der Kinder krank wird.
Ich komme dann immer in Bedrängnis. Auf der einen Seite will ich alternativmedizinisch etwas unternehmen, dann fehlen mir aber die Medikamente und ich muss immer wieder auf schulmedizinische Medikamente zurückgreifen.
Im Sommer letzten Jahres bekam ich von Wu-Wei ein Paket das ich nicht bestellt hatte. Ich freute mich natürlich, denn schon mehrmals durfte ich Dinge ausprobieren, die neu entwickelt wurden.
Als ich das Paket öffnete, lag obenauf gleich ein Buch, das mich sehr ansprach: „Homöopathie für Körper und Geist".
Ja, so soll es sein, nicht nur der Körper gehört behandelt. Ich weiß es ja von meinen Kindern: Wenn sie Bauchweh vor der Schule hatten, war es meistens nichts Körperliches. Sollte ich hier eine Lösung finden? Ich suchte im Buch unter Bauchschmerzen und fand gleich neun verschiedene Mittel mit genauer Symptombeschreibung aufgelistet.

Schon sackte meine Freude in sich zusammen. Ich kenne das von Homöopathie-Büchern. Denn meistens geschieht Folgendes:
Findet man eines oder mehrere Mittel, so ist es in der Apotheke nicht auf Lager und muss erst bestellt werden. Bis man es bekommt, ist das Problem schon vorüber. „Schade", dachte ich mir, „wenn ich doch alle Mittel des Buches im Hause hätte, könnte ich schnell mit dem Pendel austesten, was am besten greift und unmittelbar meinem kleinen Patienten verabreichen".

Ich schaute wieder in den Karton und entdeckte eine Broschüre mit dem Titel: „Raten zum Buch – Homöopathie für Körper und Geist".
Die Broschüre gehört zum Buch, in dem 336 Mittel

beschrieben und im Zusammenhang mit Störungen erwähnt werden.
Also 336 Mittel in der Hausapotheke?
Das war mir eindeutig zu viel und zu teuer, denn für jedes Mittel zahle ich zwischen 6,00 und 10,00 Euro. Ich ließ die Broschüre in Daumenkino-Manier durchlaufen und fand seitenweise die Mittel mit den dazugehörigen Raten aufgeführt. Ich legte die Broschüre zur Seite und überlegte: „Schade, selbst, wenn ich mir in einem Gewaltakt die Globuli kaufe – wo bitteschön soll ich 336 Fläschchen hinstellen?"

Ich wandte mich wieder dem Karton zu. Als nächstes fischte ich eine kleine, weiße Schachtel mit dem Aufdruck „ORa 34 Radionik" heraus. Ich öffnete die Schachtel und fand ein kleines, handliches Gerät, das stark an einen Taschenrechner erinnerte. Es war zum Aufklappen, die Ziffern 1 – 9, die 0 und noch drei Tasten standen zur Verfügung. Unter dem Display glänzte mich eine schöne violette Kugel an, ich musste sie einfach berühren. Sie fühlte sich angenehm an und ich merkte, wie ich mich entspannte. Auf dem Display leuchtete die Zahl 1040.
Ich schaute wieder ins Paket und sah die Broschüre:

Medizin für die Zukunft am Beispiel des ORA 34 Radionikgerätes

In dieser erfuhr ich nun, was es mit den Raten auf sich hatte. Jeder Zahlencode erzeugt beim ORa 34 Radionikgerät die entsprechende Schwingung. Ich probiere die Rate zu Arnica D6, denn diese Globuli habe ich für meinen Sohn immer in Griffnähe. Immer, wenn er zerzaust und mit vielen Kratzern heimkam, weil er mit seiner „Bande" im Wald hatte viele Abenteuer bestehen mussten, ließ eine Gabe der Globuli die Kratzer sehr schnell abheilen.

Ich ging genau nach Anleitung vor:

Ich drückte als erstes die „AC/ON"-Taste, gefolgt von der „CE"-Taste und zum Schluss noch die „="-Taste. Nun hatte ich das Gerät für die Eingabe der Arnica D6 Rate vorbereitet.

Als zweiten Schritt tippte ich die Arnica D6-Rate ein: 4-1-1-1-1-1-1-3 und drückte zum Bestätigen wieder „=".

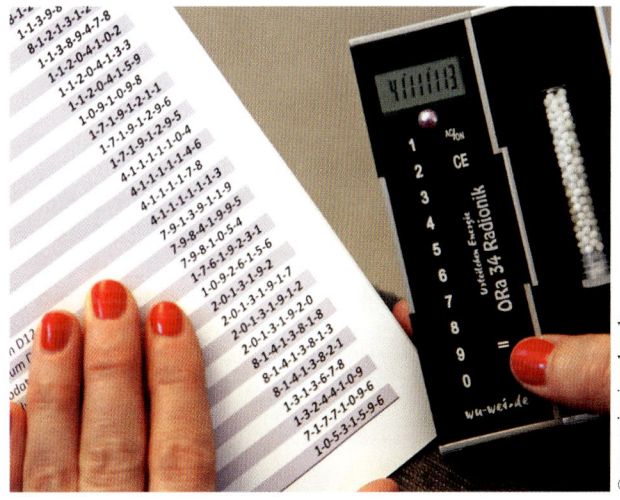

Das Gerät konnte man zuklappen und im Deckel befand sich eine Halterung für ein Globuli-Röhrchen. Ein gefülltes Globuli-Röhrchen steckte bereits im Gerät. Ich klappte es zu, so dass die violette Perle das Röhrchen berührte. Nach 10 Sekunden waren die Globuli informiert

© www.riwei-verlag.de

Ich kann sehr gut pendeln, darum holte ich mir meine Arnica D6 und mein Pendel Maria.
Beide Globuli-Gefäße legte ich nun nebeneinander und stellte meinem Pendel die Frage: „Ist auf diesen Globuli die Schwingung von Arnica D6?", und ließ es dabei über meinen Globuli kreisen. Eindeutige Antwort: „JA" Nun wiederholte ich das Gleiche über die eben hergestellten Globuli. Eindeutige Antwort: „JA".
Nun war ich erst mal platt. Hatte ich mir nun in zehn Sekunden die gewünschten Globuli hergestellt? Ich musste noch weiter testen, lies mein Pendel Maria über den beiden Gläschen kreisen und stellte die Frage: „Sind diese beiden Mittel identisch?" Wieder ein eindeutiges „JA". Ich musste schlucken. Mein Kopf ratterte und ich überlegte: Wenn ich mir nun viele der kleinen Röhrchen kaufe, hätte ich an einem Nachmittag alle Mittel hergestellt.
Ich entspannte mich und griff wieder zur Anleitungsbroschüre von Lena Lieblich. Geradeso, als hätte Sie meine Gedanken gelesen, schreibt sie:

Globuli wieder löschen

„Sehr oft braucht man von einem Mittel nicht alle hergestellten Globuli. Würde man diese aufheben, käme mit der Zeit eine umfangreiche Sammlung zusammen, die verwaltet und archiviert werden müsste. Da sich die Mittel sehr schnell herstellen lassen, ist es manchmal sinnvoll, die Information von selten benötigten Mitteln wieder zu löschen."

Ich versuchte es sofort: „CE" drücken und dann „=", zu löschendes Röhrchen einlegen, den Deckel schließen und zehn Sekunden warten.

Ich griff erneut zu meinem Pendel Maria, das mir noch nie eine falsche Antwort gegeben hat und

fragte über dem nun gelöschten Röhrchen: „Ist hier die Information von Arnica D6?" Ein eindeutiges, klares und schnelles „NEIN" zeigte mir mein Pendel an. Ich lehnte mich zurück und ein tiefer Seufzer entfuhr meiner Brust. Mein Kopf ratterte weiter und wollte gleich zehn Gedankenfäden gleichzeitig durchdenken, was natürlich nicht ging.
Also griff ich wieder zu Lenas Broschüre und las weiter:

„Der Vorgang des Informierens und Löschens kann beliebig oft erfolgen. So können Sie alte Globuli-Bestände wieder für neue Mittel aufbereiten."

Es würde also in Zukunft reichen, nur noch ein Röhrchen zu haben und dieses nach Bedarf immer wieder mit der jeweiligen Rate zu informieren, um das Mittel der Wahl zu erhalten?
Ich dachte an den Urlaub: Sonnenbrand, Verstauchung, Reisekrankheit, Husten, Schocks … Da fielen mir meine geliebten Schocktropfen ein, die ich immer in der Handtasche habe. „Könnte man diese auch herstellen?" Ich las weiter.

Informationen kumulieren zu einem Komplexmittel
„Wenn Sie ein bereits informiertes Globuli-Röhrchen einlegen und mit einer weiteren Information aufladen, so bleiben beide Informationen gleichwertig nebeneinander bestehen. Es lassen sich technisch gesehen beliebig viele Informationen nebeneinander speichern. Es ist aber nicht sinnvoll, mehr als sechs verschiedene Mittel zu kombinieren."

Also doch, ich konnte mir meine Schocktropfen selbst zusammenstellen. Ich las auch, dass man genauso gut Fläschchen mit Flüssigkeit informieren kann. Dazu hält man die violette Sendeperle einfach an das Gläschen mit Flüssigkeit und nach zehn Sekunden sind die Schocktropfen fertig. Freudig sagte ich laut: „Urlaub mit all deinen Unbilden, wo bist du? Ich bin gewappnet". Gut, dass ich alleine im Raum war, sonst hätte ich bestimmt fragende Blicke geerntet.

Ich musste nun aufstehen und rumgehen, damit sich meine Gedanken besser ordnen konnten. Ich kam zu dem Schluss, dass es so einfach ist wie Licht ein- und wieder auszuschalten. In dem Zimmer, in dem ich gerade bin, brauche ich Licht, also schalte ich es ein. Verlasse ich das Zimmer, schalte ich das Licht wieder aus. Natürlich auf die Mittel übertragen, brauchte ich das Bild, damit es mir selbst richtig bewusst wurde, wie einfach es geht. Es sollte aber noch besser kommen.

Testen vor der Herstellung

„Sie müssen nicht immer Globuli herstellen. Sie können z. B. auch mit dem Pendel über dem violetten Sendeknopf testen, ob das Mittel gerade stimmig ist. Wenn nicht, geben Sie das nächste Mittel ein."

Das ist vielleicht noch mal eine Ersparnis, denn ich teste mit meinem Pendel oft verschiedene Mittel, ob das Richtige für mich dabei ist. Ich wollte es gleich ausprobieren und blätterte in der Broschüre nach einer Idee, welches Mittel ich wählen könnte. Dabei kam ich zu dem Teil, in dem die vorprogrammierten Mittel aufgelistet sind. Unter 1001 bis 1038 sind schon alle Blütenessenzen fest eingespeichert und unter 1040 die Schocktropfen. Genau, ich erinnerte mich: die 1040 war am Gerät eingetippt, ich hatte die Perle berührt und sofort die Entspannung ge-

© www.riwei-verlag.de

spürt. Lena Lieblich schreibt dazu:

Information direkt
mit dem Finger abnehmen

„Der schnellste und einfachste Weg ist es, die Schwingung direkt mit dem Finger abzunehmen. Nach Eingabe der Rate und Drücken der „="-Taste den Finger oder Daumen auf die Transferperle legen und die Information so lange wie gewünscht aufnehmen."

Ich gab die Rate 1040 nochmals ein und legte meine Fingerkuppe sanft auf die violette Perle. Ich spürte es wieder deutlich, ich entspannte mich. Die ganze Aufregung wegen der vielen Möglichkeiten mit dem ORa 34 waren scheinbar ein Schock für mich, der sich nun auflöste.

Entspannt blätterte ich nun in Lenas Anleitung weiter und begann, schon wieder zu staunen.

Weiterleiten der Informationen
mit dem violetten Transfer-Stecker

„Berühren Sie mit der violetten Transferperle des ORa 34 Radionikgerätes die violette Transferperle des Transfer-Steckers. Damit wird ein Lichtfaden gezogen. Der Transfer-Stecker kann dabei im Urteilchen-Strahler oder der Medikamenten-Wabe stecken."

Als erstes suchte ich im Paket den Transfer-Stecker. Ich war von der Schönheit des Steckers überwältigt. Gold und violett. Ich steckte ihn sofort in meinen Urteilchen-Strahler und prüfte auf meinem Handrücken die Energie. Ganz normal, dachte ich mir. Nun stupste ich mit dem Transfer-Stecker die violette Perle des ORa 34 Radionikgerätes kurz an und wiederholte den Test auf meinem Handrücken. Der Unterschied war deutlich, die wohltuende Schwingung der Schockrate 1040 durchströmte mich.

Ich überlegte, dass ich künftig nicht mehr die Wabe mit dem Kabel verwenden musste, wenn ich jemanden, der vor mir lag, bestrahlen wollte. Ich machte gleich einen praktischen Versuch, steckte den zweiten Transfer-Stecker in die Wabe, die noch mit meinen Grippemitteln bestückt war, löschte beide Perlen mit der Löschampulle und stupste die beiden Transfer-Stecker von Wabe und Strahler aneinander. Der Pendeltest vor dem Strahler ergab: „Alle Grippemittel sind im Strahl des Uri". Ich entfernte mich nun einige Meter – noch immer. Ich ging ins obere Stockwerk und testete – auch hier konnte ich alles messen. „Super", dachte ich mir, „was ist, wenn ich den Strahler hier stehen lasse und die Mittel in der Wabe austausche?"

Die Fortsetzung können Sie im nächsten Heft lesen, mit Informationen über gespeicherte Komplexraten und der Möglichkeit, selbst Schwingungen zu speichern.

Erlebnisse mit Mutter Maria

Leserbrief

Dr. Dana Diedrichs

Als Dr. Dana Diedrichs die Marienfigur des Wu-Wei Versands zu Hause aufstellt, erinnert sie sich an die Erlebnisse, die sie mit Mutter Maria verbindet. Wir danken Dr. Diedrichs für die Erlaubnis, diese Ereignisse für die Leser und Leserinnen von Herzgefühl hier abdrucken zu dürfen.

Ein Schmetterling

Vor mehr als zehn Jahren fuhr ich im Oktober an einem Sonntag bei fürchterlich stürmischem, regnerischem Wetter von Hannover, wo mein Sohn gerade transplantiert wurde, nach Hause nach Gießen. Die ganze Fahrt betete ich verzweifelt zur Mutter Maria um Hilfe. Ich bat sie um einen Beweis, dass sie meine Gebete erhört hat. Ich bat sie um einen wunderschönen Schmetterling.

In den ersten Tagen der folgenden Woche behandelte ich in meiner Zahnarztpraxis ein kleines Mädchen, das sonst sehr schwierig war. Aber diesmal ließ sie sich – zu meiner Freude – problemlos behandeln. Nach der Behandlung ging das Kind ins Wartezimmer und brachte eine Mappe mit. Sie sagte: „Ich musste immer an dich denken und wollte dir einen schönen Schmetterling malen." Sie hat mir ein Fensterbild mit Schmetterling geschenkt. Das Bild habe ich an die Glastür meines Behandlungszimmers geklebt, um mich immer daran zu erinnern, dass Gott auch durch Menschen wirkt.

Eine weiße Taube

Vor zwei Jahren im Mai fuhr ich mit einer italienischen Gruppe aus Stadtallendorf zum wiederholten Male nach Lourdes. Mit dabei war auch ein Mitarbeiter einer Pizzeria. Als er vor der Grotte stand, wurde er durch einen Lichtblitz ohnmächtig und fiel zu Boden. Die besorgten Menschen um ihn herum haben ihn aufgehoben. Er sagte, er hätte die Mutter Maria im strahlenden Licht gesehen. Bereits im Jahr davor war es ihm so ergangen. Maria hätte ihm nur ein Wort gesagt: „DURCHHALTEN".
Neben den Wasserhähnen in Lourdes steht ein steiler Felsen. Dort war plötzlich eine schöne, schneeweiße Taube erschienen und pickte im Gras. Es kamen drei Jungen im schnellen Tempo gelaufen. Sie hielten Stöcke in den Händen und stürmten direkt auf die Taube zu. Kurz vor dem Felsen machten sie überraschenderweise abrupt kehrt. Wie ferngesteuert gingen sie weg. Ich stand da wie angewurzelt und beobachtete das Szenario – die Taube hatte sich nicht stören lassen. Ich habe mich gedanklich mit ihr unterhalten und fragte sie, aus welchem Wasserhahn ich meinen Wasserkanister füllen solle. Da erhob sich die Taube, flog zu dem ersten Wasserhahn, blieb kurz – ohne zu trinken – sitzen und flog weg. Eine Frau hat die Taube fotografiert.

Schneeflocken im Mai

Auf dem Rückweg nach Deutschland hat der Bus die erste Pause an einer Autobahnraststätte gemacht. Bevor ich wieder in den Bus eingestiegen war, erinnerte ich mich daran, dass ich Mutter Maria bitten wollte, mir ein Zeichen zu geben, dass sie meine Gebete erhört hatte. Es war Mai und so bat ich sie um Schneeflocken. Ich hatte mich gerade in den Bus gesetzt, als die Frau an der anderen Seite des Fensters laut rief: „Schneeflocken! Schneeflocken!" Gleich neben dem Bus war der Busch, den ich vorher nicht gesehen hatte. Durch einen Windstoß flogen tausende weiße Blütenblätter durch die Luft – die hohen Bäume daneben bewegten sich dagegen nicht. Zu Hause angekommen, telefonierte ich mit einer Bekannten, die sehr gläubig ist: „Mutter Maria lässt dir ausrichten, dass du keine Beweise mehr brauchst", sagte sie.

Ein Krankenpfleger

Vor einiger Zeit war ich in Bannoux, Belgien, einem Marienerscheinungsort. Dort an der Quelle sprach ich mit einem holländischen Krankenpfleger, der in regelmäßigen Abständen mit einer Liste über Namen von Patienten kommt, um dort um Hilfe für diese Menschen zu bitten. Er sagte, dass Mutter Maria ihm an dieser Stelle erschienen sei. Sie habe ihn gebeten, zu kommen, um für die Kranken zu bitten.

Ich bin immer Dieselbe

Richard Weigerstorfer

Viele Menschen, mit denen ich spreche, erzählen mir, dass Maria für sie ein Prinzip, etwas Übergeordnetes sei, das man sich nicht wirklich vorstellen kann. Ich weiß aber, dass Maria sehr wohl eine ganz individuelle und einzigartige Persönlichkeit ist, die sich in vielen Erscheinungsformen zeigt, je nachdem wem sie begegnet. Auch wir besitzen viele Erscheinungsformen, was ich bei mir oft beobachte. Einem Kind trete ich anders gegenüber als einem alten gebrechlichen Menschen oder einem Jugendlichen. Trotzdem bin ich mir all meiner Erscheinungsformen bewusst und wähle immer die, die mein Gegenüber am besten versteht und meine Worte am besten annehmen kann. Auf dieselbe Weise begegnet uns Maria.

Ich erinnere mich noch sehr gut an meine Tante, die eine hervorragende Beziehung zu Mutter Maria hatte. Sie war fast ständig im Austausch mit ihr und sagte einmal zu mir: „Unter Frauen redet es sich halt einfach leichter und Maria kann immer ein gutes Wort bei Gott einlegen". Im katholischen Bayern hat die Kirche Gott in den Himmel gesperrt und an die Türe noch das Schild strafender Gott gehängt. Da ist die Marienverehrung ein guter Ausweg für alle von Herzen gläubigen Menschen, wie meine Tante. Und Christus, kann man nun denken, was ist mit dem? Der ist immer außen vor, reserviert für Gottesdienst und übernommene Leiden, wenn man Not hat, aber nicht so für den Austausch auf freundschaftlicher Ebene. Gott sei Dank verändert sich das heute alles und Christus wird langsam vom Gekreuzigten zum Auferstandenen und somit auch zum vertrauten Freund, mit dem man innige Zwiegespräche führen kann.

Maria ist aber nicht nur die Mutter Gottes, sie ist auch der Ausdruck des weiblichen Teils von Gott. Ich denke, würden wir uns mehr von dieser weiblichen Seite an Gott wenden, so könnte sich unser Herz schneller und leichter öffnen. Bei denen, die Gott schon gefunden haben und in ihrem Herzen tragen, spielt es keine Rolle, ob sie den männlichen oder den weiblichen Weg zur Annäherung nehmen, sie sind ja schon angekommen. Aber für alle die, die sich erst annähern möchten und noch viele Vorbehalte in sich spüren, wäre vielleicht der weibliche Weg leichter zu gehen.

Zu Marias weiblich / göttlichen Teil habe ich schon immer eine gute Beziehung. In all meinen Seminaren kann ich beobachten, wie Maria durch die Reihen geht und die Teilnehmer in ihren wunderschönen Mantel hüllt. Mich ließ das nicht in Ruhe, ich wollte mit meinem Wissen etwas anfangen und aus diesem Grund habe ich in großer Menge eine kleine Marienfigur herstellen lassen und mir zur Aufgabe gemacht, sie mit Marienenergie aufzuladen.

Mein Plan war, mich auf jeden bekannten Marien-Wallfahrtsort einzustimmen, um an die Energie von Maria zu kommen und meine 2.000 Figuren damit aufzuladen. Ich suchte im Internet die Seite von Lourdes und stimmte mich auf die dort herrschende

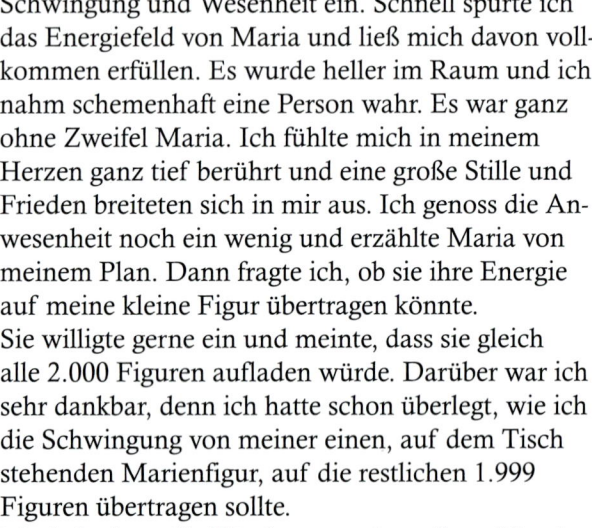

Marienerscheinung in Lourdes (Frankreich)

bibiphoto / Shutterstock.com

Marienerscheinung in Medjugorje (Bosnien und Herzegowi

Schwingung und Wesenheit ein. Schnell spürte ich das Energiefeld von Maria und ließ mich davon vollkommen erfüllen. Es wurde heller im Raum und ich nahm schemenhaft eine Person wahr. Es war ganz ohne Zweifel Maria. Ich fühlte mich in meinem Herzen ganz tief berührt und eine große Stille und Frieden breiteten sich in mir aus. Ich genoss die Anwesenheit noch ein wenig und erzählte Maria von meinem Plan. Dann fragte ich, ob sie ihre Energie auf meine kleine Figur übertragen könnte.

Sie willigte gerne ein und meinte, dass sie gleich alle 2.000 Figuren aufladen würde. Darüber war ich sehr dankbar, denn ich hatte schon überlegt, wie ich die Schwingung von meiner einen, auf dem Tisch stehenden Marienfigur, auf die restlichen 1.999 Figuren übertragen sollte.

Maria breitete die Hände aus und aus ihren Handflächen strömte farbiges Licht. Erst das zarte helle Rosa der Liebe, das in das Grün der Heilung wechselte, um schließlich violett zu werden. Das violette Licht der Transformation strömte am längsten aus ihren Händen. Nach einer gefühlten Stunde wurde es wieder hell. Sie strahlte nun so stark weißes Licht aus – nicht nur an den Händen – sodass es mich fast blendete. Und nach kurzer Zeit nahm das Licht ab

und es wurde wieder normal in meinem Zimmer. Ich saß noch einige Zeit erfüllt in meinem Stuhl. Heute wollte ich keinen weiteren Marienort mehr aufsuchen, ich war einfach nur glücklich.

Nun, einen Tag später, ich wartete noch bis alle Mitarbeiter weg waren, ehe ich mich wieder an die Marienarbeit machte. Als zweite Station hatte ich mir Medjugorje ausgesucht. Ich kannte etliche, die den Ort schon besucht und von der wunderbaren Energie erzählt hatten. Ich tippte in meinen Computer Medjugorje ein und klickte dann auf Bilder. Die Flut von wunderschönen Fotos überwältigte mich. Ich war ganz schnell in der Energie des Ortes und auf die dort wirkende Maria eingestimmt. Ich fragte Maria erneut, ob sie ihre Energie auf meine kleine Figur übertragen könnte und hatte plötzlich das komische Gefühl, als würde sie lachen. Das Gefühl verschwand sehr schnell und ich achtete auf den Segen, der wieder von ihr ausging. Es dauerte heute nicht so lange wie gestern und so beschloss ich noch einen dritten Ort aufzusuchen, der gleich bei uns in der Nähe war und Frauenbründl hieß.

Ich stimmte mich wieder auf den Ort und Maria ein und erneut hörte ich sie belustigt lachen. Sie sagte

zu mir: „Ich bin immer Dieselbe, du brauchst nicht
noch mehr Orte aufsuchen, der Segen ist vollkommen und kann nicht mehr gesteigert werden, egal
wie viele Orte du auch besuchst."

Nun war es mir richtig peinlich, denn ich hatte
mal wieder absolut männlich gedacht. Viel gibt
mehr, bzw. viele Orte besuchen, ergibt eine stärkere
Schwingung. Dabei ist es für das Herz und unsere
Seele egal, ein kleiner Schimmer der Heiligkeit ge-
nügt unserer Seele, um sich der Heiligkeit ganz und
gar zu nähern und in sie einzutauchen. Oft ist eine
kleine Kerzenflamme mehr richtungweisend als ein
1.000 Watt Scheinwerfer.

An diesen Abend tauschte ich mich noch lange mit
Maria aus und erzählte ihr, dass ich die Figuren
verschenken wollte, um die Mutter Gottes besser in
das Bewusstsein der Menschen zu bringen.

„Was kann ich sonst noch mit den Figuren machen?", war meine abschließende Frage an Maria.
Die Antwort haute mich fast um. Ich wäre nicht einmal im Entferntesten selbst darauf gekommen: Die
Figuren hatten einen Hohlraum, der durch die Guss-
Technik entstanden war. Maria riet mir, ich sollte in
den Sockel ein kleines Loch bohren, um den Hohlraum zum Befüllen mit Globuli zu verwenden. Die
starke Energie der Figur würde dann die Globuli mit
der Energie Heilung der Weiblichkeit hier auf Erden
aufladen. Maria erklärte mir: „Sag den Leuten, sie
können sich, so oft sie den Wunsch verspüren, drei
Kügelchen entnehmen. Es gilt nicht nur für Frauen,
auch Männer dürfen ihre Weiblichkeit heilen. Selbst
die Natur ist dankbar, Hunde und Katzen freuen
sich genauso wie der Bach und das Gemüsebeet."

„Sollen wir also die Globuli auch in der Natur aus-
streuen?", fragte ich.

„Ja", sagte sie, „aber immer nur drei Kügelchen pro
Gabe, nicht mehr und nicht weniger."

Gotteskerzen- Meditation

Klaus Jürgen Becker

Dies ist eine angeleitete Gotteskerzen-Meditation. Vielleicht warst du einmal an einem Wallfahrtsort und hast dort einmal einen Opferkerzen-Altar wahrgenommen? Wenn es sich um einen besonders hoch schwingenden Wallfahrtsort handelt, strahlt der Opferkerzen-Altar etwas aus, das sich am besten mit „heilig" bezeichnen lässt. Es ist, als wenn die Atmosphäre, in der sich die Kerzen befinden von etwas durchdrungen ist, das sich jenseits unseres Alltags bewegt. So als wäre die Türe zu einer jenseitigen höheren Lichtwelt geöffnet.

Tatsächlich ist es so, dass Gebete umso stärker wirken, je höher die Ebene ist, die sie erreichen. So erklären sich Wunderheilungen und Gnadengewährungen an Orten wie Lourdes. Der Opferkerzen-Altar ist für Gebete eine besonders geeignete Gelegenheit. Die Flamme der Kerzen repräsentiert die innere Flamme, die in jedem von uns brennt. Sind die Kerzen geweiht, sind sie bereits imprägniert von dem Bewusstsein des Weihenden und dem Feld, das damit zusammenhängt.

Über das Wunder der Verwandlung – Stoff (Wachs) wird zu Licht – erreicht die aus dem Stofflichen gewonnene Energie die geistige Welt und wird von ihr durch die verschiedenen Ebenen zurück in die

manifestierte Welt geführt, so dass der Wunsch oder die Gnade sich erfüllen kann. So bietet das Gebet mit einer Kerze nicht nur Frieden und innere Ruhe an, dient auch der Erfüllung von Herzenswünschen.

Bei den Gotteskerzen haben wir nun eine ganz besondere Möglichkeit, hochschwingende Energie zu aktivieren, durch sie Frieden und innere Ruhe zu erfahren und Herzenswünsche zu erfüllen. Sie sind bereits vorgeprägt in die Richtung, welche der Betende/Meditierende beim Kauf gewählt hat und mit hochschwingender Energie im Urteilchen-Konverter aufgeladen. Die gewählte Farbe zeigt die Vorprägung an:

- Rosa für Liebe
- Rot für Beziehung
- Grün für Heilung
- Blau für Erfolg
- Gelb für Unternehmer
- Violett für Spiritualität
- Weiß mit grünen Herzen für Kinderwunsch
- Weiß (rein) für Frieden
- Orange für Lebenskraft

Die Kerzen werden in Handarbeit aus reinsten und edelsten pflanzlichen Stoffen gegossen. Daher verfügt das Licht, das sie ausstrahlen über eine weitaus größere Reinheit als Kerzen, die industriell oder gar aus Paraffin hergestellt wurden. Diese Reinheit ist bereits beim Betrachten der Flamme spürbar.

Vorteilhaft ist auch, dass ihre Verwendung an keine Religion gebunden ist. Der Buddhist kann genauso gut mir ihnen arbeiten wie der Hindu oder Christ, denn die Vorprägung ist zwar durch spirituelles Gebet entstanden, aber frei von einer Konfession.

Alle Gebete, aus welcher Richtung sie auch kommen, richten sich letztendlich an die „Eine Kraft". Die Essenz aller Religionen ist die Gleiche, wie sich in nahezu allen religiösen Büchern der Welt zeigt: Es handelt sich um die Tatsache, dass der Mensch in der Essenz ein Lichtwesen ist, dass Gott ebenfalls reines Licht ist (nur auf einer sehr viel höheren Ebene) und dass in allem, was der Mensch erschafft, ebenfalls ein Keim Gottes und damit auch ein Keim des Lichtes enthalten ist.

So, wie der Mensch aus dem Lichte Gottes geschaffen ist, so trägt alles, was wir in dieser Welt umfassen den Keim unseres Lichtes. Natürlich gibt es auch Verdunkelungen, wenn der Mensch unbewusst oder lieblos sein Leben gestaltet ohne zu wissen, was

Gotteskerzen im Überblick

Gotteskerze „Liebe"

Gotteskerze „Beziehung"

Gotteskerze „Heilung"

Gotteskerze „Erfolg"

Gotteskerze „Unternehmer"

Gotteskerze „Spiritualität"

Gotteskerze „Kinderwunsch"

Gotteskerze „Frieden"

Gotteskerze „Lebenskraft"

er tut. Doch selbst die unbewussteste oder liebloseste Schöpfung trägt noch den Keim des Lichtes in sich, auch wenn dieser nur sehr klein sein mag. Aus diesem Grund konnte das große Lichtwesen Jesus Christus auch die gesamte Schöpfung erlösen, weil in ihr das Licht Gottes verborgen war und ist.

Wie erlöste Jesus Christus die Schöpfung? Nun, indem er als Erlöser „hinabstieg" (so wie es das Glaubensbekenntnis so schön darlegt) in die niedere Schwingung und wieder „aufstieg". Die Inder haben ein sehr schönes Wort für eine göttliche Inkarnation: Avatar! (Auch die Inder haben ihre Inkarnationen Gottes, an die sie glauben, beispielsweise Rama oder Krishna.)

Das Wort Avatara kommt aus dem Sanskrit und bedeutet wörtlich „einer, der herabsteigt". Die moderne Computersprache verwendet den Begriff „Avatar", um eine Spielfigur in einem Computerspiel zu bezeichnen, mit der sich der Programmierer / Spieler identifiziert. Ich weiß nicht, ob die Inder erfreut sind über diese Namensverwendung. Aber vielleicht lässt sich das Sinnbild eines Computerspiels nutzen, um zu verstehen, dass es über die alltägliche Drei-Dimensionen-Welt, in der wir um unser täglich Brot kämpfen, noch (höhere, „göttliche") Ebenen außerhalb geben könnte.
Analogie: So, wie wir eine Art Spielfigur im „göttlichen Computerspiel" auf der Erde sind, so ist das, was wir um uns herum erschaffen wiederum unser Spiel. So gibt es drei Ebenen: Die hohe Ebene Gottes, die mittlere Ebene der im menschlichen Körper innewohnenden Seele und die untere Ebene der Manifestation. Hieraus ergibt sich für mich die Grundlage für die nachfolgende Gotteskerzen-Meditation.

Vorbereitung:

Nimm die von dir gewählte Gotteskerze zur Hand. Schaue sie an, liebevoll und mit weichem Blick, vielleicht so, wie eine Mutter auf ihr Kind blickt. Und dann versuche die Energie zu fühlen, die von ihr ausgehen könnte, wenn sie kein reiner Stoff wäre, sondern etwas Wesenhaftes in sich trüge. Vielleicht so, wie dein Körper, der aus Haut und Knochen besteht, ja auch in sich dich, deine Seele, birgt.

Oft ist es hilfreich, sich die Farbe der Kerze als Lichtstrahl vorzustellen. Wie fühlt sich Rosa an, wenn Rosa Liebe repräsentiert? Wahrscheinlich samtig, weich, ein wenig wie Softeis, das auf der Zunge zergeht – prüfe es selbst. Wenn die von dir gewählte Gotteskerze Rot ist und du versuchst das

Rot der Gotteskerze als Energie zu erleben, wirst du beim Betrachten der Gotteskerze Beziehung wahrscheinlich Wärme wahrnehmen. Es ist, als wenn deine Ressentiments dahinschmelzen. Deine Vorurteile, Blockaden und Projektionen und deine Hingabe mehr und mehr spürbar wird, eine Hingabe, die bereit ist, sich so zu verzehren, wie es die Flamme selber tut ohne sich jedoch dabei anzustrengen. Das Rot hilft dir, die Grenzen zu deinem (potenziellen) Partner, die durch (oft unbewusste) Vorurteile aufgetürmt wurden, fallenzulassen und deinen Partner so zu erleben „wie er ist", ohne dass noch irgendetwas Bewertendes dazwischen wäre. Und was erlebst du, wenn du dich für die blaue Gotteskerze entschieden hast? Wahrscheinlich präsente Klarheit und fließende Ordnung in nie gekanntem Ausmaß, sich in den Gesetzmäßigkeiten der Schöpfung eingebunden fühlen.

Ob du jetzt die Qualität, die von der von dir gewählten Gotteskerze ausgeht fühlen kannst oder nicht – setze dich jetzt hin. Mache dir bewusst, wie sich die Qualität, die du mit deiner Gotteskerzen-Meditation in dein Leben einladen möchtest zeigen könnte. Wenn es Liebe ist (Rosa), vielleicht, dass du liebevoller mit dir und anderen umgehst? Und wenn es Beziehung ist (Rot) vielleicht, dass es dir besser gelingt, das „Göttliche" in deinem Partner anzusprechen und die Schönheit des gemeinsamen „Beziehungs-Geistes" wahrzunehmen? Halte diese Qualität in deinem Bewusstsein und entzünde deine Gotteskerze, die vor dir steht.

Phase 1 – Licht-Heilatem

Du atmest langsam und tief ein. Dein Atem durchfließt den ganzen Körper bis hinunter zu den Zehenspitzen. Treibe das Einatmen nicht voran, achte darauf, dass es gleichmäßig geschieht. Bei mir dauert dieser Ein-Atemzug ca. 8 Sekunden, aber ich zähle nicht dabei, ich atme einfach ganz langsam und so lange ein, wie es mir gerade noch ohne Anstrengung möglich ist.

Dann halte kurz an und mache dir bewusst, was du loslassen möchtest. Zum einen ist dies natürlich der alltägliche Stress, sämtliche Störgedanken und Störgefühle, die sich gerade in deinem Wahrnehmungsfeld befinden. Ich entdecke sie am leichtesten indem ich beim Einatmen mit dem Atem ströme, d. h. während mein Atem durch den Körper läuft, fließt mein Bewusstsein zeitgleich mit der jeweiligen Stelle, wo sich der Atem befindet – und in meiner Imagination läuft der Atem vom Mund durch den

ganzen Körper bis hin zu dem Körper.
Gut, all das hast du quasi mit deinem Einatemzug aktiviert, eingeladen, sich dir zu zeigen.

Mit dem Ausatemzug bildest du dir ein, dass du über den Atem all dies in die Gotteskerze hinein gibst. Hierfür kannst du dir vorstellen, von oben nach unten den Körper von dem verbrauchtem Atem und all dem, was er an Ungelöstem aufgefangen hat zu leeren. Vielleicht so, wie einen Mülleimer, den man von oben nach unten ausleert. Die Gotteskerze nimmt all den „Schrott" auf und verbrennt ihn. Auch der Ausatemzug sollte gaaanz langsam und gleichmäßig sein. Bei mir dauert er ca. 12 Sekunden ohne dass ich dabei die Sekunden zählen würde (mir geht es nur um den Rhythmus).

Wieder machst du eine kurze Pause. Du machst dir nun bewusst, welche „göttliche" Qualität du aus der Gotteskerzenflamme aufnehmen und in dein Körper-Energiesystem einführen möchtest.

Dann atmest du im gleichen Tempo langsam und tief ein und stellst dir dabei vor, diese „göttliche" Qualität aufzunehmen. Wenn deine Qualität also Rosa ist (Gotteskerze Liebe), dann fühle, wie Göttliches Rosa Licht von der Flamme zu dir kommt und dein Bewusstsein erfüllt. Gedanklich führst du den Einatemzug jedoch noch nicht durch den Körper, sondern hältst ihn im Geist bzw. dritten Auge.

Halte wieder kurz inne und fühle diese Qualität noch einmal ganz bewusst.

Mit dem Ausatmen verteilst du diese Qualität, z. B. das göttliche rosa Licht der Liebe in deinem ganzen Körper, in jeder Zelle und es breitet sich von innen nach außen in deiner gesamten Aura aus. Dies geschieht, wenn du dir beim Ausatmen vorstellst, dass der Atem, und synchron dein Bewusstsein, sich beim Ausatmen vom Mund bis zu den Zehen ausbreitet (auch wenn es biologisch natürlich anders ist).

Wenn ich diese Sequenz im Stehen mache, dann helfe ich gerne mit Gesten nach, d. h. meine Hände zeichnen das – In den Körper gehen – Ausleeren – Hereinholen – Ausbreiten mit den Händen nach.

Die Reihenfolge ist also:

1. Einatmen: Das Bewusstsein gleitet vom Mund durch den Körper bis zu den Zehen. Nach Stress, Ungelöstem, Contra-Produkti-vem (z. B. Lieblosen) forschen und es im Bewusstsein halten. Pause.
2. Ausatmen: All dies in die Gotteskerze zur Auflösung geben. Sich dabei vorstellen, dass das Ungelöste im Atemrhythmus vom Mund bis zu den Zehen in die Flamme abgegeben wird. Pause.
3. Einatmen: Das, was man sich wünscht, wofür die Gotteskerze steht, z. B. das Rosa Licht der Liebe. Im Bewusstsein (dritten Auge) halten.
4. Ausatmen: Die „Göttliche" Qualität in den Körper hinein, in jede Zelle und von innen nach außen gehend in der ganzen Aura ausbreiten.

Vollziehe den Licht-Heil-Atem 20 oder 21 Mal. Spüre die wunderbare Wirkung. Diese Phase kannst du auch separat nach Feierabend, vor dem Schlafengehen oder wann immer du Stress auflösen möchtest, machen.

2. Phase – Die Göttlichkeit rotieren lassen (Ich bin ein Kind Gottes)

Eine der drei Flammen deiner Gotteskerze steht für deine Seele. Deine Seele ist der Stellvertreter Gottes in deinem menschlichen Körper. Stelle dir vor, dass du inmitten deiner Seelen-Flamme stehst. Imaginiere, wie das Licht dieser Flamme alles, aber auch alles, reinigt, was noch an Störgefühlen, Störgedanken, Ungelöstem, Hinderlichem in deinem Körper-Energiesystem verblieben ist.

Es ist hilfreich, sich an dieser Stelle weiterhin die Qualität der von dir gewählten Farbe bewusst zu machen, also Rosa für die Liebe, Rot für Beziehung, Blau für Erfolg … Spüre die spezielle Qualität dieses farbigen Lichtes. Falls du sie nicht spüren kannst, bilde dir ein, diese zu spüren – auch dies hilft dir.

Es kann sein, dass sich nun einiges an Ungelöstem meldet, was dir vorher nicht bewusst war. Auch kann es sein, dass du abgelenkt wirst. Wann immer du dies bemerkst, gehe wieder zu der Farbqualität der Flamme und deiner Imagination „mein Körper-energiesystem wird im Licht meiner Seele gereinigt" zurück, bis du spürst oder dir einbilden kannst, dass außer diesem Licht nichts mehr von dir zurück bleibt.

Nun schaue die zweite Flamme an. Diese Flamme repräsentiert Gott, genauer gesagt, die Göttliche Frequenz. Sie ist natürlich unendlich viel höher als

Die rosa Gotteskerze soll Sie dabei unterstützten, den richtigen Partner zu finden.

die Qualität der Seele und kann daher vom menschlichen Geist nie ganz erfasst werden. Aber wir können versuchen, uns gedanklich ihr anzunähern. Dafür stellen wir uns vor, dass das göttliche Licht das gleiche Licht wie das Licht der Seele ist, nur auf einer höheren „Oktave", wie bei einem Klavier der Schöpfung mit mehreren Oktaven.

Das Licht schwingt sehr viel feiner, subtiler, weniger derb. Wenn also Liebe (Rosa) die von dir gewählte Qualität ist, dann wirst du hier ein sehr viel feineres, ätherisches Rosa wahrnehmen und eine Subtilität, für die es erforderlich ist, dass du selbst deine Sinne ein wenig verfeinerst, um für diese Frequenz ein Gefäß zu sein. Aber – wo du jetzt dich durch das Licht der Seele gereinigt hast - wirst du feststellen, dass es geht.

In der Imagination verlässt du also das Licht der Seele und stellst dich in die Flamme, die für das Göttliche steht, fühlst die gleiche Farbe, aber in einem sehr viel feineren und höher schwingenden Licht und bietest dich komplett dem Göttlichen an. Du imaginierst, dass das Göttliche alle Unreinheit, alles Ungelöste, alles Belastende verbrennt. Verbleibe

so lange in dem Licht des Göttlichen, bis du spürst oder dir einbilden kannst, dass nichts außer dem Licht des Göttlichen existiert.

Als dieses Göttliche schau hinüber zur Flamme deiner Seele, die du selber bist. Versuche ein wenig von der Liebe zu empfinden, die das Göttliche, der Heiland, der Avatar für die Seele empfindet und all das, was die Seele hier auf Erden durchleben muss, um zu wachsen und zu reifen. Kannst du diese Liebe spüren oder dir zumindest einbilden, dass sie da ist? Lass sie fließen!

Nun bedanke dich bei dem Göttlichen und gehe wieder in die Flamme der Seele. Wie ist es für dich, als Seele geliebt und vom Göttlichen verstanden zu werden? Verändert sich dadurch etwas an deiner Selbstwahrnehmung? Sicherlich wirst du als Seele nun mehr Freude, Weite und Lebensbejahung spüren.

Wärest du bereit, den gleichen Dienst, den dir das Göttliche / der Heiland erwiesen hat deiner eigenen Schöpfung zuteil kommen zu lassen? Dann begib dich nun in die dritte Flamme. Ihr Licht ist etwas derber als das der Seele, aber durchaus vorhanden.

Die Gotteskerze „Kinderwunsch" ist so aufgeladen, dass die Energien der Flamme sowohl die psychischen als auch die körperlichen Hinderungsgründe auflösen können, wenn es von der geistigen Welt vorgesehen ist.

Wenn das Göttliche quasi eine Oktave höher als deine Seele schwingt, so kannst du dir vorstellen, dass deine Schöpfung/dein Anliegen eine Oktave niedriger schwingt als deine Seele.

Es handelt sich um die Flamme, die in deiner Schöpfung bzw. deinem Anliegen verborgen ist. Diese Flamme repräsentiert, wie es mit dem Jetzt-Zustand deiner Liebe, deiner Beziehung, deines Erfolges, deiner Spiritualität, deines Friedens bestellt ist, wie es deinem Unternehmertum oder Kinderwunsch tatsächlich geht.

Fühle die Qualität der dritten Flamme. Du stehst mitten in ihr. Es kann sein, dass sich ungelöste Dinge melden, welche bisher deinen Erfolg, dein Anliegen, dein Projekt behindert haben, Störgedanken oder Störgefühle. Erlaube sie, ja mehr noch, lade sie ein, sich zu zeigen und verbrenne sie im Lichte der dritten Flamme. Verharre auch in dieser Position, bis nichts als reines Licht übrig geblieben ist.

Nun schau zu deiner Seele. Fühle das höher schwingende Licht deiner Seele. Fühle die Liebe deiner Seele zu dir als das von dir Geschaffene. Fühle, dass über die Seele du als das Geschaffene auch mit dem Göttlichen verbunden bist – weil das Göttliche deine Seele liebt und deine Seele dich als Schöpfung liebt. Fühle die Verbundenheit aller drei Flammen.

Nun trete wieder in die zweite Flamme, die Flamme deiner Seele. Dies ist die Flamme, die dir gebührt. Aber du kannst jederzeit die Position wechseln, dich erheben zur Göttlichen Flamme, um Inspiration und Führung zu erhalten oder heruntersteigen zur Schöpfung, um zu manifestieren.

Nun trete aus den drei Flammen heraus. Sieh die drei Flammen vor dir brennen. Alle drei in einem, das bist du. Mit einer einladenden Geste holst du dir gedanklich diese Drei-Einige-Kerze in dein Herz, wo sie in deinem Bewusstsein weiter brennt. Bedanke dich bei deinem Schöpfer und lösche die Kerze. Deine Gotteskerzen-Meditation ist beendet und dein Wunsch wird erhört werden.

Jede Gotteskerze hat drei Dochte und brennt ca. 70 Stunden. Sie hat einen Durchmesser von 150 mm und eine Höhe von 80 mm. Erhältlich bei www.wu-wei.de

Editorial

Liebe Leserinnen und liebe Leser,

neulich habe ich mit einem Bekannten gesprochen. Er beschäftigt sich mit allem, was gesund und positiv ist. Bei dem Gespräch hat er etwas erwähnt, das ich gerne mit Ihnen teilen will, weil es einfach und weil es phantastisch ist.

Es geht dabei um eine Studie mit Kindern. Diese saßen an einem Tisch und wurden aufgefordert, die Hände unter die Tischplatte zu legen und leicht nach oben zu drücken. Dabei sollten sie Wörter und Sätze sagen, die ihnen gerade so einfielen. Alles wurde protokolliert.

Der zweite Teil der Übung bestand darin, die Hände auf den Tisch zu legen und nach unten zu drücken. Wieder durfte jedes Kind die Wörter aussprechen, die ihm gerade in den Sinn kamen. Diese wurden ebenfalls aufgeschrieben.

Ein Team bewertete nun die Wörter dahingehend, ob sie etwas Positives oder etwas Negatives ausdrückten. Was glauben Sie, was das Ergebnis der Auswertung war?

Um es nicht zu spannend zu machen, verrate ich es gleich. Bei der hebenden Bewegung wurden deutlich mehr positive Begriffe assoziiert und ausgesprochen als bei der drückenden.

Haben also die Körperhaltung und die Anspannung bestimmter Muskelgruppen einen Einfluss auf unser Denken?

Ich machte die Probe gleich an meinem Schreibtisch, drückte von unten und sprach einfach Wörter aus. Erst kamen die Wörter aus meinem Denken, diese waren allesamt positiv. Irgendwann war der Kopf leer, und ich wollte nicht extra nachdenken, also wartete ich ein wenig. Da merkte ich, dass sich manche Begriffe ihren Weg bahnten. Sie kamen von ganz hinten, erst als Gefühl, das immer stärker wurde, und dann konnte ich das dazugehörige Wort aussprechen. Auch diese Wörter waren positiv und aufbauender Natur.

Als Zweites drehte ich die Übung um und drückte von oben auf die Schreibtischplatte. Erst leerte sich das Denken, und nach und nach kamen die Wörter wieder aus der Tiefe meiner Empfindung. Erstaunlich, obwohl ich das Ergebnis mit den Kindern geglaubt

Richard Weigerstorfer
Geschäftsführer RiWei-Verlag GmbH

hatte, wunderte ich mich, dass es bei mir als erwachsener Mann noch genauso war. „Druck, Angst, Zorn, Unfreiheit, Unterdrückung, Krankheit, Macht, Widerstand" usw. waren die Worte beim zweiten Teil meines Versuches.

Sie ahnen vielleicht schon, was mir durch den Kopf gegangen ist? Genau, ich dachte: „Das ist ja eine geniale Übung, wenn ich mal schlecht drauf bin." Tatsächlich wurde ich gleich bei der nächsten Besprechung mit einer Situation konfrontiert, die mich in einen unerfreulichen Zustand brachte. Ich erinnerte mich aber noch an mein kleines Experiment und begann unbemerkt, mit meinen Händen leicht von unten gegen die Tischplatte zu drücken. Sie werden es nicht glauben, ich begann zu lächeln, obwohl ich das nicht vor hatte. Natürlich konnte meine Stimmung gar nicht anders, als auch freier und gelöster zu werden. Der Trick funktioniert also wirklich, zumindest bei mir.

Meine Bitte an Sie ist nun, das Experiment auch durchzuführen und bei Erfolg anzuwenden.

Ich denke, der Weg vom Kopf ins Herz braucht viele kleine Alltagshilfen, das könnte eine davon sein.

Ich freue mich, dass sie nun die neue Herzgefühl-Zeitschrift in Händen halten, und wünsche Ihnen ganz viel Freude mit diesem Heft.

Richard Weigerstorfer
Herausgeber

Erzengel Uriel
das Licht Gottes

Seine heilende Energie bringt Körper, Geist und Seele in Einklang

Bettina Maier

Das Gespräch mit Engeln ist seit einiger Zeit zum festen Bestandteil meines Alltags geworden. In Gedanken verbinde ich mich mit den Energien der Erzengel und bitte sie um Unterstützung für meinen Lebensweg. Ich stelle mir vor, wie sie ihre Flügel um mich legen und mich mit ihrem strahlenden Licht einhüllen. In diesen Momenten bin ich ganz bei mir und fühle eine tiefe Geborgenheit, inneren Frieden, Freude und Heiterkeit. Immer wende ich mich dabei auch an den Erzengel Uriel, dessen Name „Das Licht Gottes" bedeutet.

Uriel ist der Engel der Prophezeiung und Offenbarung, der den Menschen göttliche Geheimnisse übermittelt. Er ist ein guter Ansprechpartner, wenn es um die Lösung von Problemen geht, etwa bei einem geschäftlichen Termin, bei Prüfungen oder eingefahrenen Lebenssituationen. Er schafft Klarheit und Struktur, stärkt die Tat- und Schöpferkraft, hilft bei der Umsetzung von Visionen und ist der Impuls, dem Leben eine neue Richtung zu geben. Erzengel Uriel kann Geistesblitze und wichtige Erkenntnisse vermitteln. Als „Licht Gottes" wird er meist mit einem zuckenden Blitz, einer Flamme oder einer Laterne dargestellt, die mit ihrem sanften Licht Suchenden den Weg leuchtet. Seine Aura und sein Glorienschein strahlen zart-gelb bis golden. Er gilt als intellektueller Erzengel, der die Menschen mit der Weisheit Gottes verbindet und sie in ihrem Denkvermögen unterstützt.

Wenn man ihn darum bittet, bringt Uriels heilende Energie Körper, Geist und Seele in Einklang. Er steht allen zur Seite, die auf der Suche nach ihrem inneren Licht sind, spendet Mut bei Schicksalsschlägen, Trauer und Depressionen. Er ist von allen Erzengeln am stärksten mit dem Element Erde verbunden und hilft, die Schönheit der Natur besser wahrzunehmen und ursprüngliche Kraft und Lebensfreude zu spüren. Uriel gilt als Hüter des Wurzelchakras und Solarplexus und verbindet die Menschen mit der Weisheit ihres physischen Körpers.

Das alles passiert jedoch nicht von alleine. Da die Engel den freien Willen des Menschen beachten, dürfen sie nur einschreiten und helfen, wenn ich sie darum bitte. Um ihre Antworten und Botschaften wahrzunehmen, versuche ich, aufmerksam und mit offenen Augen durch meinen Alltag zu gehen: Was sagt mir meine innere Stimme in bestimmten Situationen? Wer oder was inspiriert mich gerade? Welche Bücher oder Artikel fallen mir in die Hände? Welche Menschen begegnen mir auf meinem Weg? Denn auch wenn nicht jeder Mensch die Engel spüren kann, sie sind bei uns, in jedem Moment unseres Lebens. Ihre Energien erinnern an unser wahres Wesen und öffnen den Zugang zum göttlichen Funken in uns, dem Wissen unserer Seele.

Übrigens, als Denker und Analytiker ist Uriel den astrologischen Sternzeichen Wassermann und Skorpion sowie den Farben Orange und Orange-Rot zugeordnet. Wer gerne mit Heilsteinen arbeitet, für den findet sich Uriel im Bernstein wieder.

Foto: © azlatin / Shutterstock

Ein Transmitter für Fülle und Wohlstand

Richard Weigerstorfer

Fülle und Wohlstand bilden die Basis für ein ruhiges geistiges Arbeiten. Denn wer Sorgen um sein Auskommen hat, tut sich schwerer, wirkliche Dankbarkeit zu empfinden. Dankbarkeit ist aber der Öffner für das Tor zu unserem Herzen.

Der sehr berührende Urteilchen Transmitter „Fülle und Wohlstand" beinhaltet einen Schlüssel zu den in jedem Menschen verborgenen Schatzkammern an Fülle und Wohlstand. Zugleich enthält er eine Matrix, um Fülle und Wohlstand um sich herum als Feld zu generieren. Dieser Transmitter aktiviert im Anwender das Potenzial, Kanal der göttlichen Fülle zu sein und diese segnend weiter zu geben. Weitere Bestandteile sind: Wertschätzung für das, was wir bereits haben, Abstreifen alter Belastungen, lichtvolle Dankbarkeit, Freude, Spiel und Leichtigkeit und das Zusammenkommen im Bewusstsein von Wohlwollen und Fülle.

Ich habe den Transmitter „Fülle und Wohlstand" im Beisein von Klaus Jürgen Becker hergestellt, der ein Buch über den Urteilchen-Strahler geschrieben hat, und möchte Sie auch daran teilhaben lassen.

Wir haben einige Herz-Licht-Kerzen angezündet und uns in meinem ruhigen, geschützten Büro eingestimmt. Es war eine wunderbare Schwingung im Raum und es kamen viele Engel und geistige Helfer zu uns. Ich habe ihm erzählt, was die geistige Welt alles macht, wie die verschiedenen Informationen aufbereitet werden. Das erlebe ich in sehr plastischen Filmsequenzen, die ich nicht nur sehen kann, sondern richtig miterlebe. Ich gebe hier den mit einem Diktiergerät aufgenommenen Text wieder, vielleicht können Sie auch die Bilder oder Schwingungen nachempfinden. Während der fast einstündigen Arbeit wurden von mir mit dem Pendel Maria und dem Urteilchen-Strahler die Informationen und Energien eingeschwungen. Die Themen der inneren Bilder lesen Sie jeweils in Großbuchstaben.

„Lieber himmlischer Vater, lieber Heiland Jesus Christus, liebe Mutter Maria, liebe Helfer, die ihr bei uns seid. Wir danken euch aus tiefem Herzen, dass wir diese Arbeit machen dürfen. Wir möchten nun einen Transmitter für alle Menschen herstellen, die in Fülle und Wohlstand kommen möchten. Der Transmitter soll ihnen ins Bewusstsein bringen, wie sie am göttlichen Überfluss teilhaben können. Du bist Überfluss. Überall verschenkst du dich so reichlich. Überall ist so viel da, doch wir Menschen haben gelernt, diesen Überfluss für uns auszuschließen, diesen abzulehnen. Ich bitte dich nun um den Segen für diese Arbeit und diesen Transmitter sowie um den Segen für die Menschen, die ihn verwenden werden. Lass uns beide nun gleich mit gesegnet sein, dass wir in Fülle und Wohlstand unser ganzes Sein ausrichten, dass diese Fülle und Wohlstand dir Ehre gebieten, dass wir dankbar sind, dass wir einen so gütigen Vater haben, der so viel für uns bereit hält. Wir sind bereit, diese Fülle gerne anzunehmen. Diese Fülle in unser Leben zu lassen. Wir danken dir, dass du uns so beschenkst. Amen"

FÜLLE UND WOHLSTAND ZUR EHRE DER SCHÖPFUNG.
DER GÜTIGE VATER HÄLT FÜLLE UND WOHLSTAND FÜR UNS BEREIT.
ICH BIN BEREIT, FÜLLE UND WOHLSTAND ANZUNEHMEN.

Es kommt jetzt ein liebes, kleines, nettes Mädchen, ich nenne es Gänseblümchen-Mädchen. Es zeigt mir, wie aus einer Blüte ganz viele Samen entstehen. Mit großer Freude streut es die Samen um sich und es wachsen viele Gänseblümchen. Aus jeder Pflanze entstehen wieder kleine Gänseblümchen-Mädchen, die streuen wieder Samen um sich aus. Ganz schnell ist eine wunderbare Gänseblümchenwiese entstanden. Dieser Segen von der schnellen Vermehrung von etwas Schönem, darf jetzt in die Transmitter mit eingehen. Danke liebes Gänseblümchen-Mädchen für dein Geschenk.

MEHRUNG DURCH FREUDIGES VERTEILEN.
SÄEN VON GEISTIGEM SAMEN.

Ich sehe jetzt eine schwarze Masse, wie Teer. Da erhebt sich etwas daraus, wie ein Sockel. Auf dem einen Sockel stehe ich und auf dem anderen du. Diese Sockel fahren immer höher und wir werden immer leuchtender. Nun stehen wir ganz und gar im Licht und strahlen.
Die Grundbotschaft ist, dass wir einzigartig sind, dass wir Kinder des Lichts sind, dass wir alles verdienen, dass wir würdig sind. Wir dürfen dieses „Alles" empfangen und der schwarze Teer, der unser Licht umhüllt und verborgen hat, tropft unten von der Säule ab, ist weg.

WÜRDIG SEIN.
REIN WERDEN.

Wir stehen beide noch auf dem Sockel und schauen in die wunderbare Landschaft, die uns umgibt. Wir sehen, dass wir es wirklich verdient haben. Wir breiten unsere Hände aus, unser Licht und Segen rieselt auf die Landschaft hinunter und nährt alle Pflanzen, Menschen und Tiere, die sich über diesen Segen freuen.

SEGEN WEITERGEBEN.
GOTTESLOB UND DANKBARKEIT.

Es ist unsere Aufgabe, diese Fülle zu empfangen und weiter zu geben. Wir spüren ganz tief in uns, dass wir würdig sind. Wir fühlen dieses schöne Gefühl, ein lichtvoller Kanal zu sein, zu empfangen und zu geben. Das Licht fließt weiter das Pendel Maria hinunter und prägt diese Informationen und Energien auf die Transmitter.

ICH BIN WÜRDIG, ICH BIN GESEGNET.
ICH KANN SEGEN WEITERGEBEN.

Jetzt kommt etwas, das kündigt sich an mit dem Wort GENÜGSAMKEIT. Ich sehe ein Wesen, vielleicht ein Kind, das zum Spielen ein ganz kleines Bröselchen hat, einen Kristall oder ein Sandkorn. Das Kind ist so genügsam, zufrieden und glücklich. Ein wunderschönes Licht geht von ihm aus. Und je mehr es verliebt und freudig mit dem Wenigen spielt, umso stärker vermehrt es sich. Es ist, als würde die Achtung für das Wenige einen Multiplikator auslösen. Es vermehrt sich und es ist nun alles sonnenbeschienen, ein wunderschöner Sandkasten, alles leuchtet rot-golden. Das Erkennen der Fülle aus Genügsamkeit, diese Information geht jetzt auf den Transmitter über.

GENÜGSAMKEIT – QUELLE DER MEHRUNG.

Jetzt kommt ein Regen von großen Engeln. Sie stehen um den Transmitter herum, zwölf oder mehr, große Engel mit Flügeln. Wenn ich von den Transmittern aus zu den Engeln schaue, sind sie sehr groß. Wenn ich von meinem Bewusstsein auf die Transmitter schaue, sind sie natürlich klein. In Wirklichkeit sind es große Engel. Sie bilden einen Kreis. In ihrer Mitte ist es wie beim Sterntalermärchen, es fliegen große, goldene Energieteilchen herunter. Die Engel bewirken, dass das Licht mit diesen Goldtalern auf die Transmitter übergehen kann und damit verschmilzt. Der Transmitter ist nun in diesem Licht und wird von den Goldtalern aufgefüllt. Das prägt sich jetzt stark auf den Transmitter ein.

STERNTALER-ENGEL. GOLDSEGEN FÜR DEN TRANSMITTER.

Jetzt kommt ein Bild von einem großen, goldenen Thron auf dem ein würdevoller Herrscher sitzt, das sind wir. Er schaut voller Zufriedenheit auf sein Reich voller glücklicher und zufriedener Menschen. Reiche Ernte, schöne Städte, alles ist im Überfluss vorhanden. Alles glänzt und ist zufrieden. Wir sind die Könige und glücklich, dass es so

ist. Wir wollen nichts von alldem für uns beanspruchen. Es gehört uns sowieso alles, also wollen wir es gar nicht besitzen. Es ist ein in der Fülle leben, aber nicht daran haften. Es ist Freiheit. Trotzdem sind die Fülle und der Wohlstand da. Alles, was sich dieser Mensch auf dem Thron wünscht, wird ihm sofort gebracht. Und er freut sich daran und nach einiger Zeit geht es wieder zurück zum Volk. Nun können sich andere daran freuen. Es ist so, wie in der Fülle schwimmen, ohne das Wasser trinken zu müssen.

FÜLLE IM GANZEN UMFELD – ALLE SIND GESEGNET.

Auf diesem Thron sitzend, ist so viel Ruhe erlebbar. So ist es. Und auch diese Ruhe, diese Gewissheit der Fülle, prägt sich auf den Transmitter.

GEWISSHEIT DER FÜLLE.

Ich sehe jetzt einen Handwerker, einen Schreiner, der in seiner Werkstatt ein Möbelstück baut. Er arbeitet mit ganz viel Liebe. Und weil er es mit so viel Liebe bearbeitet, wird das Möbelstück so unendlich wertvoll. Er bekommt einen sehr großen Lohn dafür, weil er alles mit Liebe gemacht hat. Und auch diese Information, mit seinen Händen liebevoll etwas zu erschaffen und reichlich Lohn dafür zu bekommen, prägt sich in den Transmitter ein.

MIT LIEBE ETWAS SCHAFFEN UND REICHLICH LOHN DAFÜR BEKOMMEN.

Aus dieser Arbeit kommt ein goldener Fluss, der sich auf den Transmitter prägt.

WOHLSTAND, ALLES WENDET SICH ZUM WOHLE.

Es entsteht nun ein Bild von einem ganz klaren Gebirgssee mit einem unendlich heilsamen Wasser. Dieses Wasser bringt Gesundheit und benetzt uns. Es fließt in den Transmitter ein. Dazu ertönen die Worte: „Fülle und Wohlstand kann mit größter Gesundheit genossen werden." Dies ist wichtig, denn nur so entsteht das größte Lob für unseren Schöpfer. Die Gesundheit ist ein Geschenk der Fülle.

Foto: © Alexandr Vlassyuk / Shutterstock

REINIGUNG GEBIRGSSEE.
VOLLKOMMENE GESUNDHEIT.

Jetzt sehe ich eine ganz große Schar Menschen, wie auf den Fan-Meilen beim Fußball. Diese Menschen wollen mit uns Fülle erleben. Sie wollen mit uns in der gleichen Energie schwingen. Sie wollen uns nähren und wir können sie nähren, es ist wie ein Familientreffen. Wir achten, lieben und vertrauen uns alle. Wir arbeiten zusammen. Das wird etwas Wunderbares. Auch diese Energie der Verbundenheit, Geborgenheit und des Vertrauens gehen auf diesen Transmitter über.

Foto: © kurhan / Shutterstock

TREFFEN VON GLEICHGESINNTEN.
FÜLLE UND WOHLSTAND DURCH
GEGENSEITIGES NÄHREN.
VERBUNDENHEIT – GEBORGENHEIT.

Jetzt kommt eine Gestalt, die aussieht, als würde eine weiß leuchtende Seele aus dem Körper aussteigen. Wenn wir mit der Fülle und dem Wohlstand alles verwirklicht haben, dann kann unsere Seele aufsteigen, ganz rein, hingebungsvoll, um dankbar zu sein. Nun erkenne ich, dass es nicht unsere Seele ist, die da aufsteigt, sondern ein Dankeschön, das ein Teil unserer Seele ist. Wir bleiben unten im Körper, aber es ist eine Dankeschön-Wolke, fast wie ein Geist. Und dieses Dankeschön prägt sich auch auf die Transmitter ein.

DANKBARKEIT, DIE ZUM HIMMEL STEIGT.

Und jetzt bekomme ich noch die Botschaft, dass ich Raten machen soll, die ich zusätzlich einstrahle, die für die dichteren Ebenen da sind, für die Auflösung von Angstfeldern, ein energetisches Öffnen für die Erfolgsstrahlen.

Ihr lieben Freunde und Helfer. Mit dankerfülltem Herzen kommen wir nun zu euch. Wir danken für eure Arbeit, für eure Mithilfe bei der Erstellung dieses neuen Transmitter-Werkzeuges, bei dem Klaus Jürgen Becker als Zeuge mit dabei war. Wir bitten euch, versiegelt diese wunderbare Energie, dass sich nichts Störendes, nichts Niederes einmischen kann. Und nun bitte ich um Führung bei der Zusammenstellung der richtigen Raten für diesen Transmitter. Wir danken euch aus ganzem Herzen. Amen.

VERSIEGELUNG UND
SCHUTZ VOR NIEDEREM.

Foto: © www.wu-wei.de

Der Transmitter ist mit einer speziellen, informierten Mineralmischung gefüllt. Erhältlich bei www.wu-wei.de

Im ersten Teil wurden von der geistigen Welt die Informations- und Schwingungsfelder bereitgestellt. Der zweite Teil besteht im Aufprägen von bestimmten Raten, die ich mittels dem ORa 34 Radionikgerät erzeugt und mit dem Urteilchen-Strahler auf den Muttertransmitter aufgestrahlt habe.

Für den Transmitter „Fülle und Wohlstand" habe ich folgende Raten verwendet:

Fülle und Wohlstand	1 2 4 1 5 7 5 2
Auflösung von Bitterkeit	1 8 9 2 2 1 4 7
Würde und Verantwortung	1 2 1 3 9 8 1 2
Klarheit für ein Ziel	9 9 1 0 7 1 6
Auflösung der Angst vor Wohlstand	1 8 1 1 9 3 2
Auflösung von Mangelbewusstsein	1 8 6 1 1 3 4
Bewusstsein Gott ist Fülle	1 9 9 1 1 2 1 2
Ich bin gesegnet	7 1 1 1 0 1 0 5
Genügsamkeit als Quelle von Überfluss	3 8 6 4 8 5 6 9
Auflösung von Armutsgelübden	1 8 9 2 4 1 7 6
Auflösung von falscher Bescheidenheit	1 8 5 1 5 8 1 1
Herstellung der Ordnung „Platz in meinem Leben"	6 1 0 1 4 8 7
Ich bin wertvoll	7 6 2 3 2 1 0 6
Fähigkeit, mit Wohlstand umzugehen	4 7 6 1 6 1 5
Mut für Reichtum	4 9 5 1 3 1 0
Ich bin Überfluss	7 1 3 1 8 1 2 9
Ich bin Fülle	7 6 8 1 0 1 1
Ich bin Wohlstand	7 8 1 8 6 1 1
Dankbarkeit von Herzen und Gedanken	2 3 9 5 3 1 7
KANAL SEIN für die Fülle Gottes	1 1 1 2 6 1 2

Bei der Herstellung der Transmitter wird zuerst Quarzsand geglüht. Beim Erwärmen auf über 573 Grad verändert er seine molekulare Struktur und wird dann auch Betaquarz genannt. Beim Abkühlen nimmt der Quarz die alte Molekularstruktur an und wird wieder zum normalen Alphaquarz. Quarz speichert sehr viele Informationen, die nicht alle für die feinstoffliche Arbeit geeignet sind. So zum Beispiel der Vorgang des Brechens zu Sand oder Energien, die beim Abbau und Transport vorherrschen. Außerdem ist ein Quarzkörnchen nur der Bruchteil eines größeren Kristalls.

Durch das Brennen wird der Quarz absolut gereinigt und jedes Körnchen ein eigenständiger Kristall, der noch vollkommen rein und jungfräulich ist. Während des Abkühlprozesses, wenn sich das molekulare Gitter zurückbildet, ist der Quarz besonders aufnahmefähig und schreibt alle Informationen tief in sein Kristallgitter ein. Ich benutze diesen hochsensiblen Zustand beim Abkühlen, um die Transmitterinformationen aufzuprägen. Vor die hellglühende Schale mit dem geglühten Quarzsand wird ein Urteilchen-Strahler gestellt, der die Muttertransmitter enthält. Die Information des Muttertransmitters wird so dauerhaft in jedes Quarzkörnchen eingeschrieben.

Der so informierte Quarzsand wird anschließend in die Glasröhrchen gefüllt und mit der Transmitterbezeichnung beschriftet.

Soweit die Beschreibung der Transmitterherstellung. Ich denke, dass es für Sie einmal interessant war mitzuerleben, wie ein Transmitter gemacht wird. Denn hinter einer Bezeichnung wie „Fülle und Wohlstand" verbirgt sich doch einiges.

Meine Wünsche und Sehnsüchte wurden erfüllt

- Teil 2 -

Maria Huber

Mein Profil:

Ich ernähre mich gesundheitsbewusst, überwiegend vegetarisch
bevorzuge alternative Heilweisen
denke positiv und glaube an Reinkarnation
die Engelwelt steht mir nahe
bin naturbewusst und gerne im Freien
bin tierlieb und habe einen Hund und eine Katze
bin sportlich
betreibe Ausdauersportarten und Yoga
bin feinfühlig und arbeite mit Einhandrute und Pendel
bin technisch aufgeschlossen, lache gerne und habe Gott im Herzen

Foto: © Yellowj / Shutterstock

In der letzten Ausgabe habe ich Ihnen von meinen wunderbaren Erlebnissen mit dem ORa 34 Radionikgerät erzählt. Wie Sie sich vielleicht noch erinnern, stellte ich bei meinem ersten Versuch die Globuli Arnica D6 her. Ich war vom Ergebnis begeistert, denn der Test mit meinem Pendel Maria zeigte eine hundertprozentige Übereinstimmung mit den klassischen Globuli.

Inzwischen sind sechs Wochen vergangen und ich habe seitdem sehr viel mit dem Gerät gearbeitet. Ehrlich gesagt, ist es nicht mehr aus meinem Alltag wegzudenken. Damit Sie meine Erfahrungen besser nachvollziehen können, möchte ich auf das Ratenprogramm eingehen, das ich überall im Handumdrehen mit meinem Handy abrufen kann. Damit kann ich schnell alle gewünschten Raten berechnen, ohne das Verzeichnis mitschleppen zu müssen.

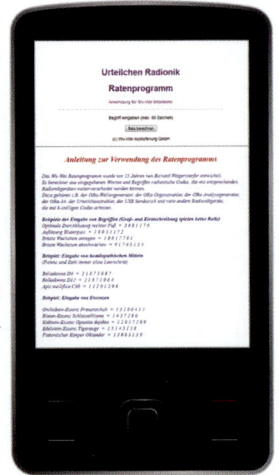

Anleitung zur Verwendung des Ratenprogramms:

Das Wu-Wei Ratenprogramm wurde vor 25 Jahren von Richard Weigerstorfer entwickelt. Es berechnet aus eingegebenen Worten und Begriffen radionische Codes, die mit entsprechenden Radionikgeräten weiterverarbeitet werden können.

Dazu gehören zum Beispiel der ORa-Wellengenerator, der ORa-Orgonstrahler, der ORa-Analysegenerator, der ORa-34, der Urteilchenstrahler, der USB-Sendestick und viele andere Radionikgeräte, die mit achtstelligen Codes arbeiten.

Beispiele der Eingabe von Begriffen:
(Groß- und Kleinschreibung spielen keine Rolle)

Optimale Durchblutung rechter Fuß	3 8 8 1 1 7 6
Auflösung Bluterguss	1 8 9 5 1 1 7 2
Brüste Wachstum anregen	1 0 8 1 7 7 9 1
Brüste Wachstum abschwächen	9 1 7 6 8 1 5 5

Beispiele der Eingabe von homöopathischen Mitteln:
(Potenz und Zahl immer ohne Leerschritt)

Belladonna D6	3 8 8 1 1 7 6
Belladonna D12	1 8 9 5 1 1 7 2
Apis mellifica C30	1 0 8 1 7 7 9 1

Beispiele der Eingabe von Essenzen:

Orchideen-Essenz Frauenschuh	1 3 1 8 6 4 1 5
Blüten-Essenz Schlüsselblume	1 4 3 7 2 8 6
Kakteen-Essenz Opuntia dejekta	1 2 8 1 7 2 8 9
Edelstein-Essenz Tigerauge	1 5 1 4 5 1 5 8
Platonischer Körper Oktaeder	1 3 0 8 3 1 3 9

Beispiele der Berechnung von persönlichen Raten:
(Name, Vorname, Geburtsdatum/-ort und Thema

Muster Anna 09.03.1988 Regensburg Auflösen Kopfschmerzen rechtsseitig	6 3 9 9 2 1 5
Muster Anna 09.03.1988 Regensburg Erhöhung der Lebensfreude	1 4 3 7 2 8 6
Muster Anna 09.03.1988 Regensburg	6 1 1 5 3 8 2 4

Wird die persönliche Rate ohne Thema berechnet, so kann sie mit allen anderen Raten kombiniert werden und dient so als Verbesserung des Empfängers und der Wirksamkeit.

Der gleiche Berechnungs-Algorithmus, der für die Raten im Verzeichnis ausgeführt wurde, liegt auch dem Programm auf der Webseite zugrunde. Gebe ich also Arnica D6 ein, so erhalte ich die gleiche Rate, die auch im Buch steht, nämlich 4 1 1 1 1 1 1 3. Besonders hervorzuheben sind die persönlichen Raten, die individuell für jede Person angepasst werden können.

Ich möchte Ihnen von meinen bisherigen Erlebnissen mit dem ORa 34 Radionikgerät berichten: Ein Kollege, der eine Allergie gegen Chili hat, griff bei einer Besprechung zu einem Käsebrötchen, das die Cateringfirma mit Chilikäse belegt hatte. Er hatte die kleinen roten Chilistückchen nicht gesehen, da eine zweite Scheibe über der mit Chili lag. Sofort schwollen die Schleimhäute im Mund an und er konnte nicht mehr richtig sprechen. Er sollte doch nach der Pause seinen Vortag halten. Ich ließ die Rate „Name des Kollegen und „Auflösen Allergie gegen Chili" berechnen, tippte sie in mein ORa 34 Gerät und hielt die Perle an ein Glas Wasser, das er in kleinen Schlucken trinken musste und ließ ihm zusätzlich noch den Finger auf die Perle drücken. Er konnte seinen Vortrag ohne Probleme halten und meinte anschließend zu mir: „Normalerweise bin ich für einige Stunden fix und fertig, was hast du da bloß gemacht?"

Mein zweites Erlebnis: Mein Vater hatte sich bei Holzarbeiten einen Splitter in die Hand gezogen, die Stelle entzündete sich und wollte wochenlang nicht richtig verheilen. Ich bereitete ihm eine persönliche Rate mit meiner geliebten Arnica D6 und zusätzlich noch Hepar sulfuris D6 zu, diese Raten hatte ich in meinem Homöopathie-Buch nachgelesen. Ich machte ihm von den zwei Mitteln Globuli und Wasser, mit dem er den Verband tränkte. Schon am nächsten Tag war die Rötung fast verschwunden und einige Tage später vollkommen abgeheilt. Ich denke mir immer wieder, das ist wie Zauberei.

Den Link zu dem Programm kann man über die Website www.wuwei-shop.de kostengünstig buchen.

Mit dem ORa 34 Kombinierte Raten herstellen und speichern

Doch nun muss ich Ihnen noch erklären, wie ich kombinierte Raten selbst herstellen und abspeichern kann. Bevor wir aber Raten kombinieren, ist es wichtig zu wissen, wie die Raten gespeichert werden. Der Speicherplatz mit den dreistelligen Ziffernfolgen 100 - 997 ist frei programmierbar. Hier können Sie also eigene Raten, die Sie immer wieder brauchen, ablegen.

Ich habe hier die persönlichen Raten meiner Familie gespeichert, aber auch Mittel, die ich immer wieder brauche, wie Arnica D6. Sie werden nun vielleicht denken: „Warum auch die, die Rate ist doch bekannt?" Sie haben recht, aber meine Ratenplätze brauchen nur drei Nummern und nicht acht, ich bin also viel schneller und kenne inzwischen viele meiner Speicherplätze auswendig, wie etwa 888 für meine persönliche Schutzratenkombination, die mir immer hilft, wenn ich in schwierigen Situationen bin.

Doch schauen wir erst einmal, was Lena Lieblich dazu meint.

Wann ist es sinnvoll, Raten selbst zu speichern?

Wenn Sie
- Raten häufig brauchen und nicht immer achtstellige Raten eingeben möchten.
- selbst kombinierte Raten erstellen und diese unter einer eigenen Zahl aufrufen möchten.
- die Information eines Baumes, eines Tees oder eines fertigen Mittels einlesen und zu einem späteren Zeitpunkt wieder aufrufen wollen.
- eine ganz bestimmte Schwingung einfangen möchten, zum Beispiel von einem Vortrag oder einer Unterrichtsstunde, damit Sie sich beim Wiederholen leichter tun.
- die Schwingung einer Störung oder einer Krankheit speichern möchten – es wird automatisch in eine Nosodenschwingung verwandelt.
- die Informationen eines Buches speichern möchten, zum Beispiel eines Anatomiebuches für die Heilpraktiker-Prüfung.

Für mich sind die beiden ersten Punkte wichtig, auf die anderen werde ich später noch zu sprechen kommen. Ich gebe also die Arnica D6 Rate ein, drücke dreimal = = =, dann die Zahl unter der sie gespeichert werden soll und nochmals =. Die Rate ist nun gespeichert und ich kann sie einfach unter der dreistelligen Zahl aufrufen. Lena Lieblich erklärt es in Ihrem Buch so:

Häufig gebrauchte Raten unter 3-stelliger Ziffer speichern

Das geht ganz einfach: Geben Sie die achtstellige Rate wie gewohnt ein, dann drücken Sie nicht nur einmal „=" sondern dreimal „===" und im Anschluss Ihren dreistelligen Speicherplatz und nochmals „=". Sie können nun die Rate unter der kurzen Nummer aufrufen.

	Das tippen Sie ein
Raten eingeben z. B. Gelsemium C30	1 8 1 3 5 7 3 7
dann dreimal „=" drücken	===
nun den Speiderplatz z. B.	234
nochmals mit „=" bestätigen	=

Wenn ich nun mehrere Raten kombinieren möchte, wie bei meiner Schutzrate, dann wiederhole ich den Vorgang. Aber nicht vergessen, die Sendeperle vorher mit „CE" und „=" zu löschen, dann erst die nächste Rate speichern. Ich habe mir kombinierte Raten für Husten gespeichert, die aus zwölf Einzelraten bestehen. Auch wenn Lena Lieblich empfiehlt, nicht mehr als sechs Raten zu kombinieren, kann man doch Ausnahmen machen. Das hat sie mir in einem Telefonat bestätigt. Im Buch beschreibt sie das folgendermaßen:

Kombinierte Raten speichern

Sie löschen die Sendeperle wie beschrieben und geben eine weitere Rate ein. Sie speichern diese unter der gleichen Nummer wie die vorhergehende Rate ab. Das ORa 34 Radionikgerät speichert beliebig viele Raten parallel unter einer Nummer. Auf diese Weise können Sie einfach komplexe Zusammensetzungen herstellen.

Information eines Baumes, eines Tees oder eines fertigen Mittels einlesen

Diese Funktion ist für mich sowas wie ein Sahnestückchen mit nochmals Sahne obendrauf. Sicherlich verstehen Sie es, wenn ich von meiner Gewohnheit erzähle, die vielleicht einige Leser mit mir teilen. Ich gehe gerne in die Natur und manchmal lehne ich mich an einen Baum und danke ihm, dass er da ist. Fast immer bekomme ich ein besonderes Geschenk von dem Baum zurück. Entweder ist es eine Heilung für ein Problem oder es wird mir einfach eine Schwere genommen, die auf meinen Schultern liegt. Oft kaue ich auch Knospen und genieße das wunderbare Aroma oder die intensive Bitterkeit. Mein Wunsch, diese besondere Schwingung einfangen zu können oder aus den Knospen Globuli herzustellen, ist dann besonders groß.

Nun habe ich die Möglichkeit, genau das zu tun. Diese Informationen fange ich dann mit meinem Gerät ein. Ich drücke dreimal „===", dann die Ziffer für den von mir gewünschten Speicherplatz (zum Beispiel 234) und halte die Perle an den Baumstamm oder die Knospe, bitte die Pflanze, mir die

Schwingung zu schenken und schließe die Speicherung mit einem vierten „=" ab.

Die Baum- oder Knospenschwingung kann nun beliebig oft mit der Zahl 234 aufgerufen werden, um Globuli herzustellen oder ein Raumspray damit zu informieren. In Lena Lieblichs Buch „Medizin für die Zukunft" ist eine leere Liste für die 998 Speicherplätze, auf denen ich die Namen der Schwingungen, die ich gespeichert habe, eintrage. So habe ich ein sauberes Verzeichnis für meine persönlichen Raten. Auf diese Art habe ich mir schon eine sehr umfangreiche Bibliothek mit einzigartigen Schwingungen aufgebaut.

In der nächsten Ausgabe erzähle ich Ihnen weitere Erlebnisse mit meinem ORa 34 Radionikgerät.

Das Märchen von der Goldmarie

Eine verschlüsselte Anleitung für Wohlstand und Fülle

Bettina Meier

Das Märchen von der Goldmarie zählt nicht nur zu den schönsten Geschichten der Gebrüder Grimm, es schenkt seinem Leser auch eine verschlüsselte Anleitung für Wohlstand und Fülle. Bevor es die Gesetzmäßigkeiten des Erfolges unbewusst für sich nutzt, ist die Goldmarie ein zutiefst unglückliches Mädchen, welches nur Angst in seinem Leben kennt und sich scheinbar machtlos seinem Schicksal beugt.

Denn das schöne und fleißige Mädchen wird von seiner Stiefmutter sehr schlecht behandelt. Diese bevorzugt ihre leibliche Tochter, die jedoch gehässig und faul ist. Die Stieftochter muss pausenlos schuften, am Brunnen sitzen und Garn spinnen, bis ihre Hände blutig sind. Als ihr eines Tages die Spindel in den Brunnen fällt, kennt die Mutter keine Gnade: Sie zwingt ihre Stieftochter, in den Brunnen zu springen und die Spule zurück zu holen. Verzweifelt und vollkommen am Ende stürzt sich das Mädchen in die Tiefe und wird ohnmächtig. Schließlich erwacht es in der Brunnenwelt, die sich gleichzeitig auch über den Wolken befindet, auf einer wunderschönen Blumenwiese.

Mit Fleiß und Liebe im Herzen besteht das Mädchen mehrere Bewährungsproben. Es rettet ein fertiges Brot vor dem Verbrennen aus dem Ofen und befreit einen Baum von seinen reifen Äpfeln. Zuletzt macht es die Bekanntschaft mit Frau Holle, die das Mädchen herzlich bei sich aufnimmt. Es hilft gerne im Haushalt und schüttelt täglich die Betten aus, damit es auf der Erde schneit. Nach einiger Zeit bekommt das Mädchen Heimweh und bittet um seinen Abschied. Frau Holle hat Verständnis und führt die Stieftochter zu einem großem Tor. Als das fleißige Mädchen darunter steht, regnet es reichlich Gold herab, der Lohn von Frau Holle für ihren Fleiß. Zuhause angekommen, wird die Stieftochter vom Hahnenschrei begrüßt: „Kikeriki, unsere goldene Jungfrau ist wieder hie!" Durch den reichlichen Goldschmuck, der fest an ihr haftet, nennen sie die Menschen von nun an Goldmarie.

Die Wandlung zur Goldmarie

Die Wandlung von der machtlosen Stieftochter zur Goldmarie beginnt für mich mit dem Sprung in den Brunnen. Das Mädchen ist vollkommen verzweifelt und an einem Punkt angekommen, an dem es ihm so schlecht geht, dass es bereit ist, sein Ego aufzugeben. Es nimmt das Risiko des Sprunges in Kauf ohne zu wissen, was danach kommt. Hier fällt mir folgender Spruch ein: „Dein Weg ist dort, wo deine Angst am größten ist." Er steht dafür, seinen Ängs

Bild: © Beate Hefler

ten ins Gesicht zu sehen, sie zu fühlen und anzuerkennen, mutig zu sein, alte Pfade zu verlassen und Neues zu wagen.

Achtsam und mit offenem Herzen geht die Goldmarie ihren Weg in der Brunnenwelt. Sie hört zu, nimmt die Not des verkohlenden Brotes und des vollen Apfelbaumes wahr, lauscht ihrer inneren Stimme und hilft. Sie investiert ihre Zeit und Arbeit sinnvoll – die geretteten Lebensmittel kommen schließlich den Menschen zugute. Auch bei Frau Holle geht die Goldmarie mit Liebe, Leidenschaft und Freude an ihre Arbeit. Zuverlässig und mit großem Fleiß schüttelt sie täglich die Betten, bis die Federn fliegen, schließlich soll es auf der Erde schneien. Sie sagt Ja zu ihrer Arbeit und geht vollkommen in ihr auf. Die Goldmarie ist in Harmonie mit sich selbst und somit in Harmonie mit ihrer Außenwelt. Mit ihrem inneren Wohlstand zieht sie den äußeren an. Und so ist es nur eine Frage der Zeit, bis das Gesetz der Anziehung greift und sie auch im Außen mit Gold, Wohlstand und Fülle überschüttet wird.

Doch weiter im Märchen, denn das Gegenstück zur Goldmarie ist bekanntlich die Pechmarie. Zuhause ist die Stiefmutter sehr erfreut über den Goldsegen und will ihrer leiblichen Tochter zum selben Glück verhelfen. Auch sie muss in den Brunnen springen und begegnet dort dem Brot im Ofen und dem vollen Apfelbaum. Faul und träge verweigert sie jedoch ihre Hilfe und landet schließlich im Haus von Frau Holle. Doch anstatt im Haushalt zu helfen und die Betten auszuschütteln, schläft das Mädchen lieber in den Tag hinein. Das gefällt Frau Holle gar nicht und sie schickt den Faulpelz wieder nach Hause. Als das Mädchen unter dem großen Tor steht, prasselt ein großer Eimer voller Pech herab – der Lohn für ihre Faulheit und ihre schlechten Dienste. Ihr ganzes Leben lang bleibt das Pech an ihr hängen und bringt ihr den Namen Pechmarie ein.

Übrigens, die Geschichte von Frau Holle und der Goldmarie erschien erstmals im Jahr 1812. Sie wurde 2006 als Deutschlands schönstes Märchen ausgezeichnet.

„Der Mensch ist ein Magnet.
Was er ausstrahlt, das zieht er an.“

Geld verschenken

„Fülle und Wohlstand" als Thema dieses Heftes und nun der Artikel über Geld verschenken. Nun ist wohl ein Dachziegel beim Weigerstorfer locker? Bevor Sie aber Ihr Urteil endgültig fällen, möchte ich Ihnen eine Geschichte aus meiner Kindheit erzählen.

Richard Weigerstorfer

Das Haus meiner Großeltern stand an der Hauptstraße, und es gab noch einen Grünstreifen bis zum Straßenrand. „Geldbeutelziehen" war das Zauberwort, das uns immer wieder begeisterte. Wir banden einen Faden an einen alten Geldbeutel. Diesen legten wir an den Straßenrand und streuten etwas Sand auf den Faden. Dann saßen wir hinter dem Zaun und warteten, bis ein Radfahrer kam. Das dauerte manchmal lange, und wir konnten ihn schon von ganz weit erblicken. Wird er den Geldbeutel sehen? Jeder hat ihn wahrgenommen, er war einfach zu auffällig. Dann ging es los, der Radfahrer bremste, stieg ab, schob ein wenig zurück, weil er ja schon vorbei war. Dann der umsichtige Kontrollblick: „Beobachtet mich jemand?" und schnell gebückt. Der Geldbeutel machte einen Ruck und die Hand griff ins Leere. Wieder ein neuer Griff, der Geldbeutel sprang wieder. Manche versuchten fünf bis sechs Mal, den Geldbeutel zu greifen, bevor ihnen der Scherz dämmerte. Irgendwann war einer schneller und nahm den Geldbeutel einfach mit, samt Faden, dann war dieses Spiel vorbei aus Mangel an einem Geldbeutel. An was ich mich aber immer noch erinnern kann, war das Aufblitzen der Freude in den Gesichtern, als sie den Geldbeutel entdeckten.

Neulich las ich über eine Studie, die mir obige Geschichte wieder in Erinnerung rief. Der Versuchsaufbau war so, dass vor einem Münzautomat einer mit Einkaufstüten beladenen Frau eine Tüte runterfiel und sich der Inhalt über den Platz verteilte. Passanten, die vom Automaten weggingen, halfen oder gingen einfach weiter. Dann kam der zweite Teil, man ließ eine Münze im Rückgabefach liegen. Die Automatenbenutzer, die die Münze fanden, halfen der Frau viel häufiger, auch wenn der Betrag nur ganz klein war.

Wie es scheint, wächst die Hilfsbereitschaft enorm, wenn man vorher etwas gefunden hat, gerade so, als möchte man dem Leben etwas zurückgeben wollen. Nun teile ich gerne mit Ihnen ein kleines Geheimnis, das ich entdeckt habe. Sind Sie bereit?

Ich habe mir für 20 Euro einige 1-Euro-Stücke und 50-Cent-Stücke eingewechselt. Ein guter Platz für mein Vorhaben war der weniger belebte Teil der Fußgängerzone. Ich legte ein Euro-Stück auf das Pflaster und setzte mich mit einer Zeitung auf die etwas entfernte Bank. Da kam schon ein junger, geschäftiger Mann, der in Richtung Euro-Stück ging. Er sah es, bückte sich und hob es elegant im Vorbeigehen auf. Sein Gesicht? Es grinste nun.

Der nächste Euroköder, den ich ausgelegt hatte, wurde von einer Frau mit Kinderwagen gefunden. Sie blieb stehen, überlegte, ob sie es nehmen darf, dann entschied sie sich dafür und hob das Geldstück auf. Ihr Gesicht? Es lächelte. Mein Gesicht? Es grinste nur so vor Freude.

Nun kommt aber das „erste" Besondere: Dazu muss ich Ihnen vorab verraten, dass ich das Energiefeld der Menschen sehen kann. Jedes Mal, wenn eine Person Geld gefunden hatte, wurde das Energiefeld heller und vitaler. Die Energie des Findens nährt also unser System und stärkt uns. Ich kenne das auch vom Schwammerlsuchen.

Noch interessanter ist das „zweite" Besondere: Ich als Geldköder-Verteiler bekomme ebenfalls einen gehörigen Energieschub, der als „Wohltäterschwingung" in mir fortlebt. Denn immer, wenn ich dieses Spiel gemacht hatte, begegneten mir andere Menschen besonders zuvorkommend und freundlich. Manchmal bekomme ich sogar was geschenkt wie eine Brezel extra beim Einkauf oder ein Stück Obst vom Markstand, dessen Inhaber es mir zur Verkostung reicht. Auch schauten mich die Menschen aufmerksamer an, als würden sie in oder bei mir etwas suchen. Dieser „Wohltäterschwingung", wie ich sie nun nenne, kann sich keiner wirklich entziehen. Ging ich noch einen Kaffee trinken, wurde ich entweder genau gemustert nach dem Motto: „Was ist mit dem Mann, kenn ich ihn vielleicht?", oder ich wurde auch direkt angesprochen, und ein nettes Gespräch entstand.

Fazit:

Machen Sie dieses Experiment auch einmal, Sie werden viele Menschen glücklich machen, denn jeder Finder gibt es ja weiter, wie wir aus dem Experiment wissen. Auf alle Fälle aber werden Sie sich selbst glücklicher machen. Nach den geistigen Gesetzen reagiert das Leben immer, das Gute wird auf Sie zurückkommen, mit Zins und Zinseszins. Was hält uns noch davon ab, es einmal zu versuchen?

Du hast die Macht über deine Gefühle

Lena Lieblich

Gefühle werden oft durch Gedanken und Worte ausgelöst.
Dabei sind wir es, die unseren Gefühlsofen anheizen, je nachdem, von wem eine Bemerkung kommt.
Bezeichnet mich ein angetrunkener Passant als dumm, dann wird es mir nichts ausmachen, sagt es aber mein(e) Partner(in), dann trifft es mich vielleicht zutiefst und löst starke Emotionen und Selbstzweifel aus. Vielleicht aber reagiere ich auch mit Angriff, Verteidigung oder Verurteilung. Egal wie, keine der Reaktionen ist angebracht und lösungsorientiert.

Ich habe mir einen kleinen Trick ausgedacht, der immer bestens funktioniert. Werde ich mit einer Bemerkung bedacht, die mir nicht gefällt, denke ich sofort, was wäre, wenn ein Betrunkener das zu mir gesagt hätte. Fast augenblicklich bringt es mich in eine objektive Wahrnehmung und ich kann es erstmal stehenlassen, ohne sofort darauf reagieren zu müssen. Dass sich die Situation dann friedlich klären lässt und nicht in einem Wortwechsel endet, können Sie bestimmt nachvollziehen.

Schwieriger wird es, wenn meine eigenen Gedanken zu unangenehmen Gefühlen führen. Diese erkennt man oft nicht schnell genug und schon hat man schlechte Gefühle. Auch da habe ich eine Frage, die mir aus dem Dilemma hilft. Es ist die einfache Frage „Stimmt das wirklich, was ich da gerade denke?" Manchmal muss ich mir die Frage auch schriftlich beantworten, um sie ganz einzukreisen. Das kann dann zum Beispiel so aussehen:

Negativer Gedanke: Ich bin hässlich.
Lösung: Stimmt das wirklich, dass ich hässlich bin?
Sind meine Hände hässlich? – Nein!
Sind meine Beine hässlich? – Nein!
Sind meine Ohren hässlich? – Nein!
Ist meine Stimme hässlich? – Nein!
Sind meine Zähne hässlich? – Nein!
Sind meine Lippen hässlich? – Nein!
Sind meine Haare hässlich? – Nein!
Ist meine Haut hässlich? – Ja!

Ich habe einen Pickel, mein Gott, 99,5 Prozent von mir sind vollkommen in Ordnung und ich erhebe den Pickel zu 100 Prozent Eindruck.
Diese Übung muss man sich so lange bewusst machen, bis man die Überzeugung „ich bin hässlich" aufgelöst hat, und dann verschwindet der Gedanke von ganz alleine, weil er keinen Nährboden mehr hat. Wenn wir den Gedanken von 100 Prozent Wahrnehmung auf 0,5 Prozent Wirklichkeit herunterstufen, glauben wir ihn nicht mehr.

Sie haben Macht über Ihre Gefühle, Sie können es selbst steuern, wie Sie Ihre Gedanken bewerten. Geben Sie den automatisch ablaufenden Gedankenketten keine Macht mehr. Erkennen Sie sich als wunderschönes, geliebtes Wesen, dann sehen es auch alle anderen in Ihnen.
Suchen Sie sich in Ihrem Umfeld ein paar Menschen, die keinen Schönheitswettbewerb gewinnen würden und die Sie trotzdem zu Ihren Freunden zählen und die Sie auch als schön empfinden. Oft sehen wir ja nur ein Detail wie die schönen Lippen oder die strahlenden Augen und denken uns: „Hat der schöne Augen", und schließen aber den ganzen Menschen mit ein. Und dann sagen Sie es auch: „Habe ich dir schon einmal gesagt, dass du wunderschöne Augen hast?" Sie werden erstaunt sein, dass es Ihr Gegenüber vielleicht noch nie gehört hat. Erfreuen Sie Ihr Gegenüber und bald schon wird man auch Ihnen sagen, dass Sie eine schöne, zierliche Nase, wunderbare Zähne, eine elegante Art zu gehen oder eine warme, sympathische Ausstrahlung haben.
Werden Sie sich bewusst, dass Sie Ihr Gegenüber nicht in seiner Gesamtheit wahrnehmen, sondern sich nur ein paar Details herauspicken können, die dann für die ganze Person stehen.
Es gibt einen schönen Spruch, der mir sehr gefällt:

**„Wir lieben etwas nicht, weil es schön ist,
sondern weil wir etwas lieben,
finden wir es schön."**

Ganz in diesem Sinne wünsche ich Ihnen viel Liebe für sich und alles, was Sie umgibt.

Sieh den Überfluss der Natur

Richard Weigerstorfer

Ich kann mich noch genau daran erinnern, dass ich als Junge immer darüber nachgesonnen habe, wie viel Nachkommen es braucht, um eine Art zu erhalten. Die ganze Botanik hat mir ein Lehrer, der den Schulgarten betreute, sehr ins Herz legen können. Ganz besonders faszinierten mich die sehr kleinen Samen, zum Beispiel vom Knabenkraut oder dem Wegerich. In so einem winzigen Samenkorn ist alles enthalten. Wie kann der liebe Gott die Pflanze so klein zusammenlegen, dass sie vollkommen in diesem winzigen Samenkorn Platz hat? Dies erstaunt mich auch noch heute, obwohl ich es verstehe und die Deva-Wirkung kenne. Deva ist der Pflanzengeist, der beim Keimen des Samens in das Samenkorn einzieht und sich entfaltet, so wie die Seele des Menschen in den Körper einzieht und ihn formt und belebt.

Sehr beeindruckend fand ich auch die Menge an Samen, die in jeder Samenkapsel enthalten ist. Das Knabenkraut ist noch dazu mehrjährig, es müsste also alle zwei, drei Jahre ein Samen genügen? Noch faszinierender ist für mich jedes Jahr die Kirschblüte. Ein Kirschbaum kann bis zu 50 Jahre alt werden und verschwendet sich jedes Jahr mit hunderttausenden von Blüten, die kurze Zeit später zu Kirschen mit Samenkernen heranreifen. Wieder andere Pflanzen haben gleich mehrere Mechanismen zur Arterhaltung entwickelt, wie die Ausleger der Erdbeere, das Bilden von Zwiebeln bei der Lilie oder das Teilen der Stöcke, um nur einige zu nennen. Es wären also gar keine Blüten und Früchte nötig.

Warum verschwendet sich Gottes Schöpfung überall, wo man hinschaut und alleine der Mensch sollte in Mangel leben? Selbst die Raupe oder der Hase auf dem Feld haben Überfluss. Es ist so viel da, dass es einen Gedanken an Mangel nicht gibt.
In der Tat ist der Gedanke an Mangel etwas künstliches, das sich das menschliche Gehirn ausgedacht hat. Deshalb muss man es ständig nähren, um es aufrecht erhalten zu können. Dies ist die gute Botschaft, denn sobald das Mangelgebilde in unserem Gehirn nicht mehr genährt wird, stellt sich von alleine ein Zustand der Fülle ein. Wir brauchen nicht gegen den Mangel zu kämpfen sondern uns nur auf die Fülle konzentrieren, um sie in unser Leben zu holen.

„Sieh den Überfluss in der Natur, den Überfluss der Schönheit rings um dich und erkenne Mich in allem"
Eileen Caddy

Anregungen, wie Sie wie von selbst in die Fülle kommen!

Gehen Sie in die Natur wann immer Sie können und lassen Sie diese auf sich wirken. Ein Baum, wie viele Blätter hat er? Jedes Blatt ist anders. Alle Blätter, die je auf Erden gewachsen sind, sind verschieden. Diese Vielfalt bedeutet, dass wir unsere eigene, genau auf uns zugeschnittene Fülle, erhalten werden und nicht den Überfluss, der uns in den TV-Filmen vor Augen geführt wird, denn das ist alles nur Schein und macht nicht wirklich glücklich.

Wenn Sie in die Arbeit fahren, schauen Sie nicht die Reklametafeln an, sondern die Bäume. Wie viele Bäume stehen auf Ihrem Arbeitsweg? Sie werden erstaunt sein, wie viele Bäume auch in den Städten stehen, wenn Sie Ihr Augenmerk erst einmal darauf richten.

Hängen Sie in Ihrer Wohnung Bilder auf, die Fülle zum Gegenstand haben, zum Beispiel einen blühenden Kirschbaum oder einen schönen Strand mit vielen Palmen und Millionen von Sandkörnern.

Meiden Sie Themen des Mangels so gut es geht. Weist Ihr Konto Mangel auf, dann nehmen Sie es zur Kenntnis und vertiefen Sie sich wieder in die Gefühle der Fülle und halten Sie diese so lange es geht.

Vielleicht fragen Sie sich an dieser Stelle, wie ein blühender Kirschbaum Ihr Konto auffüllen soll? In der Homöopathie heilt man auch mit Ähnlichem. Vertrauen Sie auf die Kraft Ihrer unterbewussten Empfindungen. Sie erschaffen damit Ihre Zukunft. Erinnern Sie sich, dass es normal ist, im Zustand der Fülle und des Reichtums zu leben. Es gibt genug für uns alle, jeder kann reich sein und in Fülle leben.

Ich wünsche mir von Herzen, dass Sie mir glauben und es in Ihrem Leben ausprobieren. Danke.

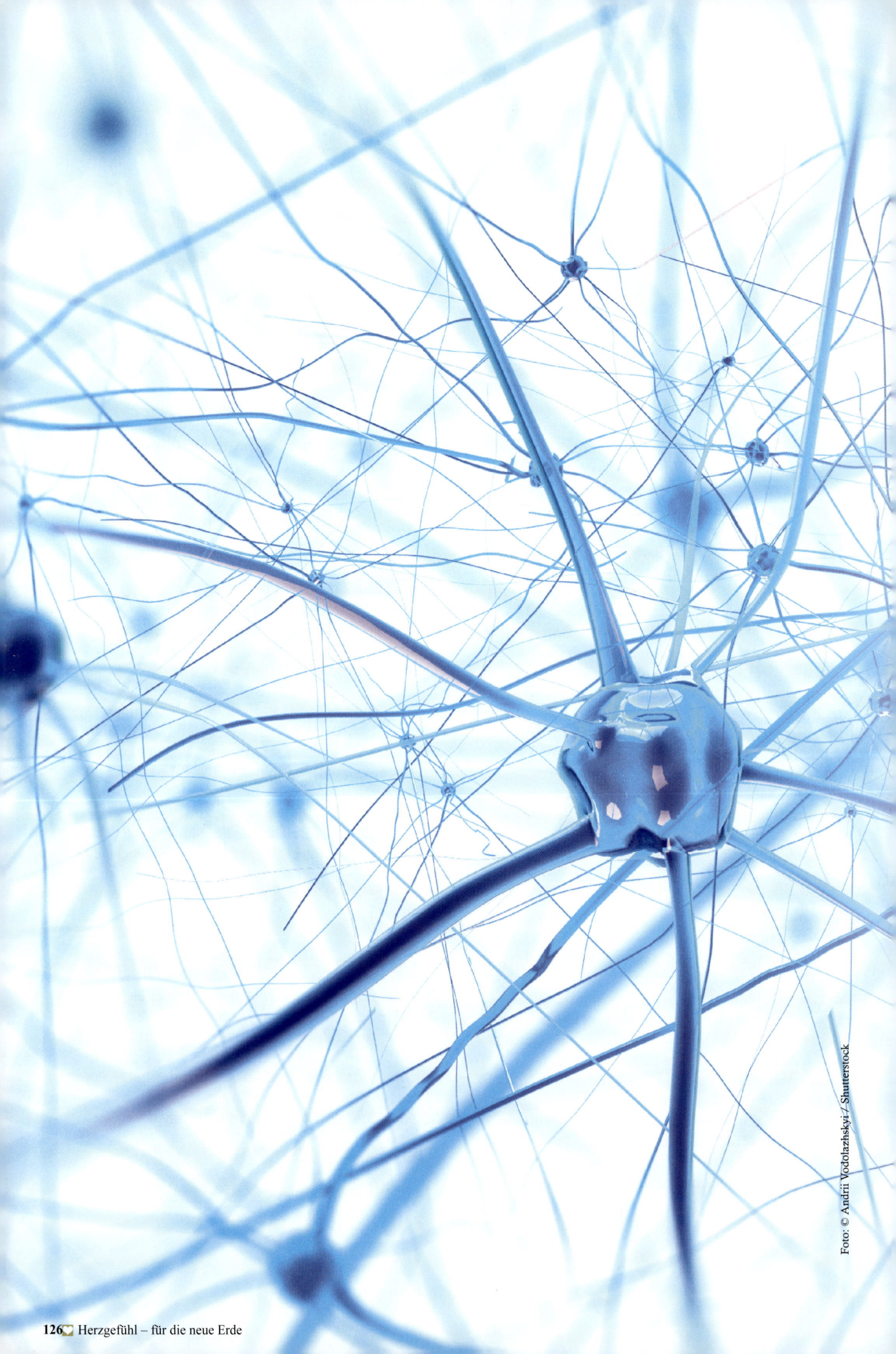

Foto: © Andrii Vodolazhskyi / Shutterstock

Urteilchen-Transmitter

Regeneration und Wachstum auf neuronaler Ebene

Klaus Jürgen Becker

Dieser Transmitter nimmt eine wichtige Stellung ein, da er sozusagen als Türöffner für die Wahrnehmung subtiler Energien wirkt. Er kann nahezu mit jedem anderen Transmitter verwendet werden, ebenso einleitend vor jeder Urteilchen-Arbeit. Er stellt unser neuronales Netzwerk, vergleichbar mit dem Straßenverkehrssystem in einer Stadt, auf Regeneration um. Bei den „neuronalen Verkehrswegen", die mit Wiederherstellung und Gesundung zu tun haben, werden die inneren Ampeln auf Grün gestellt. Die Ampeln für die neuronalen Stressbahnen (Kampf & Flucht) werden auf Rot gestellt, sodass die Regeneration eintreten kann.

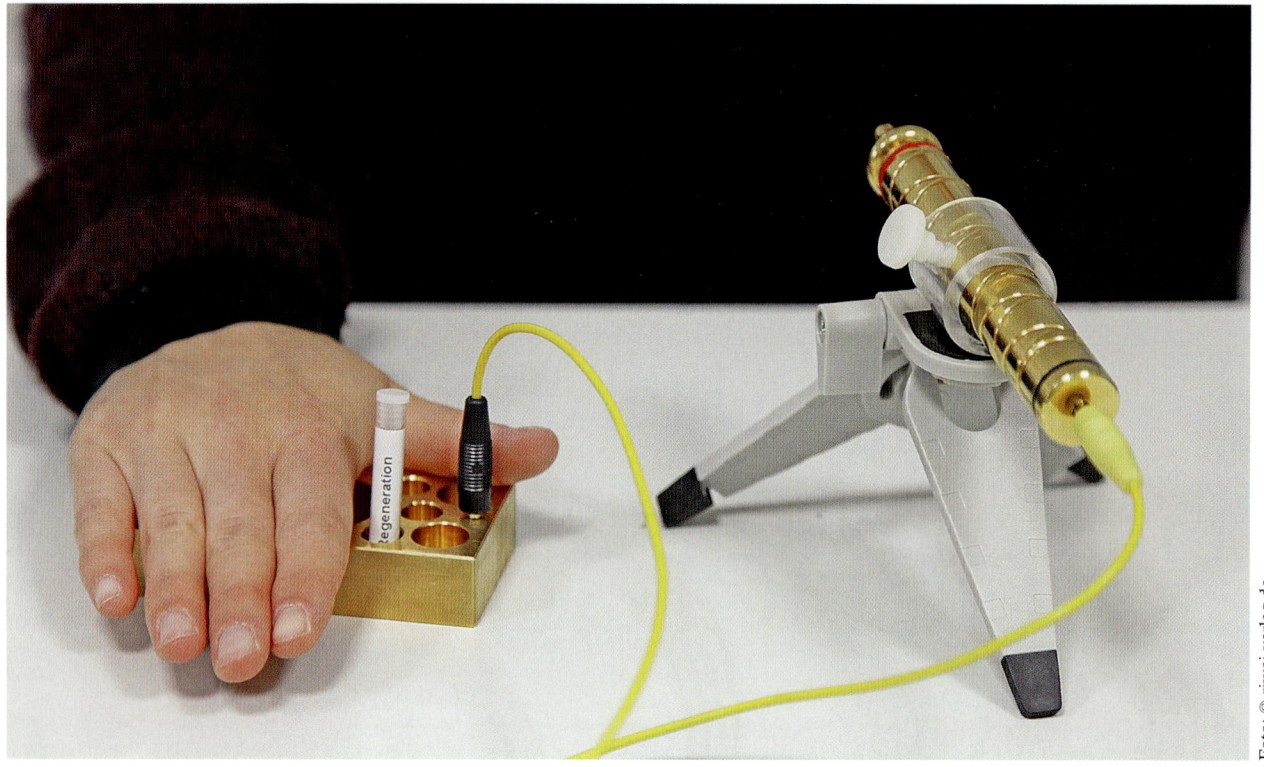

Der Transmitter unterstützt folgende Programme:

- Entspannung durch vorübergehende Abschaltung der HNN-Achse (Hypothalamus-Hypophysen-Nebennieren-Achse)
- Beruhigung des reflexhaft orientierten Hinterhauptes
- Umschalten in den Regenerations-Modus
- Energiezufuhr im Vorderhirn: Öffnung für umsichtiges, vorausschauendes und soziales Denken, für Intuition und Inspiration
- Verbesserung von Kurz- und Langzeit-Erinnerungsvermögen
- Allgemeine Anhebung der emotionalen Befindlichkeit
- Entstressung sowohl nach innen als auch nach außen
- Inspiration zur gewaltfreien Kommunikation mit anderen und sich selbst, insbesondere zur Neutralisierung von Beziehungsstress
- Wecken von kreativen Lösungen
- Öffnung für die Wahrnehmung subtiler Urteilchen-Energie

Wann sollte ich den Transmitter anwenden?

- Jeden Morgen direkt nach dem Aufstehen, um Kraft für den Tag zu tanken
- Nach einem langen Arbeitstag: Einfach abschalten und in den „privaten Modus" gehen
- Nach stressigen Situationen (z. B. Verkehrsstau) zur Blitz-Regeneration

- Vor der Auflösung von Beziehungskonflikten jeder Art
- Vorbeugend gegen Anflüge von depressiven Verstimmungen oder Angstzuständen
- Vor dem Einschlafen für eine gute Nachtruhe
- Zu Beginn jeder Urteilchen-Arbeit: Der Transmitter fördert die Entspannung sowie die Offenheit, weitere Urteilchen-Arbeiten optimal durchführen zu können

Wann sollte ich den Transmitter nicht anwenden?

Unmittelbar bevor man ins Auto steigt beziehungsweise eine Sportart betreibt, die blitzschnelles Reaktionsvermögen erfordert, wie zum Beispiel Kampfsport oder Badminton, da der Transmitter die Kampfbereitschaft und Schnelligkeit der Reflexe vorübergehend reduziert. Besser ist es, den Transmitter nach dem Autofahren oder dem (Kampf-) Sport anzuwenden, um wieder in den Regenerationsmodus zu kommen.

Wie kann ich den Transmitter anwenden?

- In die Wabe stellen oder die Ampullenkammer legen und sich mit dem Urteilchen-Strahler bestrahlen. Dies ist die kraftvollste Möglichkeit. TIPP: Zusätzlich die Hand auf die Wabe legen – das eigene Energiefeld wird somit vom Urteilchen-Strahler gelesen
- Globuli, Salz oder Wasser damit informieren, gegebenenfalls den Trägerstoff mit zur Arbeit nehmen
- Den Transmitter in einem Holz-Köcher bei sich tragen

Wie ist die Wirkung des Transmitters fühlbar?

Eine tiefe Entspannung beginnt in der Mitte des Gehirns, breitet sich über das ganze Gehirn von oben nach unten im gesamten Körper aus. Spannungen im Wirbelsäulenbereich und in den Spiralmuskeln können sich lösen. Die Nieren werden unterstützt (Ausleitung von Toxinen) und die Nebennieren beruhigt.

Wie lange sollte ich mich bestrahlen?

Es ist sinnvoll, die Bestrahlung mit dem Transmitter etwa fünf Minuten lang durchzuführen, da der Körper seine Zeit braucht, bis die entspannende Wirkung an den Zehen angekommen ist. Ich ver-wende dafür gerne einen Minutenwecker, der mir hilft, die Konzentration über die ganze Zeit auf-rechtzuerhalten. Alternativ ist es möglich, sensitiv in den Körper hinein zu spüren und zu erkennen, wenn die regenerierende Wirkung den ganzen Körper entspannt hat.

Hintergründe: Subtiler Stress hemmt Regeneration und neuronales Wachstum

Viele Menschen leiden unter chronischem Stress. Nicht immer ist er offensichtlich spürbar. Der subtile Stress, der sich im Muskelgewebe – den Faszien – rund um die Organe festgesetzt hat, ist oftmals zur Gewohnheit geworden, sodass die alltägliche subtile Anspannung für „normal" gehalten wird. Die Toxinbelastung durch subtilen Stress reicht oftmals bis in das Innerste der Zellinformation hinein.
Ein sehr großer Teil menschlicher Erschöpfungszu-

stände, depressiver Verstimmungen, aber auch der Gereiztheit und Kommunikationsschwierigkeiten, hat seine Wurzeln in diesem subtilen Stress. Alex Loyd, Autor des Buches „Der Healing Code", geht sogar davon aus, dass die Wurzeln nahezu aller Störungen des menschlichen Organismus stressbedingt sind.

Ausgelöst durch sogenannte Stressoren, also stressige Situationen, wie zum Beispiel Stau auf der Autobahn, eine Arbeitsatmosphäre oder Meinungsverschiedenheiten, wird die Zellgemeinschaft in Alarmbereitschaft versetzt, um sich vor vermeintlichen Gefahren zu schützen. Das Umschalten in den Stressmodus haben wir von unseren Vorfahren geerbt. Sinnbildlich: Wenn der durch Schnupfen geschwächte Körper eines unserer Vorfahren von einem Säbelzahntiger angegriffen wurde, war es überlebenswichtig, dass der Körper die Regeneration unterbrach und blitzschnell Energie in die äußere Verteidigung schickte, damit der Betroffene weglaufen oder gegen den Säbelzahntiger kämpfen konnte. Heute gibt es keine Säbelzahntiger mehr, dafür aber jede Menge zivilisationsbedingter „Stressoren". Der notwendige Schutz des Körpers „von innen" gegen „innere Feinde" (Viren, Bakterien) ist unterversorgt. „Innere Feinde" werden in Körperdepots als Giftstoffe eingelagert statt ausgeschieden beziehungsweise vernichtet zu werden, da die äußere Stressmobilisation evolutionsbedingt Vorrang hat. Zudem werden das neuronale Wachstum sowie die Spiritualität des Menschen unterdrückt. Bedingt durch neuronalen Stress, ist bei vielen Menschen die innere Alarmglocke auf Dauerton geschaltet, so wie ein Klingelknopf, der im Gehäuse klemmt.

Was geschieht bei subtilem Stress neuronal in unserem Körper?

Die Psychoneurologie spricht hier von der sogenannten HHN-Achse (Hypothalamus-Hypophysen-Nebennieren-Achse). Der Hypothalamus hat die Aufgabe, Umweltsignale zu erkennen. Stressbedingt sendet der Hypothalamus CRF (Corticotropin-Releasing-Factor) an die Hypophyse, woraufhin diese ACTH (das Adrenocorticotropes Hormon) ins Blut entlässt, mit fatalen Folgen:

- Die Nebennieren werden unnötig in Alarmbereitschaft versetzt, Adrenalin wird ausgeschüttet

- Die Stresshormone im Blut verengen die Blutgefäße im Frontallappen (dem Sitz von Intuition, Inspiration, Entscheidungs-Intelligenz). Das ohnehin im Vergleich zum Stammhirn sehr viel langsamere vorausschauende Denken wird dadurch erschwert. Konzentrationsschwierigkeiten und Probleme in der Feinkommunikation sind die Folge

- Die Fähigkeit zum klaren Denken ist eingeschränkt, solange die HHN-Achse aktiv ist

- Kopfschmerzen aufgrund von stressbedingten Blutgefäßverengungen können die Folge sein

- Mangelhafte Gedächtnisleistung und depressive Verstimmung können auftreten, da kein situationsgerechter Zugang zum Hippocampus vorhanden ist

- Das Immunsystem, das für die Gesunderhaltung des Körpers zuständig ist und den Körper vor inneren Gefahren schützt (Viren, Bakterien), kann seine Arbeit nicht optimal erfüllen

- Das Verdauungssystem ist geschwächt

- Der Wachstumsprozesse und die Bildung lebenswichtiger Energiereserven sind gestört

- Alle Energie wird für „Kampf und Flucht" bereitgestellt. Da aber weder Kampf noch Flucht stattfinden, kann sich das Adrenalin im Körper nicht abbauen. Die Folge: Nervosität und Gereiztheit

- Subtiler Stress im Körper: Das Energiesystem erschwert die Arbeit mit dem Urteilchen-Strahler, da Entspannung und Offenheit notwendig sind, um die subtile Urteilchen-Energie zu spüren und in vollem Umfang nutzen zu können

Der Transmitter Regeneration auf neuronaler Ebene und neuronales Wachstum bringt das neuronale System in den Regenerationsmodus, fördert die Vorderhirnaktivität und damit auch die Wahrnehmungsfähigkeit für die subtilen Urteilchen-Energien.

Foto: © g-stockstudio /Shutterstock

Editorial

Liebe Leserinnen
und liebe Leser,

ich bin immer wieder erstaunt, wie dankbar Menschen sind. Dankbarkeit scheint sogar in unsere Gene eingeprägt zu sein.

Entwicklungsgeschichtlich war es ein wichtiger Schritt, dankbar zu sein und auch etwas zurückzugeben, denn so entstanden die ersten sozialen Netzwerke. Dass Dankbarkeit ganz tief in jedem Menschen ist, sehen wir, dass selbst eine Postkarte, die einem Werbebrief als Geschenk beiliegt, eine höhere Spendenbereitschaft auslöst, als ein Spendenaufruf ohne Postkarte. Es ist ganz tief in uns verankert, dass wir etwas zurückgeben, und nichts schuldig bleiben wollen.

Die Psychologie hat schon lange viele Argumente zusammengetragen, die erklären, warum Dankbarkeit einen Vorteil mit sich bringt. Was aber sehr erstaunlich ist, dass nun auch Mediziner in das gleiche Horn stoßen. Eine Studie von Prof. Paul J. Mills von der University of California, San Diego, kam zum Ergebnis, dass Dankbarkeit im direkten Zusammenhang mit körperlichen und psychischen Befindlichkeiten steht. Prof. Mills erklärt: „Wir stellen fest, dass bei jenen Patienten, die täglich in ihr Dankbarkeitstagebuch schreiben, gleich mehrere Entzündungswerte sanken. Gleichzeitig erhöhte sich die Herzfrequenzvariabilität, was mit einem reduzierten Infarktrisiko gleichzusetzen ist."

Richard Weigerstorfer
Geschäftsführer RiWei-Verlag GmbH

Wenn Dankbarkeit schon so gesund ist, so sollte man sie doch kultivieren und regelmäßig anwenden. Ein Dankbarkeitstagebuch habe ich schon vor einigen Jahren gemacht. Es ist ein kleines Büchlein, das ich GeDanken getauft habe. In dieses Büchlein kann man seine Gedanken der Dankbarkeit schreiben.

Aber es kommt noch besser, ebenfalls vor einigen Jahren habe ich das Buch „Erinnerungen" herausgegeben. Es ist ein Tagebuch, auf jeder Seite ein Datum und elf leere Zeilen, um elf Jahre lang aufzuschreiben, für was Sie an dem jeweiligen Tag dankbar sind. Ich selbst führe das Tagebuch schon zehn Jahre und sie können sich gar nicht vorstellen, wie interessant es inzwischen geworden ist. Blättere ich zum nächsten Tag um, sehe ich, für was ich die letzten zehn Jahre, zum Beispiel am 14. September, dankbar war. Man vergisst so vieles, selbst wenn uns die größten Steine vom Herzen fallen und wir unendlich dankbar sind, erinnern wir uns schon kurze Zeit später nicht mehr daran. Das Erinnerungen-Buch zeigt es mir jeden Tag wieder auf und so wird meine Dankbarkeit immer größer.

Wenn Dankbarkeit schon so gesund und ohne Nebenwirkungen ist, dann wünsche ich Ihnen von ganzem Herzen, dass Sie immer mehr Dankbarkeit in Ihr Leben bringen können.

Richard Weigerstorfer

Der Engel der Schönheit

Jophiel veredelt die Gedanken und Gefühle der Menschen

Bettina Maier

Wenn Sie sich von den Farben Pink und Purpur angezogen fühlen, können Sie davon ausgehen, dass Erzengel Jophiel in Ihrer Nähe ist. Er möchte Glanz und Herrlichkeit in Ihr Leben bringen und unterstützt Sie, heiterer, unbeschwerter und glücklicher zu werden. Als Engel der Schönheit und Ordnung strahlt er eine deutlich weibliche Energie aus, sein Glorienschein leuchtet in einem satten Fuchsia.

Jophiel hilft uns Menschen, alle Aspekte unserer Welt mit positiven Augen zu sehen, uns Zeit für die schönen Dinge des Lebens zu nehmen, weiser, geduldiger und selbstbewusster zu werden. Er führt uns zu erfüllenden Beziehungen und Freundschaften und zaubert warme Gedanken der Dankbarkeit und Freude in unser Herz. Jophiel möchte, dass wir gut für uns selbst sorgen und uns auf allen Ebenen unseres Daseins verschönern, Körper, Geist und Seele veredeln. Er bietet Beistand bei Depressionen und Gefühlen der Hoffnungslosigkeit und unterstützt die Menschen, sich von Süchten und Abhängigkeiten zu lösen.

Feng-Shui-Engel und Schutzpatron der Künstler

Als Engel der Schönheit versteht es sich fast von selbst, dass Jophiel als Schutzpatron der Künstler gilt. Er fördert die Kreativität, unterstützt bei ästhetischen Fragen und künstlerischen Projekten. Er hilft, Gerümpel und Unordnung zu beseitigen und eine wohltuende und angenehme Atmosphäre in unserem Zuhause und am Arbeitsplatz zu schaffen.

Bitten Sie Jophiel um mehr Schönheit in Ihrem Leben und Sie werden vielleicht auf die Idee kommen, unnütz gewordene Gegenstände zu verkaufen oder zu verschenken. Die amerikanische Autorin Doreen Virtue bezeichnet Jophiel liebevoll als Feng-Shui-Engel, angelehnt an die asiatische Kunst der optimalen Gestaltung eines Raumes. Denn Jophiel weiß, wie sehr ein positiv gestaltetes Umfeld auf unser körperliches, geistiges und seelisches Wohlbefinden wirkt.

Jophiel ist dem Solarplexus, dem Zentrum unserer Lebensenergie und Sitz unserer Autorität, zugeordnet. Wenn sich in diesem unserem dritten Chakra Blockaden angesammelt haben, leiden wir Menschen häufig unter Minderwertigkeitsgefühlen, Schüchternheit, Wut, Zorn und Hysterie oder auf körperlicher Ebene unter Erkrankungen der Galle und Leber, Diabetes oder Essstörungen. Bitten Sie Jophiel um Hilfe und er wird Sie bei Ihrer Heilung unterstützen. Denn wie jeder Erzengel strahlt Jophiel göttliches Licht und Liebe für jeden Menschen auf der Erde aus. Engel schauen nicht auf menschliche Fehler, sie sehen das Gute in uns allen und möchten uns unterstützen, im Einklang mit unserer wahren Natur zu leben, glücklich und zufrieden zu sein.

Achten Sie auf Ihre Intuition und Ihr Bauchgefühl

Vielleicht sind Sie unsicher, mit welchen Worten und in welcher Art und Weise Sie sich an Jophiel und andere Erzengel wenden sollen. Doch jede ehrlich gemeinte Formulierung reicht vollkommen aus, denn Engel brauchen unsere Erlaubnis, um helfen zu dürfen. Sie respektieren den freien Willen des Menschen und würden niemals von sich aus unterstützend eingreifen. Schieben Sie Ihre Bedenken beiseite und öffnen Sie sich für die Möglichkeit, dass die Erzengel an Ihrer Seite sind. Dabei spielt es keine Rolle, welcher Religion Sie angehören und an was Sie glauben. Seien Sie achtsam im Alltag, um die Botschaften Ihres Engels auch wahrnehmen zu können. Achten Sie auf Ihre Intuition, was sagt Ihr Bauchgefühl? Versuchen Sie, nichts zu erzwingen und lassen Sie den Dingen freien Lauf. Haben Sie keine Angst, Engel sind ein Geschenk Gottes und werden niemals etwas tun, was Ihnen schadet. Und vergessen Sie nicht, sich immer bei Ihrem Erzengel zu bedanken.

Herzlicht-Kerze „Erzengel Jophiel"

Die Jophiel-Kerzen werden aus 100% reinem Pflanzenwachs in liebevoller Handarbeit gegossen und mit dem Bild von Jophiel dekoriert.
Die kleine Kerze brennt ca. 60 Stunden, die große etwa 120 Stunden.

Erhältlich bei
www.wuwei-shop.de

Der Regenmacher

Christopher Schneider

In einem kleinen afrikanischen Dorf hatte es viele Jahre nicht geregnet und die Not war groß. Die Dorfältesten berieten und es wurde befunden, einen Regenmacher zu engagieren. Eine Gesandtschaft machte sich auf den Weg, um den Regenmacher um Hilfe zu bitten. Dieser willigte ein, jedoch nur unter der Bedingung, dass er abseits vom Dorf für drei Tage eine Hütte beziehen kann, nur für sich allein. Etwas verwundert willigte man ein. Als der Regenmacher nach einigen Wochen kam, waren die Dorfbewohner immer noch sehr verwundert, ließen ihn aber gewähren und so zog er sich in die besagte Hütte zurück. Nach drei Tagen fing es an in Strömen zu regnen. Ganz aufgeregt eilten die Dorfbewohner zum Regenmacher und fragten ihn, was er denn getan hätte. Er antwortete: „Drei Tage habe ich mich zurückgezogen, um in mir Ordnung zu schaffen. Wenn in mir Ordnung ist, ist in der Welt Ordnung – die Dürre kann dem Regen weichen."

Der Alte an der Brücke

Lena Lieblich

D er alte Mann an der Brücke sah ihn schon von weitem kommen. Gebeugt von der Last, die auf seinen Schultern ruht, steht er nun vor ihm. „Wenn du mit deiner schweren Last über diese schwache Brücke gehst, wird sie einbrechen und ihr stürzt in die Tiefe." Traurig geht der Gebeugte nachsinnend hin und her. Nach einer langen Zeit sagte er: „Meine Last ist meine Vergangenheit, die kann ich nicht ablegen. Ich will aber auf die schöne blühende Insel auf der anderen Seite der Brücke. Aber wie kann ich ohne Vergangenheit leben?" Der Alte schaut ihn aufmerksam an, schweigt aber wartend. Nach einiger Zeit fragt der Gebeugte verhalten: „Willst du mir meine Last abnehmen und aufbewahren?" „Nein, das hilft dir nicht weiter, schwer ist nicht deine Vergangenheit, sondern wie du damit umgehst", antwortet der Alte. Fragend blickt der Mann dem Alten in die Augen: „Wie soll ich das verstehen?" „Verzeihe, und zwar allen, die dir Unrecht zugefügt haben. Aber vor allem, verzeihe dir selbst, dann ist deine Last nur noch halb so groß."

Der Gebeugte setzt sich und denkt an all die Schmerzen, all das Unrecht, die Schmähungen und Schläge. Er spürt, dass nun durch die Anwesenheit des Alten sich tiefes Verzeihen einstellt. Lange sitzt er so. Hin und wieder läuft eine Träne über seine Wangen.

Fast wie von Zauberhand richtet sich sein Körper auf, er sitzt nun schon fast aufrecht, sein Blick sucht den Alten: „Wie kann ich die zweite Hälfte meiner Last auflösen?" „Nun musst du alle um Verzeihung bitten, denen du Unrecht getan hast. Das Geheimnis ist, dass du nun weißt, dass auch sie dir alle verzeihen werden, so wie du verziehen hast."

Es dauert dieses Mal nur einige Sekunden, dann blitzt in seinen Augen Freude auf. Er springt auf und geht leichtfüßig voll Vertrauen über die Brücke.

Foto: © Chris Singshinsuk / Shutterstock

Die Urteilchen Homöopathie

aus der Geistigen Welt ins Materielle

Richard Weigerstorfer

G erne möchte ich mit Ihnen mein kleines Geheimnis teilen. Manchmal kann ich Natur- und Engelwesen sehen und nahezu immer mit ihnen reden.

Als kleiner Bub war ich oft bei meiner Oma. Nachmittags kamen immer Besucherinnen, die sich von ihr die Karten legen ließen. Ich durfte dabei bleiben und wunderte mich, dass meine Oma immer erzählte „vom grünen Weg, über den das Glück ins Haus kommt". Ich sah immer einen schönen Engel, der ein kleines Kind in den Armen hielt und sich zu der Besucherin hinneigte. Für mich war es lustig, wenn die Oma solche Dinge aus den Karten las, anstatt zu sagen: „der Kinderengel ist da".

Als ich das erste Mal mit der Homöopathie konfrontiert wurde und das Verfahren begriff, mit dem die Information aus den Substanzen gelöst wird, hatte ich ein komisches Gefühl. Es war für mich so, als würde man dem Pflanzenwesen heimlich etwas stehlen. Ich nehme ein Blatt, einen Samen oder eine Wurzel und verdünne das Ganze, bis ich einen feinstofflichen Teil davon habe. Auch kam mir die Stelle aus dem Neuen Testament in den Sinn, wo eine

Frau Christus berührte, um etwas von seiner Energie zu erhaschen. Er fragte daraufhin: „Wer hat mich berührt?" Ich verstand diese Frage immer so, dass es nicht in Ordnung sei, ihn einfach in dieser Absicht zu berühren.

Die klassische Herstellung von homöopathischen Mitteln macht für mich das gleiche mit den Pflanzenwesen. Diese helfen natürlich gerne und lassen alles zu, wir dürfen es so machen, aber ist es wirklich der höflichste Weg? Ich habe mich über dieses Thema mit dem wunderschönen „Belladonna-Deva" unterhalten. Er meinte, dass es natürlich schön wäre, wenn die Menschen direkt zu den Pflanzen kommen und um Energie bitten würden. Wir könnten noch viel segensreicher in Sachen Heilung zusammenarbeiten.

Im Laufe der Zeit habe ich zu vielen verschiedenen Devas Verbindung aufgenommen und etliche Devas unterstützen mich ständig bei meiner Arbeit. So ist Turlin, der Deva des schwarzen Turmalins, bei der Generierung der Urteilchenenergie hilfreich tätig und das Schneckenwesen, das mit seinen Schalen den Jura mit aufgebaut hat, ist auch mit verantwortlich für den Calciumstoffwechsel im menschlichen

Früchte der Belladonna

Körper. Würden wir nicht diese Unterstützung bekommen, könnte unser Körper nicht bestehen.

Als ich das erste Mal wahrnehmen konnte, wie selbst unser Körper mit der ganzen Schöpfung verwoben ist, wuchs meine Achtung und Demut gegenüber Gottes Werk noch viel mehr. Sie denken vielleicht, was habe ich zum Beispiel mit einem Frosch schon gemeinsam? Ich kann Ihnen sagen, dass unsere embryonale Entwicklung ohne die wohlwollende Energie der Amphibien-Devas nicht möglich wäre.

Und nun möchte ich Ihnen verraten, was meine Urteilchen-Homöopathie ist. Stellen Sie mit dem Urteilchen-Strahler durch Zuruf ein Mittel her, sagen wir Belladonna D12, so geht der Impuls direkt zum Deva der Belladonna-Pflanze und dieser generiert uns genau die Potenz und Wirkung, die wir von Belladonna D12 erwarten und kennen.

Allein durch Zuruf können Informationen mit dem Urteilchen-Strahler übertragen werden.

Bei der Urteilchen-Homöopathie ist der Weg genau umgekehrt

Klassisch arbeitet man sich von unten in kleinen Schritten aus der Materie ins Geistige. Bei meiner Methode kommt das Mittel aus dem Geistigen und verdichtet sich für uns in der gewünschten Potenz. Es gibt viele Menschen, darunter Rutengeher, Heilpraktiker und Pendler, die meine Urteilchen-Mittel getestet haben, und nun auf sie schwören. Der zweite Weg geht über den Algorithmus vom Urteilchen Ratenprogramm, der ebenfalls mit den Devas zusammenwirkt.

Es gibt aber noch eine Besonderheit, die ich bisher noch nicht so öffentlich gemacht habe, um die klassischen Homöopathen nicht vor den Kopf zu stoßen. Es sind die interaktiven Mittel. So habe ich mit dem Deva der Belladonna-Pflanze vereinbart, dass wir Mittel herstellen können, bei dem er, der Deva, direkt in Resonanz mit dem Patienten geht, schaut was er braucht und ihn genau mit der richtigen Energie versorgt. Dabei spielt die Potenz keine Rolle. Nimmt der Patient das Mittel erneut, so findet der gleiche Vorgang wieder statt. Der Deva geht wieder in Resonanz mit der Person und schaut, was er braucht. Der Patient hat sich inzwischen verändert und er benötigt eine neue Energie-Facette von

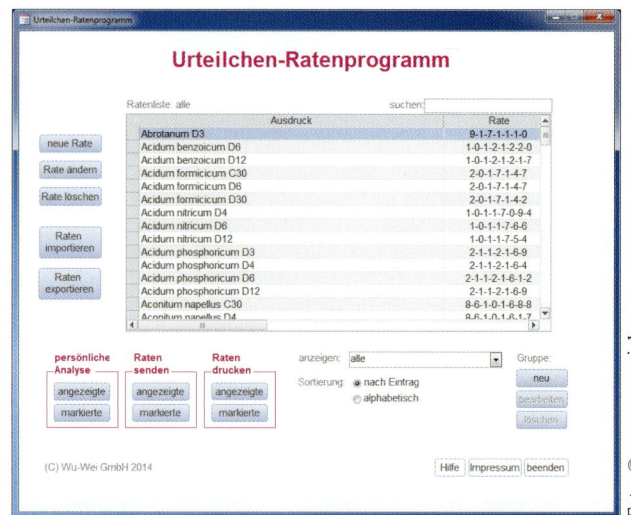

Die Oberfläche des Ratenprogramms ist klar und einfach strukturiert.

Belladonna. Diese bekommt er dann. Auch wenn die Globuli die gleichen sind, wirken sie nun etwas anders. Diese Anpassungsfähigkeit nenne ich „interaktiv wirken". Übrigens, es machen alle Devas bei der interaktiven Arbeit mit.

Ich drucke hier ein paar interaktive Raten ab, dann können Sie ein wenig damit arbeiten und testen.

Mittel interaktiv	Rate
Aconitum Devaenergie interaktiv	1-9-8-0-6-1-3
Belladonna Devaenergie interaktiv	1-0-1-4-1-6-1-2
Causticum Devaenergie interaktiv	3-2-0-2-1-1-2-4
Chamomilla Devaenergie interaktiv	5-2-0-2-8-4-4
Lachesis Devaenergie interaktiv	6-1-7-1-6-2-0-6
Opium Devaenergie interaktiv	5-5-3-1-1-8-1-3
Rhus toxicodendron Devaenergie interaktiv	6-0-1-5-1-1-1

Mit dem Ratenprogramm können Sie schnell homöopathische Globuli selbst herstellen.

Die Raten der Mittel wurden mit dem Urteilchen Ratenprogramm errechnet.

So einfach, so genial!

Affirmation „Ich bin dankbar"

Elisabeth Engelstädter

Wenn alles zu viel erscheint, unruhig ist und die Wellen meiner Gedanken sich nur schwer oder gar nicht glätten lassen, so habe ich immer einen genialen Trick auf Lager. Ich steige einfach aus. Im Keller zieh ich mir schnell ein paar gemütliche Joggingklamotten an, nehme unseren Golden Retriever Felix an die Leine, der jetzt sowieso schon weiß, was kommt, und raus gehts: danke sagen. Mit dem ersten Schritt, den ich vor die Haustüre setze, fange ich an: „Danke, für meine Kleidung, die ich in Hülle und Fülle besitze, und egal welches Wetter, es ist immer alles da, was ich brauche." Wieder strömen mir nervige Wortfetzen wie „… alles grad ein bisschen viel, fühle mich müde…" durch den Kopf, aber ich bleibe fokussiert. „Danke für mein wunderschönes zu Hause, wo ich und meine Familie Platz haben, es so gemütlich ist, im Winter warm und es sich so nach zu Hause anfühlt." Langsam, mit jedem Schritt, den ich laufe, verblassen meine scheinbar so wichtigen Dinge, die mir gerade noch fast Kopfschmerzen bereitet haben. Ich sehe die Wiesen und Felder, an denen ich entlang laufe. „Danke, dass meine Kinder gesund sind, danke, dass ich Füße zum Laufen habe,

die mich tragen, so wie jetzt und ich die Welt und das Leben so herrlich genießen darf, danke, dass ich mein Leben gestalten kann, wie ich es möchte und Menschen um mich habe, mit denen ich meine innersten Gefühle teilen kann, danke, dass ich immer genug zu essen habe…" … und so fließt sie, die unendliche Dankbarkeit. Sie fließt in all meine Zellen und informiert alles neu. Dort, wo es vorher die Unruhe gab, die Verwirrung und Unsicherheit, da bildet sich Glückseligkeit, Geborgenheit und Liebe zum Leben, denn die pure Dankbarkeit bringt so einiges mit sich. Und jetzt sehe ich sie: die wundervolle Erde, auf der ich lebe. Mein Hund springt in eine Pfütze und Bienen fliegen aufgescheucht von ihrer Blüte weg, der Wind streicht mir sanft über die Haut, ich atme tief ein und spüre das Leben in mir pulsieren. Ich lache. Tränen der Dankbarkeit fließen…

Ich liebe es, dieses einfache, geniale Mittel des „Meditativen Joggen", wie ich es nenne, anzuwenden, um mich wieder in meine Mitte zu bewegen. Und alles, was es dazu braucht: den Fokus auf die Dankbarkeit, denn sie ist es, die aus einer grauen, scheinbar grauen Welt, wieder eine bunte Blumenwiese machen kann.

Mein Kraftort

Richard Weigerstorfer

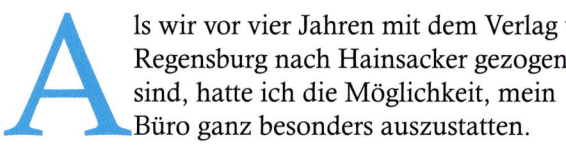

Als wir vor vier Jahren mit dem Verlag von Regensburg nach Hainsacker gezogen sind, hatte ich die Möglichkeit, mein Büro ganz besonders auszustatten.

Die Wände umgeben einen Raum und eignen sich hervorragend, im Inneren eine ganz bestimmte Energie zu erzeugen. Vor meinem geistigen Auge habe ich mich immer in einer wunderbaren Kristallhöhle gesehen, doch wie sollte ich das umsetzen? Wir haben zwar tausende von Kristallen im Lager, aber diese an die Wände kleben?

Als ich schließlich unseren Microkristall gebrannt habe, ergab sich die Lösung wie von selbst. Der Microkristall ist ein auf 20 µ gemahlener Bergkristall, also ein ganz feiner Puder. Bereits ein erbsengroßes Stück enthält einige hunderttausend Kristallteilchen. Beim Brennvorgang bei 834 Grad, verwandelt sich der Quarz von Alphaquarz in Betaquarz, wenn er abkühlt, wird er wieder zum Alphaquarz. Dabei geschieht aber etwas Besonderes: Vor dem Brennen ist jedes winzige Teilchen ein Stück von einem größeren Kristall, nach dem Brennen ist jedes Teilchen ein eigenständiger Kristall, der ganz rein und kraftvoll ist. Ich bereitete mir eine lange Liste von Eigenschaften vor, die ich von diesen Kristallen ausgestrahlt haben wollte. Da waren zum Beispiel Schutz vor negativen äußeren Einflüssen, Konzentration, heiliger Raum, liebevoll genährte Energie und so weiter.

Die neuen Kristallgitter bilden sich während des Abkühlens. Ich richtete also meinen Urteilchen-Strahler auf das rot glühende Kristallpulver und prägte alle Eigenschaften dauerhaft in das abkühlende Kristallmehl. Derart präpariertes Kristallpulver lässt sich nicht verändern, es sei denn, es wird wieder auf weit über 700 Grad erhitzt.
Der nächste Schritt war, dieses Pulver in die Wandfarbe zu rühren. Wird die Wandfarbe aufgebracht, sind die kleinen Kristalle in der Farbe gleichmäßig verteilt. Die Wirkung ist enorm und die meisten Besucher in meinem Büro nehmen die besondere Energie deutlich wahr.

Aristoteles stellte seinerzeit schon die These auf:

„Zunächst erschafft der Mensch den Raum und dann erschafft der Raum den Menschen."

Jeder kann das sehr schnell nachprüfen. Eine leere Wohnung wirkt vor dem Bezug anders als später, wenn bereits Möbel aufgestellt und Gardinen und Bilder hängen. Ist man recht aufgeregt oder erschöpft und betritt die Wohnung, dann wirkt diese auf uns.

Zwei Jahre keine Bilder, keine Ordner, keine Prospekte, ...

Da ich um diese Wirkung wusste, habe ich zwei Jahre lang keine Bilder aufgehängt, weil ich mich nicht entscheiden konnte, was ich wirklich auf mich wirken lassen will. Erst als ich ein Bild von Elisabeth Engelstädter gesehen habe, war mir klar, das muss in mein Büro. Ich wache sehr darüber, dass sich nichts anhäuft, das nicht hergehört. Fühle ich mich nicht so wohl, steht bestimmt etwas im Raum, das nicht reingehört. Entferne ich die Dinge, kehrt die gewünschte klare, kraftvolle Energie wieder zurück.

Ein Freund bat mich einmal, sein Wohnzimmer in einen Kraftort zu verwandeln. Nach und nach entfernten wir alles, was nicht zu ihm und zum Raum gehörte und mit jedem störenden Teil wuchs die Kraft an. Als wir fertig waren, bedurfte es nur noch ganz weniger Dinge, um einen wirklich geschützten Kraftort daraus zu machen.
Meine Empfehlung: Spielen Sie bei sich zu Hause auch ein wenig mit der Einrichtung. Achten Sie besonders auf alte Möbelstücke, wenn sie geerbt sind. Finden Sie Teile, die stören, dann trennen Sie sich davon, oder wenn das nicht geht, entstören Sie alles. Ein besonderes Augenmerk dürfen Sie dabei auf Bücher legen, die bei mir generell nichts in der Wohnung zu suchen haben, abgesehen von denen, die ich im Augenblick lese. Dass ich mir meinen Kraftort noch mit dem Urteilchen-Strahler passend gemacht und jedes Teil mit einer bestimmten Funktion aufgeladen habe, das haben Sie bestimmt vermutet.

Wir können jeden Ort zu einem Kraftort für uns verwandeln. Am einfachsten ist es, ein leeres Zimmer auszumalen und nur das mit reinzunehmen, was ihre Kraft aufbaut. Laden Sie alle guten Engel, Christus und Maria ein und schon werden Sie merken: Hier bin ich gerne, hier lasse ich los, hier werde ich gesund, das muss mein Kraftplatz sein.

Dein innerer Kraftort
Der Garten Tiki Waena

Karin Gassner

Das hawaiische Wort „Waena" bedeutet übersetzt „der Garten" oder „deine Mitte". Dein innerer Kraftort, dein innerer Garten, ist ein Ort der Selbstfindung. Der Garten Tiki bietet dir eine Möglichkeit, dein Denken und Fühlen nach einem bestimmten Muster neu zu ordnen. Hier kannst du neue Einsichten und Überzeugungen anlegen sowie alte loslassen und wandeln. So, als ob du dein Inneres von altem Unkraut befreist. Du findest dort Ruhe, Erkenntnis und Einsicht. Dein innerer Garten dient dir als Ort der Wandlung, zum Kraft tanken und um Innenschau zu halten.

Du erschaffst den Garten in deinem Inneren und hast Helfer an deiner Seite, die unter deiner Leitung arbeiten. Es sind Aspekte deines Selbst in Form von Dienern, Elfen, Feen, Naturgeistern. Auch ein Gärtner sollte vertreten sein, der dir mit Rat und Werkzeugen zur Seite steht, zudem verschiedene Utensilien, die du benötigst. Im Grunde kannst du alles erschaffen, was du dir wünschst, und jederzeit neu gestalten. Eine Wasserquelle, wie zum Beispiel ein Wasserfall, Brunnen, Bach, See sollte in jeden Fall vorhanden sein, um dich zu reinigen, zu klären, sowie Pflanzen, Sträucher, Bäume, Früchte, heilsame Kräuter, Tiere sowie ein Haus oder ein innerer Palast.

Eine Veränderung des Gartens verändert auch dich sowie dein Umfeld und somit dein „Er- Leben". Du kannst in deinen Garten Menschen einladen, um dort Gespräche zu führen oder Dinge zu klären. Selbst verstorbene Familienangehörige, mit denen du noch etwas klären möchtest, sind hier willkommen. Es gibt hier keine Trennung. Hier in deinem Garten bist du mit allem verbunden. Es geht darum, deinen Garten als einen Ort der Harmonie zu gestalten. Er ist ein Hort des Rückzugs, an dem du mit dir, deinem Umfeld und Leben, in Klarheit und Frieden kommst. Er dient dir dazu, bewusst zu erschaffen, aufzutanken und Situationen zu klären, die dich beschäftigen. Du kannst hier Ideen sammeln, deine Kreativität ausbauen und deine Welt erschaffen, wie du sie dir wünschst.

Nach einiger Zeit wirst du diese innere, tiefe, klärende Arbeit mit dir selbst nicht mehr missen wollen. Denn, wie innen so außen. Bist du in deinem Inneren in Harmonie, zeigt sich in Deinem Außen ebenso Harmonie. Bist du krank, kannst du in deinem Garten die Pflanzenhelfer oder Wesenheiten fragen, welche Pflanzen dich unterstützen können. Du kannst unendlich vieles in deinem inneren Garten erschaffen, lernen, klären. Er verbindet dich mit der unendlichen Weisheit deines Seins. Der Garten Tiki ist ein Geschenk, das du dir selbst machst, er ist dein Platz des Geschehens, dein Platz der Veränderung, dein Platz des Wandels. Ich selbst finde es die schönste, farbenfrohste und heilsamste Arbeit mit sich selbst. Wie ein innerer Ruheplatz, an dem alles möglich ist. Wenn du beginnst, mit dem Garten zu arbeiten, förderst du nicht nur deine Harmonie, sondern schärfst damit deinen innerer Blickwinkel, trainierst deine Wahrnehmung, deine Sinne und Kreativität. Der Glaube in deine Wahrheit kehrt immer mehr vom Außen in dein inneres Wissen zurück, das dich verbindet mit dem universellen Wissen deines Seins.

Tiki Waena ist eine uralte Methode der Kahunas, die der Rückkehr in deine innere Weisheit dient. Es gibt nur einen Ort, an dem du immer und überall Kraft tanken und inne halten kannst, an dem du jederzeit überdenken kannst, ob dies oder jenes dein Weg, deine Wahrheit, ist. Das ist deine innere Mitte, dein Kraftzentrum, dein Garten Tiki. Lass die Suche im Außen hinter dir und erschaffe immer mehr bewusst aus deinem Inneren. Kehre zurück in deine Wahrheit und gestalte deine innere Welt so schön, dass sie dich im Herzen tief berührt. Genau das wird sich in deinem Leben immer mehr spiegeln und auch andere berühren.

Je mehr Menschen beginnen sich selbst in Harmonie und Frieden zu erschaffen, aus sich Kraft zu tanken und sich aufzuladen, umso mehr wird unsere Welt ein wundervoller Garten werden. Ein Garten der Harmonie und des Friedens, ein Garten Tiki.

Karin Gassner
Praxis für hawaiianische Körperarbeit

Tel.: 0941 63 07 493
Web: www.harmonie-elements.de

Foto: © shutterstock /2009fotofriends

Rumi
der mystische Poet

Bettina Maier

Für viele Menschen ist Rumi der größte mystische Poet aller Zeiten. Er wurde am 30. September 1207 im damaligen Persien geboren und starb am 17. Dezember 1273 in Konya in der heutigen Türkei. Als er im Alter von zwölf Jahren mit seiner Familie vor den Mongolen flüchten musste, wurde er auf der langen Reise von den besten islamischen Gelehrten unterrichtet. In den folgenden Jahren war Rumi als äußerst beliebter Lehrer tätig und begegnete im Jahr 1244 dem Wanderderwisch Shams, der sein geistiger Lehrer und Freund wurde. Nach dessen Tod verarbeitete Rumi seine große Trauer damit,

Verse für den Freund zu verfassen, die er sogar mit seinem Namen, mit Shams, unterzeichnete. Nach alten Überlieferungen soll Rumi damit die Illusion von Trennung und Tod überwunden und fortan in großer Freude gelebt haben. Er schrieb tausende von Gedichten und Geschichten, die bis heute zu den bedeutendsten Werken der Weltliteratur zählen. Seine Poesie wird von vielen Menschen für ihre Schönheit geschätzt. Weit über sein Werk hinaus gilt Rumi auch heute noch als Heiliger. Auf seinem Grab in Konya, einer internationalen Pilgerstätte, stehen folgende Worte:

**Komm, komm, wer immer du bist!
Komm, auch wenn du tausendmal deine Versprechen gebrochen hast!
Komm, komm, ob du Jude, Christ oder Moslem bist. Komm!**

Wir haben für unsere Leser einige besonders schöne Rumi-Zitate ausgewählt und wünschen damit viel Freude und Inspiration.

Jenseits von richtig und falsch
gibt es einen Ort.
Hier können wir einander begegnen.

Es ist dein Weg. Manche können ihn mit
dir gehen, aber keiner kann ihn
für dich gehen.

Sobald wir uns auf den Weg begeben,
erscheint der Weg.

Das Licht, das in den Augen leuchtet, ist tatsächlich das Licht des Herzens.

Nur wenn der Mensch des Äußeren
beraubt wird wie Winter, besteht
Hoffnung, dass sich ein neuer
Frühling in ihm entwickelt.

Binde zwei Vögel zusammen,
sie werden nicht fliegen können,
obwohl sie nun vier Flügel haben.

Ich bin so nah und erscheine so fern.
So vollständig vereint mit dir und erscheine getrennt.
So offen und frei und erscheine versteckt.
So still, denn ich bin fortwährend im Gespräch mit dir.

Der niederen Seele, die sich darauf
beschränkt, den Garten zu bewun-
dern, bleibt das Gesicht des Gärt-
ners vorenthalten.

Deine Aufgabe ist nicht die Liebe zu suchen,
sondern lediglich all die Hindernisse
in dir zu suchen und zu finden,
die du dagegen aufgebaut hast.

Mit diesen Zitaten starten wir eine Rumi-Reihe im Herzgefühl. In den kommenden Ausgaben möchten wir Ihnen den mystischen Poeten und sein Werk, seine Aphorismen und Gedichte näher vorstellen. Haben Sie viel Freude damit!

Urteilchen-Transmitter
Burnout

Richard Weigerstorfer

Burnout ist keine reine „Managerkrankheit". Besonders häufig betroffen sind Menschen in pflegenden Berufen sowie Lehrer, Sportler und vor allen Dingen pflegende Angehörige, die sich über Jahre hinweg aufopfern. Auch Personen, die einen Beruf ausüben, der nicht ihrer Berufung entspricht, leiden unter Burnout. Handwerker, die ihren Beruf lieben, sind so gut wie nie betroffen. Die Persönlichkeit der Betroffenen weist oftmals folgende Eigenschaften auf: Perfektionismus, Ehrgeiz, Helfersyndrom, nicht „Nein" sagen können und mangelnde Stressbewältigungs-Strategien.

Der Transmitter setzt vor allen Dingen auch da an, wo krankmachende Eigenschaften bestehen, wie z. B. „ich muss nicht perfekt sein, um geliebt zu werden" oder „ich werde auch noch geliebt, wenn ich Nein sage".

Dr. med. Vinzenz Mansmann hat zwölf Burnout-Phasen beschrieben: Für jeden der zwölf Punkte haben wir ein umfangreiches Ratenpaket ausgearbeitet, das interaktiv wirkt. Es greifen also immer nur die Raten, die je nach Fortschritt wichtig sind.

1. Phase	2. Phase	3. Phase
Drang nach Anerkennung und übertriebener Ehrgeiz	Übertriebene Leistungsbereitschaft	Ausblenden eigener Bedürfnisse
Der Betroffene erfüllt seine Aufgaben mit großer Begeisterung. Allerdings überfordert er sich oftmals dabei und setzt sich zu hohe Ziele.	Um den eigenen Ansprüchen zu genügen, wird noch mehr Energie aufgebracht und alles dafür getan, den Ansprüchen doch gerecht zu werden. Das Gefühl, unersetzbar zu sein, steigt. Deshalb werden kaum Aufgaben abgegeben und Arbeitsentlastung findet nicht statt.	In dieser Phase tritt das Verlangen nach Ruhe, Schlaf und Regeneration immer weiter in den Hintergrund. Häufig nimmt der Konsum von Alkohol, Nikotin und Kaffee zu.
4. Phase	5. Phase	6. Phase
Ausblenden von Warnsignalen und Überforderung	Verzerrte Wahrnehmung der Realität	Ausblenden von ersten Beschwerden
Um weiterhin leistungsstark zu funktionieren, blendet der Betroffene alle Warnsignale und Anzeichen des eigenen Körpers aus. Unzuverlässigkeit und Fehler häufen sich im Arbeitsalltag.	Alte Grundsätze verlieren an Wert. Freundschaften und berufliche Kontakte, die vorher eher Entlastung und Unterstützung waren, werden nunmehr als Belastung empfunden. Die Wahrnehmung wird reduziert auf ein Minimum. Probleme in der eigenen Beziehung treten auf.	Probleme häufen sich im Leben des Betroffenen und auch körperliche Beschwerden, wie Müdigkeit, Kopfschmerzen und Angst setzen ein. Jedoch werden diese Probleme ignoriert und ihnen wird kaum Beachtung geschenkt.
7. Phase	8. Phase	9. Phase
Rückzugsphase	Beratungsresistenz baut sich auf	Entfremdung
Hoffnungslosigkeit breitet sich aus und verdrängt alle positiven Gefühle. Alkohol und Medikamente dienen häufig zur Ablenkung. Das soziale Umfeld wird als Bedrohung angesehen und als überfordernd empfunden.	Der Betroffene wird unflexibel im Denken und schränkt sich immer mehr ein, was sein eigenes Verhalten anbelangt. Kritik wird komplett zurückgewiesen und als Angriff auf die eigene Persönlichkeit empfunden. Er zieht sich immer weiter zurück.	In dieser Phase fühlt der Betroffene sich selbst gegenüber fremd. Es kommt ihm vor, als würde er nur noch automatisch wie ein Roboter funktionieren, ohne freien Willen.
10. Phase	11. Phase	12. Phase
Innere Leere	Auftretende Depressionen	Totale Erschöpfung
Mutlos und erschöpft bezwingt der Betroffene seinen Alltag. Angst und Panikattacken verfolgen ihn. Mitunter versucht er, seine Probleme mit Kauftouren und Fressorgien zu bewältigen.	Dauerhafte Verzweiflung und Niedergeschlagenheit stellen sich ein. Andere Erkrankungen, wie beispielsweise Magersucht, können auftreten.	Die andauernde geistige und körperliche Müdigkeit lähmt und beeinflusst das gesamte Leben: das Immunsystem ist geschwächt, die Gefahr von Herz-Kreislauf-Erkrankungen und Magen-Darm-Leiden steigt erheblich. Die Suizidgefahr ist in diesem Stadium am höchsten.

Der Körper ist nicht perfekt versorgt

Mineralstoffmangel, fehlende Vitamine und zu wenig Spurenelemente können Burnout auslösen. Das habe ich am eigenen Körper erfahren. Bewusst wurde es mir erst, als ich mir einen umfangreichen Informationscocktail zusammengestellt und regelmäßig auf Wasser eingestrahlt habe, das ich über einen längeren Zeitraum getrunken habe. Mir ging es immer besser, ich war ausgeschlafen, wollte wieder gerne arbeiten und war viel leistungsfähiger. All die Informationsraten für einen optimal versorgten Körper wurden bei der Transmitterherstellung berücksichtigt.

Seelische Aspekte

Bei Burnout vernachlässigen wir unsere seelischen Bedürfnisse sehr stark. Aber gerade die sind es, die uns zur Heilung führen können. Wollten Sie schon immer mal Bilder malen, singen oder einfach nur in der Natur sein und beobachten - haben nie Zeit dafür gefunden? Der Transmitter kann unsere innere Bedürfniswelt öffnen und uns den Mut geben, es auch umzusetzen. Er hat das Potenzial, uns zurückzuführen zu unserer wahren Bestimmung, zu unserer Gottkindschaft.

Foto: © ventdusud / Shutterstock

Foto: © www.wu-wei.de

Der Transmitter ist mit einer speziellen Mineralmischung gefüllt. Diese ist mit dem Ratenpaket der zwölf Burnout-Phasen informiert. Er arbeitet interaktiv.

Erhältlich bei www.wu-wei.de

Schutz und Hilfe gegen Chemtrails

Peter Walla

Seit vielen Jahren werden wir mit chemischen Feinstäuben besprüht. Mensch, Tier und Umwelt sind toxischen Substanzen wie Aluminium, Barium und Strontium permanent ausgesetzt. Chemische Analysen von Regen und Schnee können dies belegen.

Beobachten Sie den Himmel und die Flugzeuge ab und an, so werden Sie feststellen, dass ein Kondensstreifen schon nach wenigen Minuten verschwindet, denn er besteht aus Wasser. Ein Chemtrail sieht zwar aus wie ein Kondensstreifen, aber anstatt sich aufzulösen, breitet sich dieser aus, bis zu sechs Stunden und länger.

Die Firma Wu-Wei Auslieferung GmbH hat einen Transmitter entwickelt, der die schädlichen Einflüsse von Chemtrails aufhebt.

Es können auch Tiere und unsere Nahrungsmittel damit bestrahlt werden. Gehen Sie außer Haus, ist es ratsam, den Transmitter am Körper, z. B. im Köcher, zu tragen.

Foto: © www.wu-wei.de

Erhältlich bei
www.wu-wei.de

Foto: © Ryan Fletcher / Shutterstock

Frei von Glyphosat

Richard Weigerstorfer

"fast jeder Deutsche ist mit Glyphosat belastet",

heißt die Überschrift eines sehr gut recherchierten Artikels vom 03.04.2016, der im Handelsblatt zu lesen ist.

Einen Transmitter für Glyphosat herzustellen, war eine gewisse Herausforderung, denn die schädlichen Wirkungen sind so umfangreich, dass es schier unmöglich ist, für jedes Symptom einen Ratenkomplex auszuarbeiten.

Foto: © www.wu-wei.de

Glyphosat zerstört die Mikroben im Ackerboden und im Darm des Menschen. Es hemmt das Cytochrom P450 (CYP-Enzyme). Diese Enzyme spielen in der Biologie der menschlichen Darmbakterien eine wichtige Rolle, sie entgiften sogenannte Xenobiotika. Dadurch, dass Glyphosat diese Entgiftung im Darm beeinträchtigt, verstärkt es die Wirkung anderer Umwelttoxine und Chemikalien im Körper, so dass sie das Immunsystem angreifen können. Dies wiederrum verursacht eine Entzündung sowie Schädigung der Zellen. Gefährliche Substanzen können ins Blut gelangen, wo sie praktisch jedes Organ schädigen und sogar die Blut-Hirn-Schranke überwinden können.

Wir haben erst einmal den Weg gewählt, die Schwingung des Glyphosat zu invertieren. Mit dieser Gegenschwingung lässt sich die Wirkung zwar nicht löschen, aber in der energetischen Auswirkung auf Null setzen. Damit ist die Einflussnahme auf unser Biosystem ausgeschaltet.

Der nächste Schritt bestand darin, dem Körper ein Programm zu schreiben, mit dem er Glyphosat erkennen und schnellstmöglich wieder ausscheiden kann.

Im dritten Schritt werden alle körperlichen, emotionalen und geistigen Veränderungen durch Glyphosat gelöscht. Besonders die feinstofflichen Wirkungen von Glyphosat im Körper wurden noch nirgends beschrieben. Ich habe herausgefunden, dass es die spirituelle Öffnung erschwert.

Dieser Transmitter ist so wichtig und sollte von jedem Menschen verwendet werden, darum haben wir den Preis so gering wie möglich angesetzt. Sinnvoll ist es, den Transmitter am Körper zu tragen oder über ein Foto einzustrahlen.

Vergebungsritual für die Erde

Bürgerinitiative setzt im Kampf gegen Windpark auf Ho'oponopono und Erdheilungsscheiben

Ein Bericht von Renate Schneider

Im September 2013 erfuhren wir, dass inmitten eines großen zusammenhängenden Waldgebietes, direkt vor unserer Haustür, ein Windpark mit zehn Anlagen gebaut werden sollte. Die Entfernung zu unserem acht Häuser zählenden Ort betrug 500 Meter, die Anlagenhöhe 200 Meter. Es traf uns wie ein Schlag ins Gesicht. Der kleine Ort Sohl, ein Stadtteil von Bad Laasphe im westfälischen Kreis Siegen-Wittgenstein, formierte sich zur Bürgerinitiative Wegas. Wir

konnten zwei Standorte die uns am nächsten waren, und einen weiteren Standort, der nur 250 Meter von einer Quelle (Ilsequelle) entfernt lag, wegdiskutieren. Die Quelle wird seit hunderten von Jahren wegen ihres rechtsdrehenden Wassers verehrt.

Sieben Baustellen wurden angefangen, Rodungen im Natur- und Landschaftsschutzgebiet begannen noch vor Erteilung der Genehmigungen. Die recht-

lichen Möglichkeiten waren schnell ausgeschöpft. Die Bagger rollten an. Irgendwann im Sommer 2014 fanden wir uns dann mit neun Leuten zusammen und kamen zu dem Ergebnis, dass nur noch die energetische Ebene helfen könnte. Wenn die Menschen Liebe für diese Landschaft hätten, wäre das alles nicht möglich. Also war die Idee, Liebe in den Wald geben, Liebe in die Natur geben. Alles ist mit allem verbunden, daher war uns klar, auch wir hatten unseren Anteil daran. Wir wollten uns bei der Natur dafür entschuldigen. Es wurde die Idee geboren, an einem besonderen Ort in der Nähe der Quelle, das hawaiianische Vergebungsritual Ho´oponopono durchzuführen. Wir trafen uns dort in unregelmäßigen Abständen, meist spontan, so wie es die Termine möglich machten. Es reihten sich dann einige Umstände aneinander: der Investor ging pleite, die Baufirma verlegte falsch, der Winter kam, die Bautätigkeit musste ruhen. Wir fanden einen Verein, der für uns Widerspruch einlegte (als Privatperson kann man keine naturschutzrechtlichen Dinge geltend machen) und er fand bei den Richtern Gehör mit der Begründung „dass hier ein nicht wieder gut zu machender Schaden an der Landschaft geschieht" – ein Grund, der sonst immer sofort vom Tisch gewischt wurde.

Ich schrieb einen Leserbrief in der Zeitung, in dem ich Sätze des Ho'oponopono verarbeitete, malte Schilder in der Größe A4 und hängte sie am Wegesrand der Wanderwege auf. Meine Idee war: je mehr Menschen diese Worte lesen, auch wenn sie nicht bewusst wissen, was das ist, umso größer ist der Wirkungskreis. Im Sommer 2014 habe ich erstmals mit einer Freundin die Erdheilungsscheiben an den Baustellen im Wald verteilt und an dem besonderen Ort, wo wir uns mittlerweile fast regelmäßig für Ho`oponopono treffen. Inzwischen verbinden wir das mit Vollmondtagen oder einem Jahreskreisfest, es ist ein Kraftort geworden.

Im April 2016 wurden die Drahtgestelle in den Baugruben wieder abgebaut – natürlich mit der Begründung, dass es hier demnächst weitergeht, man dann aber eine andere Anlage baut – andere Fundamente benötigt. Der Abbau dieser Bewehrung hat mich und Klaus, ein guter Freund und Mitstreiter auf energetischer Ebene, dazu veranlasst, erneut eine „Pilgertour" durch den Wald zu unternehmen, mit zehn Erdheilungsscheiben und einigen Liebesschutzsiegeln im Gepäck. Als wir bei der vierten Baustelle ankamen und die Scheibe in den Boden gaben, spürte ich, dass die Scheiben sich aneinander anbanden, ähnlich einem durch

Laserstrahl gesicherten Raum. Ich spürte, wie sie sich mit den anderen Scheiben vernetzten. Je weiter wir kamen, umso mehr konnte ich das spüren und das Netz vor meinem inneren Auge sehen.

An der letzten Baustelle angekommen, sahen wir unten blutrote Pfützen stehen. Die rein logische Begründung ist sicher, dass dort einige Drähte, die beim Abbau liegen gelassen wurden, eine besondere Legierung haben, was zu dieser Farbe führte. Meine Wahrnehmung hierfür war jedoch auch die enorme Verletzung der Natur (Sprengungen am Felsen).

Klaus kletterte nun auch hier an den Fuß der Baugrube, ich blieb bei meinen Pferden – mit denen wir die Tour unternommen hatten. Als hier nun die Scheibe an den Boden kam, schienen sich irgendwelche Schranken zu öffnen und ich spürte, wie die Naturwesen und andere Geistwesen jubelnd über den Weg kamen. Sie schienen nur darauf gewartet zu haben. Mein Verstand meldete mir: „das bildest du dir alles nur ein", doch auch meine beiden Pferde stellten sich auf einmal rechts und links von mir, mit dem Hinterteil zueinander. Das machen Pferde nur, wenn sie sichern, sich gegenseitig den Rücken schützen. Da war mir klar, auch

sie bekommen mit, was hier los ist. Als Klaus dann aus der Baugrube auftauchte, sagte er: „Mann, hier ist was los, die feiern rund um uns herum. Spürst Du das auch?"

Direkt am nächsten Abend haben wir den Vollmond und Sonnenwend genutzt und wieder eine Ho`oponopono-Runde an unserem Kraftort gemacht. Es war eine ganz besondere Runde, die Natur feierte mit uns. Inzwischen haben wir an weiteren Stellen im Umkreis Scheiben in die Erde gelegt und die Vernetzung lässt sich immer wieder spüren. Auch lassen sich mit den Scheiben Energien ausgleichen, so dass die Plätze wieder harmonischer auf uns wirken. Wir werden nach diesen tollen Erfahrungen in jedem Fall weiter machen, die Natur braucht unsere Liebe und wir brauchen die Natur.

Ich danke Ihnen für diese tollen Scheiben und all die anderen Inspirationen, die durch Sie, Ihre Produkte und Publikationen bei mir angekommen sind.

Die Erdheilungs-Coaster haben einen Durchmesser von 10,3 cm und bestehen aus 1,4 mm dicken Pappe. Die beiden Symbole – auf der einen Seite das Sri Yantra und auf der anderen Seite das Urteilchen Liebes-Schutz-Siegel – unterstützen die Erdheilung.

Erdheilung mit Urteilchen

Foto: © www.wu-wei.de

Erdheilung
Jeder ist gefordert und alle können mitmachen

Richard Weigerstorfer

Unsere Mutter Erde trägt und nährt uns. Doch leider gehen wir mit unserer Lebensspenderin nicht besonders behutsam um. Wir kennen alle die Berichte aus den Medien. Deshalb habe ich bereits vor vielen Jahren die Erdheilungsnadel entwickelt, die inzwischen an fast 2000 Standorten in Deutschland eingegraben ist.

Diese Erdheilungsnadeln haben sich energetisch verbunden und bilden alle miteinander ein starkes Netz, das schützt und entstört. Es ist aber noch mehr Heilungsbedarf für die Erde notwendig und so leisten die Erdheilungs-Coaster hier eine wesentliche Unterstützung. Sie hängen sich an dieses Netz, stärken und verzweigen es noch mehr. Es handelt sich dabei um eine Pappscheibe, die mit dem Liebes-Energie-Punkt und dem Sri Yantra bedruckt ist. Zusätzlich ist die Scheibe noch mit einer Flüssigkeit getränkt, in die microfeiner informierter Bergkristall eingerührt wurde. Die Scheibe wird in der Natur ausgelegt, vielleicht mit etwas Laub bedeckt. Die Pappe wird sehr

schnell verrotten, was aber zurückbleibt ist eine Art energetischer Stempel durch den feinen Bergkristall. Der kann noch Jahre später seine Erdheilungsaufgabe erfüllen. Bisher haben wir 16 000 Coaster an unsere Herzgefühl-Leser verschenkt und zusätzlich über 8000 Stück auch in Österreich und der Schweiz verkauft. Ich rechne damit, dass etwa 50 bis 75 Prozent davon eingegraben wurden.

Vielleicht wollen auch Sie mit unserem Erdheilungs-Coaster arbeiten? Sie können die Scheiben zu einem günstigen Preis in unserem Shop www.wuwei-shop.de bestellen. Prüfen Sie mit dem Pendel seine Energie und die Wirksamkeit – oder spüren Sie einfach einmal in Ihr Herz, was es dazu sagt. Vielleicht kennen Sie eine Stelle in der Natur, die besonders traurig wirkt? Das wäre ein guter Platz, um den Erdheilungs-Coaster auszulegen. Vielleicht können Sie ja im Laufe der Zeit eine Veränderung beobachten? Über eine schöne Geschichte freuen wir uns immer.

Foto: © lavitrei / Shutterstock

Dankschrift von deinem Kind

Sylvia Weber

Sei nicht inkonsequent.
Dies verwirrt mich so, dass ich umso mehr versuche, wo ich kann, meinen Willen durchzusetzen.

Falle nicht
auf meine Herausforderungen herein, wenn ich Dinge sage und tue, nur um dich aufzuregen, denn sonst werde ich versuchen, noch mehr solche „Siege" zu erringen.

Tue nichts für mich,
was ich selber tun kann, denn sonst bekomme ich das Gefühl, ein Baby zu sein und ich könnte dich auch weiterhin in meine Dienste stellen.

Versuche nicht,
mein Benehmen noch während der Aufregung mit mir zu besprechen. Aus irgendwelchen Gründen ist mein Gehör zu dieser Zeit nicht sehr gut und meine Mitarbeit ist sogar noch schlechter. Es ist in Ordnung, das Erforderliche zu unternehmen, aber lass uns erst später darüber sprechen.

Gib mir nicht das Gefühl,
dass meine Fehler Sünden seien. Ich muss lernen, Fehler zu machen, ohne das Gefühl, dass ich nicht gut bin.

Nörgle nicht.
Wenn du es tust, muss ich mich davor schützen, indem ich taub erscheine.

Vergiss nicht,
dass ich gerne Dinge ausprobiere. Ich lerne davon, bitte gewöhne mich daran.

Schütze mich nicht
vor unangenehmen Folgen. Es ist nötig, dass ich aus Erfahrungen lerne.

Beachte meine kleinen Wehwehchen
möglichst wenig. Wenn ich zu viel Aufmerksamkeit für sie bekomme, kann ich lernen, Vorteile in der Krankheit zu sehen.

Glaube nicht,
dass es unter deiner Würde ist, dich bei mir zu entschuldigen. Eine ehrliche Entschuldigung gibt mir ein überraschend warmes Gefühl für dich.

Mach Dir keine Sorgen,
wenn Du nicht allzu viel Zeit für mich hast. Es kommt darauf an, wie wir die Zeit, die du hast, miteinander verbringen.

Denke daran,
dass ich vom Beispiel mehr lerne, als von der Kritik.

Wie man Flöhe dressiert

Michaela Baumer

Flöhe trainiert man ganz einfach. Flöhe haben die Angewohnheit, bis zu einem halben Meter in die Luft zu springen. Wenn wir sie dazu bringen wollen, nur noch zehn Zentimeter in die Höhe zu springen, dann müssen wir sie nur in ein etwa zehn Zentimeter hohes Gefäß setzen und einen Deckel darauf tun. Nun machen die Flöhe eine sehr schmerzliche Erfahrung, denn sie springen in die Höhe und stoßen sich dabei permanent den Kopf an. Nach kurzer Zeit springen sie nur noch bis kurz unter den Deckel. Nun kann man den Deckel abnehmen und sie werden nicht herausspringen.

Zeichnung: © KsushaArt /Shutterstock

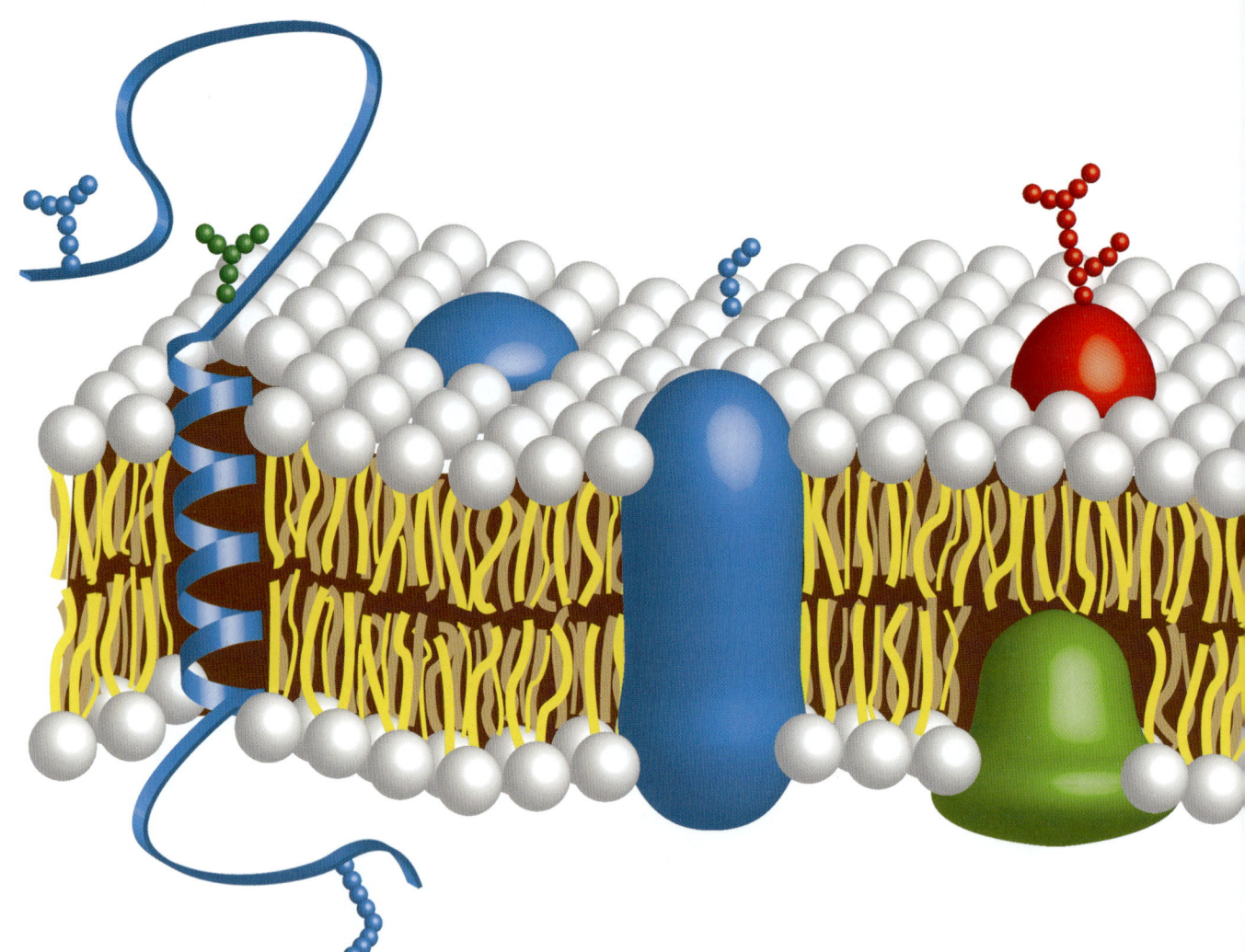

Optimierung der Zell-Membran und der Zell-Versorgung

Klaus Jürgen Becker

Schutz und Abgrenzung sind gerade in unserer heutigen Zeit besonders wichtig. Nicht umsonst sagt der Volksmund: „Wer für alles offen ist, kann nicht ganz dicht sein!" Doch rigide Abgrenzung ist auch keine Lösung, denn sie führt zu Vereinsamung und Verhärtung. Leben bedeutet Schutz und Abgrenzung bei gleichzeitiger Verbundenheit.

Als Lösung für diese Aufgabe hat die Evolution in Millionen von Jahren die semipermeable (halbdurchlässige) Membran entwickelt. Diese zeigt sich als Zellmembran auf der Mikroebene, als Aura auf der Menschenebene und als Atmosphäre (welche das Sonnenlicht hindurch lässt) auf der globalen Ebene.
Mit Hilfe der semipermeablen Membran können

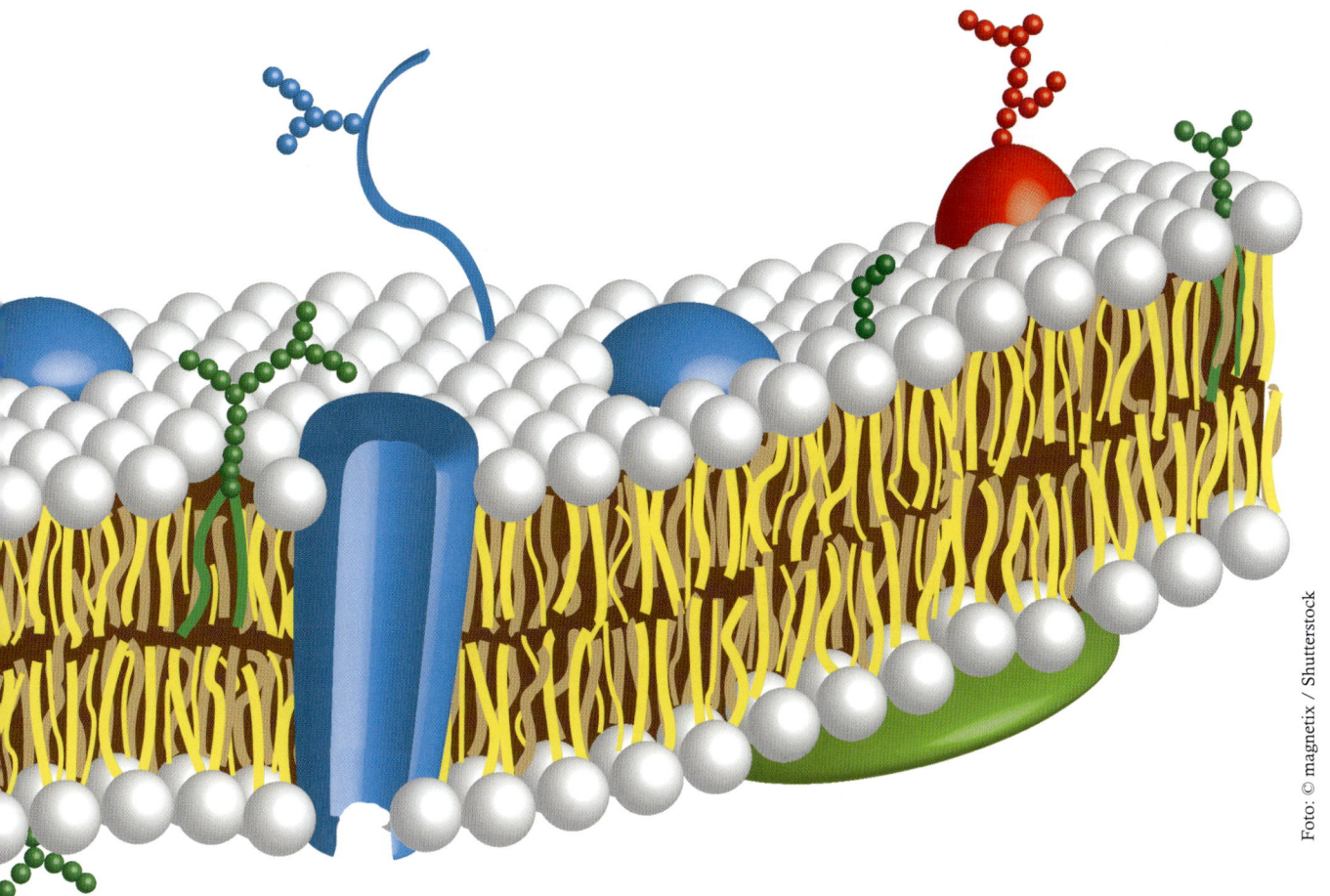

Foto: © magnetix / Shutterstock

die konträren Grundprinzipien von Autonomie und Verbundenheit sich in einer sinnvollen Synergie entfalten – im Zellsystem, beim einzelnen Menschen und auf diesem Planeten.

Der hier beschriebene Transmitter ist auf die Mikro-Ebene der Zellmembran ausgelegt. Er wirkt gemäß der hermetischen Gesetzmäßigkeit (im übertragenen Sinne: wie im Kleinen, so im Großen) auch auf den Makro-Ebenen, zum Beispiel zugunsten der Aura des betreffenden Menschen.

Ein Mensch, bei dem die Aura intakt ist, fühlt sich sicher und geschützt. Es ist ihm möglich, in seiner inneren Mitte zentriert zu bleiben, während er in den Herausforderungen des Lebens die Verbundenheit mit allem Leben als seinen natürlichen Seins-Zustand erlebt. Seine Aura (vergleichbar einer semipermeablen Membran oder der Erd-Atmosphäre) schützt ihn gegenüber schädlichen Einflüssen. Aufgrund ihrer hohen Sensitivität ist die Aura jedoch in der Lage, hilfreiche Einflüsse ebenso frühzeitig zu orten und sich ihnen gegenüber gezielt zu öffnen. Unter diesen Voraussetzungen kann sich der menschliche Organismus optimal entwickeln und seine Lebensaufgabe erfüllen.

Dieser Transmitter fördert eine gesunde Abgrenzung einerseits und die Fähigkeit andererseits, sich gegenüber nährenden und hilfreichen Einflüssen zum rechten Zeitpunkt zu öffnen. Gutes wird eingeladen, Negatives bleibt draußen. Auf der Makroebene regt der Transmitter die intuitive Bewusstheit darüber an, wann und wem gegenüber man sich öffnen und wann und wem gegenüber man sich verschließen sollte. Auf der Mikroebene fördert der Transmitter die Zell-Atmung und den Zell-Stoffwechsel.

Der Transmitter unterstützt folgende Programme:

- Schutz der Zellmembran.
- Optimierung der Zell-Versorgung: Ausrichtung der Rezeptor IMPs und der Effektor-IMPs auf optimale Gesundheit und die Lebensabsicht.
- Optimierung der Information, welche das Zellinnere (das Innere des Menschen) erreicht.
- Anregung einer flexiblen Sensitivität, die frühzeitig Fremdeinflüsse (im Innen und im Außen) erkennt – auf zellulärer wie auf zwischenmenschlicher Ebene.
- Verbesserung des Kommunikationsverhaltens auf

zellulärer wie auf zwischenmenschlicher Ebene.
- Selbst-Steuerung im Alltags-Geschehen in Einklang mit der angebundenen göttlichen Ordnung im Dienste der Lebensabsicht.
- Auraschutz vor Energieraub und Aura-Verletzung, etwa in der Begegnung mit schwierigen (energiesaugenden) Menschen, Lebenssituationen, (Arbeits-)Plätzen. Auch zur Vorbeugung und zur Nachsorge (Wiederherstellen der inneren Mitte) geeignet.
- Erkennen und Auflösen von unguten Bindungen, „Verstrickungen" bzw. Veränderung dieser in Richtung sinnvoller Synergie: „Ich bin ich – du bist du!"
- Lösung von Verhärtung und chronischem Verschlossen sein (Neigung zu Autismus) und erstarrter, undurchlässiger Membran in Richtung einer stärkeren Flexibilität.
- Alle Themen, die mit „Haut" zu tun haben (Hautpflege, Hautregeneration, aber auch Verbesserung der Berührungsqualität aktiv wie passiv, zum Beispiel in der Massage-Praxis).
- Verbesserung der Aufnahme von Vitamin E, Omega 3-Fettsäuren, Spurenelementen.
- Wahrnehmung der subtilen Urteilchen-Energie, da die Aura besser geschützt und die eigene innere Mitte besser wahrnehmbar ist.

Wann sollte ich den Transmitter anwenden?
- Jeden Morgen direkt nach dem Aufstehen, um einen guten Auraschutz für den Tag zu haben.
- Vor dem Einschlafen, um den Körper anzuregen, nachts die Zellmembranen (und die Aura) zu optimieren (den Strahler idealerweise auf das Bett richten und sich auch nachts bestrahlen).
- Gezielt zur Vorbereitung und zur Nachsorge von Situationen, Begegnungen oder Umständen, die Energie rauben könnten.
- Um ungesunde Symbiose zu lösen und gesunde Synergie wieder herzustellen: Wo immer ich das Gefühl habe, nicht ganz „ich selbst" sein zu können, etwa gegenüber Vorgesetzten, Autoritätspersonen oder bei Eltern-Kind-Verstrickungen.
- Im Alltag, wenn ich mich leicht abgelenkt fühle und mir mehr Konzentration und Selbststeuerung meiner Aufmerksamkeit wünsche.
- Wo immer das Empfinden besteht, verhärtet und chronisch verschlossen zu sein und hilfreiches nicht annehmen zu können – zum Beispiel vor dem Besuch einer Versammlung, Party unter Freunden, eines Familientreffens oder auch dann, wenn Vergebungsarbeit angesagt ist.
- Generell, wenn ich mich selbst besser spüren möchte.
- Als Einstimmung auf eine Erfahrung, die mit dem Thema Berührung und Haut zu tun hat, zum Beispiel Lomi-Lomi, Tellington-Touch, Tantra-Massage, Streicheltherapie und so weiter.
- Vor Beginn jeder Urteilchenarbeit: Das eigene Energiesystem wird gut gegen Störeinflüsse abgegrenzt, die subtile Urteilchen-Energie hereingelassen und dadurch gut spürbar.

Wie kann ich den Transmitter anwenden?
- In die Wabe stellen oder in die Ampullenkammer legen beziehungsweise sich mit dem Urteilchen-Strahler bestrahlen (dies ist die kraftvollste Möglichkeit).
- Globuli, Salz oder Wasser damit informieren, gegebenenfalls den Trägerstoff mit zur Arbeit nehmen.
- Den Transmitter in einem Holz-Köcher bei sich tragen.

Wie ist die Wirkung des Transmitters fühlbar?
Die eigene innere Mitte wird wahrnehmbar. Eine Art Kokon („Energiemantel") baut sich auf, so dass man sich mehr und mehr wie in Watte gehüllt fühlt. Sicher geschützt und zugleich offen für das, was einem wichtig ist. Die Wahrnehmung und Unterscheidungskraft bezüglich der Umgebungseinflüsse wird gestärkt. Feinstoffliche, höher schwingende Energien wie die Urteilchen-Energie werden hereingelassen.

Wie lange sollte ich mich bestrahlen?
Die Bestrahlung mit dem Transmitter mindestens eine Minute lang durchführen, da das Körperenergiesystem diese Zeit braucht, um den Aufbau eines optimalen Zellschutzes und einer optimalen Aura anzuregen.
Während der Bestrahlung ist es spürbar, wie sich der „Energiemantel" aufbaut. Um ein optimales Ergebnis zu erhalten, ist es sinnvoll, die Aufmerksamkeit bewusst auf die Wahrnehmung der Bestrahlung zu legen, bis die Zellmembran und die Aura optimal aufgefüllt sind.
Wer sensitiv spürend ist, kann innerlich verfolgen, wie sich der Strom der Urteilchen-Energie aufbaut, auffüllt und dann wieder abebbt. Wenn der Strom abebbt, ist die Aura beziehungsweise die Zellmembran „satt", die Konzentration auf die Bestrahlung kann beendet werden. Falls man den Energieaufbau nicht spürt, kann auch die Imagination („Einbildung") helfen, den Aufbau des Energiemantels mitzuerleben.

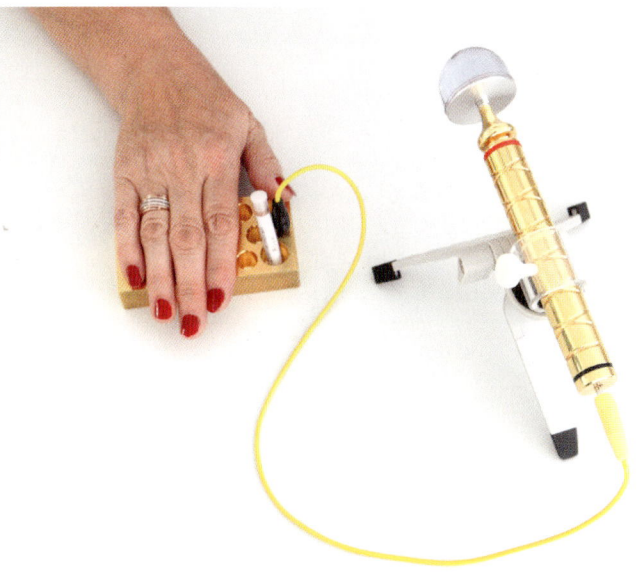

Optimale Wirkung des Transmitter: Transmitter in die Wabe und die Hand auf die Wabe legen

Wie kann ich die Wirkung des Transmitters optimieren?

Sie können mit dem Transmitter ganz normal arbeiten, wie mit allen anderen Transmittern auch. Wenn Sie jedoch Zeit und Muße für eine besonders kraftvolle und intensive Regeneration haben, probieren Sie doch einmal folgendes Vorgehen:

- Stellen Sie den Transmitter in die Urteilchen-Wabe, welche mit dem Urteilchen-Strahler verbunden ist.
- Falls Sie eine Breitstrahler-Verstärkerlinse haben, stecken Sie diese auf den Urteilchen-Strahler
- Richten Sie den Urteilchen-Strahler auf sich.
- Falls Sie sich generell bestrahlen wollen, ist es optimal, den Strahl des Urteilchen-Strahlers in den Bereich zwischen Solarplexus und Herz-Zentrum zu richten.
- Falls Sie mit Hilfe des Transmitters ein gezieltes Thema (zum Beispiel zwischenmenschlich oder bezogen auf einen belastenden Ort) lösen wollen, sollten Sie während der Besendung gezielt an das Thema denken und um Heilung des Themas bitten.
- Legen Sie zusätzlich die Hand auf die Wabe, so wird das eigene Energiefeld vom Urteilchen-Strahler gelesen, Belastungen werden invertiert.
- Bitten Sie den Heilstrom und den Urteilchenstrahl zu fließen.
- Öffnen Sie sich dafür, den Urteilchenstrahl auf Ihrem Körper ankommend zu spüren, falls Sie ihn nicht spüren können, bilden Sie sich ein, ihn zu spüren (bereits die Imagination hilft).
- Stellen Sie einen Wecker auf etwa fünf Minuten.
- Halten Sie Ihre Konzentration aufrecht, indem Sie das Mantra „Zellmembran Royal" gedanklich wiederholen, immer und immer wieder – die Energie folgt dieser Aufmerksamkeit.
- Bilden Sie sich ein, dass sich ein optimaler Auraschutz aufbaut und zugleich alle Zellen Ihres Körpers eine optimale, intelligente Zellmembran erhalten. Hierfür empfiehlt sich die Technik des „Augenachtens". Sie wandern mit Ihren Augen gedanklich durch Ihren Körper hindurch, als wollten Sie ihn scannen. Hierbei vollziehen Ihre Augen eine Unendlichkeitsschleife wie eine liegende Acht (Unendlichkeitszeichen), wo immer Sie wahrnehmen oder wissen, dass eine Körperstelle oder ein Organ belastet ist (zum Beispiel ein Knie oder die Leber). Bilden Sie sich ein, dass Ihre Augen bei der Körperstelle oder dem Organ bleiben und dabei weiter die Unendlichkeitsschleife vollziehen, bis Sie das Empfinden haben, dass die Zellmembranen in der Körperregion opti-

miert sind. Wiederholen Sie das Mantra „Zellmembran Royal" immer wieder und spüren Sie, wie auch diese Körperstelle sich der Information „intelligente, optimierte Zellmembran" öffnet. Dann wandern Sie weiter durch Ihren Körper.

Hintergründe: Die Zellmembran – die steuernde Intelligenz Ihres Lebens

Früher hatte man fälschlicherweise angenommen, der Zellkern sei das Gehirn der Zelle. Moderne Forschungsergebnisse zeigen: Das eigentliche Gehirn der Zelle ist die Zellmembran. Für die Gesundheit ist es daher besonders wichtig, dass diese Zellmembran intakt und stabil ist, beziehungsweise dicht gegenüber Unbrauchbarem, elastisch (nicht brüchig) ist und sich öffnend für Hilfreiches und Nährendes.

Biochemische Hintergründe: Die Zellmembran können wir uns vorstellen wie eine Plastikfolie mit Löchern. An den Löchern sitzen als „Grenzkontrolleure" intelligente, sensitive Eiweiße, die entscheiden, welches Molekül in die Zelle hineinkommt (sogenannte Rezeptor-IMPs). Für eine optimale Zellversorgung ist es wichtig, dass sie hilfreiche Moleküle in das Zellinnere hinein lassen und Stoffe, die der Zelle nicht gut tun, draußen lassen. Das Umschalten der Rezeptor IMPs auf „öffnen" oder „schließen" können wir uns wie den Wächter einer gut gesicherten Burg vorstellen, der je nach Bedarf die Zugbrücke hochzieht oder herunterlässt, wobei in unserem Beispiel der Burghof das innere der Zelle repräsentiert. Das Wissen, „wann öffnen und wann schützen" muss ständig aktualisiert sein (darf also nicht aufgrund veralteter Programme erfolgen). Der Mechanismus des Öffnens und Schließens sollte sauber, störungsfrei und ohne Zeitverzögerung funktionieren.

Foto: © Elina Pasok / Shutterstock

Was auf der Zellebene stattfindet, hat seine Entsprechung auf den Makrokosmischen Ebenen:

- **Mensch-Ebene (Aura):** Ständig erhält der moderne Mensch „Einladungen", sich gegenüber Menschen, Situationen oder Gelegenheiten zu öffnen oder zu verschließen. Im Idealfall wird in jedem Augenblick neu oder zumindest zeitnah eine weise Wahl getroffen, die der Gesundheit und der Lebensabsicht dienlich ist. Wenn der Mensch sich dem Falschen gegenüber öffnet (Drogen, Alkohol, schlechte Gesellschaft), wird er degenerieren. Wenn er dahingegen gute Gelegenheiten herausfiltert und nutzt (hilfreiche Beziehungen, Verbündete, Freunde, Ernährung, Literatur, Seminare, Jobs, Freizeitmöglichkeiten), wird er Erblühen und Erfüllung erleben. Durch die Meditation mit dem Transmitter kann der Anwender über das Zell-Wissen darüber zurückgreifen, was gute und was schlechte Einflüsse sind. Dieses strahlt über seine Aura auch in die Tagesaktualität aus, sodass „Freund" und „Feind" besser erkannt und angezogen beziehungsweise abgestoßen werden können.

- **Systemische Ebene:** Ein Familiensystem stellt eine Art „Familienzelle" dar. Der Anwender kann bei der Meditation mit dem Transmitter die Intention setzen, dass vergleichbar einer Familienaufstellung seine „innere Familie" (innerer Vater, Mutter usw.) Heilung erfahren und dadurch die „Familienmembran" und das „Familienschicksal" verbessert werden.

- **Stammesebene:** Der Transmitter lässt sich auch einsetzen, um ein größeres System, etwa eine Sippe, einen Stamm, eine Region mit Hilfe von Ho´oponopono zu heilen und die „Gemeinschafts-Membran" aufzubauen und zu schützen.

- **Nationen-Ebene (Grenzen):** Emigranten stellen Deutschland und Europa vermehrt vor die Frage, wen man herein und wen man draußen lassen sollte. Wenn die „Zellmembran" einer Nation nicht unterscheidet, was herein darf und was nicht, leidet die gesamte „nationale Zellkultur" darunter. Christliche Nächstenliebe und das berechtigte Bedürfnis nach eigenem Schutz sind in eine weise Abstimmung zu bringen. Hier kann es keine pauschalen Antworten geben. Die Nationen Deutschlands und Europas arbeiten derzeit daran, intelligente „Rezeptor-IMPs" für die Grenzen zu Krisengebieten zu entwickeln. Möglicherweise lässt sich dies durch den Einzelnen unterstützen, der seine inneren und äußeren Zellmembranen in Ordnung bringt.

- **Globale Ebene (Atmosphäre):** Hier könnte der Transmitter den Schutz unserer Atmosphäre fördern, Forschungen hierzu sind angedacht, aber noch nicht durchgeführt.

Wenn der Mensch seine Zellmembran in Ordnung bringt, strahlt er auch ein Bewusstsein aus, welches diese intakte Zellmembran auf einer höheren Ebene (Aura, Beziehung, Familie, Staat) stärkt.
Der Transmitter „Zellmembran Royal" stärkt die Zellmembran und Zellernährung, aber auch die Toxin-Entsorgung der Zelle und unterstützt zugleich den Aufbau einer intelligenten, stabilen Aura.

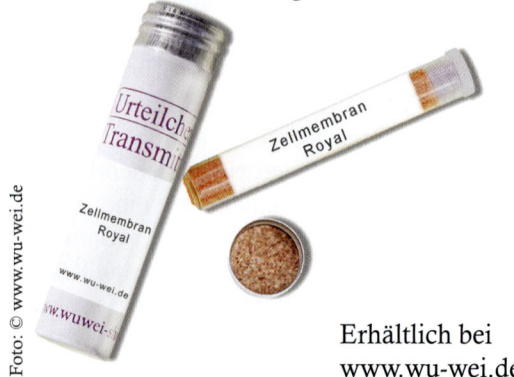

Foto: © www.wu-wei.de

Erhältlich bei
www.wu-wei.de

Editorial
Liebe Leserinnen
und liebe Leser,

„Die mit Abstand beste
Nerven-Heil-Anstalt
ist die freie Natur"
Ernst Ferstl

Der österreichische Schriftsteller Ernst Ferstl hat scheinbar ein sehr gutes Gespür
für die Wirkung des Waldes und der freien Natur auf unser Wohlbefinden.

Es sind wieder einmal die Japaner, die es genau untersucht haben. Dr. Qing Li, der
im Zentrum für Medizin in Nippon forscht, hat festgestellt, dass Spazierengehen
im Wald für die Entstehung von drei verschiedenen Anti-Krebs-Proteinen sorgt.
Damit es auch eine Therapie ist, wurde ein Name dafür gefunden: „Shinrin yoku"
oder „forest bathing" würden wir mit „Waldbaden" übersetzen und es gibt in Japan sogar Outdoor-Kliniken, in denen die Therapie darin besteht, im Wald spazieren zu gehen.

Den Wald nur anzuschauen beruhigt und reduziert Stresshormone.
So ist wissenschaftlich nachgewiesen, dass durch einen Waldspaziergang das Herz
messbar ruhiger schlägt, Stress und Müdigkeit verschwinden, positive Gefühle stellen sich ein und die Sauerstoffaufnahme steigt an. Viele weitere positive Faktoren
sind nachweisbar.

Richard Weigerstorfer
Geschäftsführer RiWei-Verlag GmbH

Dazu kommen noch die bekannten Tatsachen, dass das Grün der Blätter für unsere
Augen sehr wichtig ist, dass das Säuseln und Rauschen der Blätter unsere Ohren
sehr wohltuend berührt, dass die Düfte nach Moos, Pilzen und Harzen ganz tief
in uns eindringen und uns entspannen. Doch dies haben die japanischen Wissenschaftler noch gar nicht berücksichtigt
und wird in einigen Jahren sicherlich für neue Therapien sorgen, die dann „Waldluft atmen", oder „Waldgeräusche
lauschen" heißen werden.
Sicherlich wird es in Japan bald Rezepte für Waldspaziergänge geben.

Wir in unserer Region können uns diese selbst ausstellen, denn Bayrischer Wald, Hundsrück oder Fichtelgebirge, der
Odenwald und viele weitere große Waldgebiete laden zu ausgiebigen Spaziergängen ein. Dabei darf man auch mal
einen Umweg machen, denn es kommt nicht darauf an, so schnell wie möglich durch den Wald zu laufen, sondern
jeden Meter zu genießen.

Wer sich noch einen kleinen Pack Erdheilungs-Coaster mitnimmt, wird vielleicht die eine oder andere Stelle entdecken, an der er sie auslegen kann.

Mit dem zweiten Zitat von Ernst Ferstl

„Auch Umwege erweitern
unseren Horizont",
wünsche ich Ihnen heute viel Freude mit der neuen Ausgabe unserer Herzgefühl.

Herzliche Grüße aus Hainsacker

Richard Weigerstorfer

Bild: © Vasilka Loy

Vasilka/6/16

Erzengel mit weiblicher Energie

Gabriel gilt als Engel der Verkündigung und Kraft Gottes

Bettina Maier

Zu allen Zeiten haben Künstler den Erzengel Gabriel mit weiblichen Eigenschaften ausgestattet: Mit langen Haaren und fließenden Gewändern, mit fraulichen Gesichtszügen und Körperformen. Obwohl Gabriels Energie eine weiche, fürsorgliche und weibliche Kraft ausstrahlt, gilt er neben Michael, Raphael und Uriel als einer der stärksten und mächtigsten Erzengel.

Gabriel ist der Engel der Verkündigung, der mit seinen Prophezeiungen stets das Schicksal der Menschen begleitet hat. So kündigte er einst Maria die Geburt Jesu und dem Priester Zacharias die Ankunft von Johannes dem Täufer an. Eine besondere Aufgabe Gabriels ist es, die Seelen der noch ungeborenen Kinder sorgsam durch Schwangerschaft und Geburt zu begleiten. Ohnehin liegt ihm das Wohlergehen der Kinder sehr am Herzen, und so ist er den Menschen auch bei Fragen der Adoption oder Erziehung ein guter Ratgeber.

Weiße Lilie als Symbol der Reinheit

Meist wird Gabriel mit einer weißen Lilie, dem Symbol für Reinheit und Kreativität, dargestellt, sein Glorienschein strahlt kupferfarben. Sollten Sie Blitze oder Funken in dieser Farbe wahrnehmen oder sich zu Kupfer hingezogen fühlen, ist dies ein Zeichen dafür, dass Sie mit Gabriel in Kontakt stehen. Er verkündet klare Botschaften und steht besonders auch irdischen Boten, wie beispielsweise Schriftstellern, Journalisten, Künstlern oder Schauspielern hilfreich zur Seite. Gabriel motiviert uns Menschen, unsere Fähigkeiten und Talente zu erkennen und sie zu perfektionieren – er öffnet uns die Türe zu neuen Möglichkeiten und Chancen. Seine Energie ist hell, hoffnungsvoll und voller Freude und hilft uns zu sehen, was wir wahrhaftig in unserem Leben wollen und brauchen.

Die weibliche Energie Gabriels ist die Hüterin des Elementes Wasser und eng mit dem Mond verbunden. Sie lehrt uns den richtigen Umgang mit Gefühlen und Emotionen. Gabriel gilt als Wächter des kristallweißen Lichtes der Reinheit, Schönheit und Harmonie, in dem alle Farb- und Lichtqualitäten vereint sind. Leiden wir unter negativen Gedanken und Gefühlen, kann Gabriel mit seinem weißen Lichtstrahl unsere Zellen reinigen und unser Gemüt erhellen.

Astrologisch ist Gabriel den Sternzeichen Krebs und Löwe zugeordnet. Wer gerne Heilsteine und Kristalle um sich hat, für den findet sich Gabriels Energie im Bergkristall, Citrin, Karneol und in Quarzen wieder.

Meine Wünsche und Sehnsüchte wurden erfüllt

Meine Erfahrungen mit dem EDV-Programm zur Ratenberechnung

TEIL 3

Maria Huber

In den letzten beiden Ausgaben des Herzgefühls habe ich Ihnen von meinen Erfahrungen mit dem ORa-34 Radionikgerät erzählt. Heute möchte ich Ihnen das dazugehörige EDV-Programm zur Ratenberechnung vorstellen. Ich habe das Programm praktischerweise auf einem Notebook vorinstalliert bekommen. So kann ich diese für mich besondere Arbeit getrennt von meinen weiteren Computertätigkeiten erledigen. Die Listen erstelle ich mit einem Excel-Programm und importiere sie bei Bedarf. Ich möchte Ihnen an einem Beispiel zeigen, wie ich damit arbeite.

Viele körperliche und psychische Störungen haben mit dem Thema Angst zu tun. Die Angst lässt uns auf der psychischen Eben verkrampfen und verhindert nach und nach auf allen Ebenen einen freien Energiefluss. Eine Erkrankung ist die Folge, wobei das schwächste Organ im Körper zuerst krank wird. Ich habe schon oft beobachtet, dass bei Auflösung der Angst, der Körper auch alle anderen Störungen von alleine beheben kann. So habe ich mir eine Tabelle erstellt, die ich als „Basis Angst" bezeichne. Diese Tabelle verwende ich fast bei jedem Mittel, das ich herstelle:

Acidium nitricum D12

Acidum phosphoricum D12

Aconitum C7

Aconitum D12

Agaricus D12

Agrimony

Alle Raten wirken auch auf der emotionalen Ebene

Alle Raten wirken auch auf der körperlichen Ebene

Alle Raten wirken auch auf der mentalen Ebene

Alle Raten wirken harmonisch

Alle Raten wirken interaktiv

Ambra grisea C15

Ambra grisea D12

Anacardium D12

Angelica archangelica D12

Antimonium tartaricum D12

Argentum metallicum D12

Argentum nitricum C9

Argentum nitricum D12

Arsenicum album C15

Arsenicum album D12

Aspen

Aufhebung emotionaler Störfelder

Auflösen von Heilblockaden

Avena D12

Beech

Borax D12

Bryonia D12

Calcium arsenicosum D12

Calcium carbonicum D12

Causticum D12

Causticum hahnemanni D12

Cenataury

Cerato

Chamomilla D12

Cherry Plum

Chestnut bud

Chicory

Cimicufuga racemosa D12

Clematis

Cocculus indicus D12

Coffea D12

Coffea D6

Colocynthis D12

Crab Apple

Cyclamen europaeum D12

Dank für Heilung und Führung

Raten zu einer gemeinsamen Heilschwingung verbinden

Elm

Erkennen der Ursachen

Gelsemium C9

Gelsemium D12

Gentian

Gorse

Heather

Heilung auf allen Ebenen

Helonias D6

Holly

Honeysuckle

Hornbeam

Iberis amara D12

Ignatia Amara D12

Ignatia D12

Impatiens

Jodum D12

Kalium Carbonicum C9

Kalium phosphoricum D12

Lac caninum D12

Lachesis D12

Larch

Latrodectus mactans D12

Lycopodium clavatum D12

Lycopodium D12

Mimulus

Mustard

Natrium chloratum D12

Natrium muriaticum D12

Nux vomica D12

Oak

Olive

Opium D12

Phosphorus D12

Pine

Piper methysticum D12

Pulsatilla D12

Red chestnut

Rocke rose

Rock water

Sabadilla D12

Sclerantus

Sepia D12

Sich vom Heilstrom öffnen

Silicea D12

Star of Betlehem

Stramonium D12

Sweet chestnut

Ursachenheilung auf emotionaler Ebene

Ursachenheilung auf geistiger Ebene

Vervain

Vine

Vor Fremdeinfluss schützen

Walnut

Water violet

White chestnut

Wild oat

Wild rose

Willow

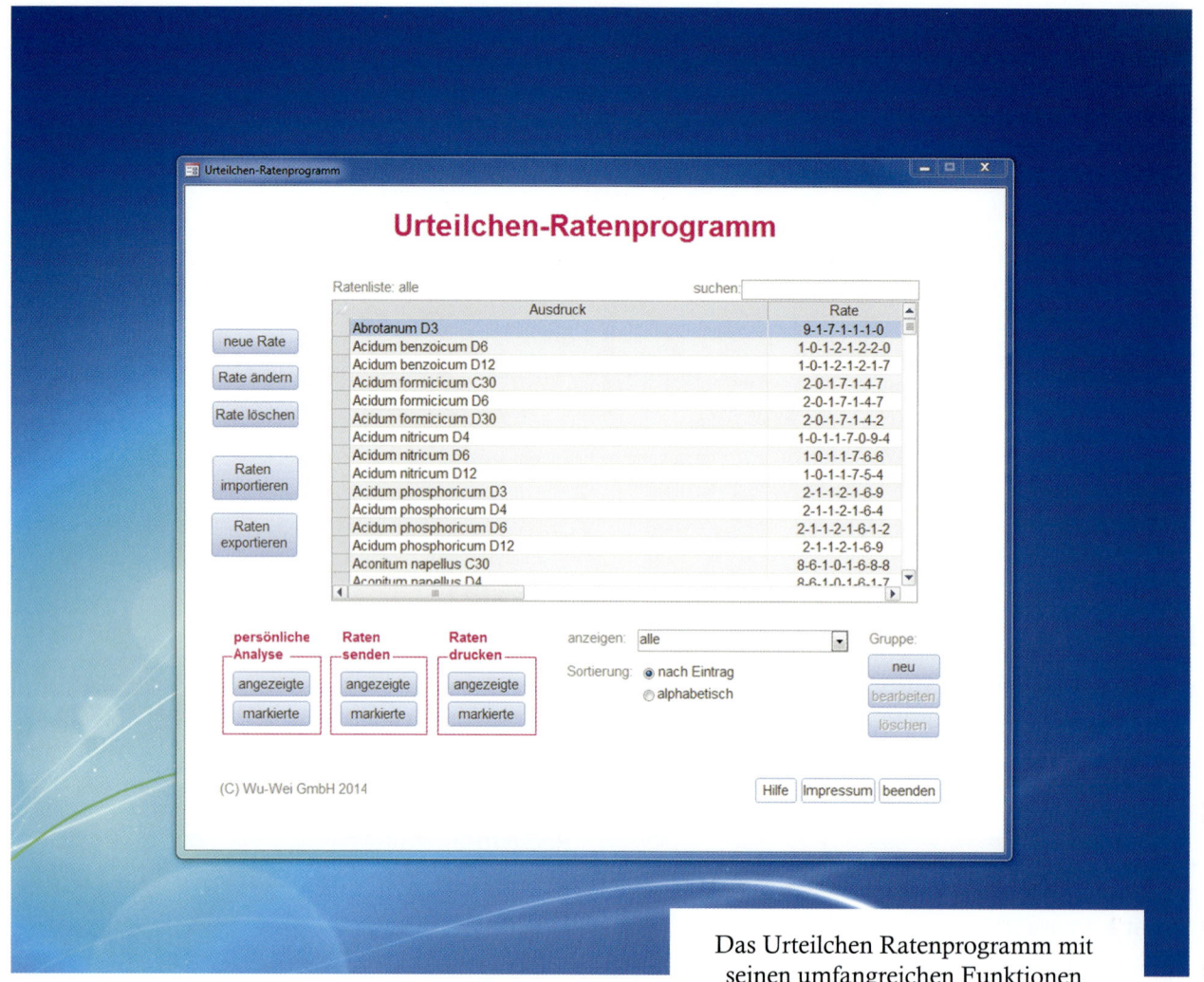

Das Urteilchen Ratenprogramm mit seinen umfangreichen Funktionen

Die Groß- und Kleinschreibung spielt bei der Ratenberechnung keine Rolle. Sie sollten jedoch auf Leerzeichen und die richtige Reihenfolge der Wörter achten, wie zum Beispiel „vor Fremdeinfluss schützen" oder „schützen vor Fremdeinfluss". Wenn Sie wollen, können Sie die Ratenliste kostenlos anfordern, sie ist zum sofortigen Importieren aufbereitet. Schicken Sie unter dem Betreff „Basis Angst Raten" einfach eine Email an info@riwei-verlag.de.

Importieren und Personalisieren von Raten

Diese Funktion erlaubt das Importieren von Excel-Tabellen in eine Gruppe. Möchte ich für eine Person ein komplexes Mittel erstellen, dann importiere ich die Basis Angst Raten und füge der Gruppe noch einzelne Mittel hinzu, die gerade angebracht erscheinen. Grundsätzlich füge ich Name, Vorname, Geburtsdatum und Geburtsort mit ein, damit das Mittel ganz persönlich auf diese Person zugeschnitten ist, zum Beispiel „Knapp Anna 23.12.1964 München". Diese Personalisierung hat eine tiefere

und bessere Wirkung zur Folge. Soll ein Mittel von mehreren Menschen verwendet werden, darf es nicht personalisiert werden.

Ausgeben des Mittels

Das ist recht einfach, es gibt die Funktion „Raten senden", dabei kann man wählen zwischen angezeigten Raten (das ist die jeweils gewählte Gruppe) und markierten Raten (das sind einzelnen Raten, die in der Tabelle mit der linken Maustaste markiert wurden). Drückt man auf eine der beiden Möglichkeiten, erscheint das Fenster „Senden". Ich bereite dann mein Fläschchen mit Tropfen oder Globuli vor und halte es an die Sendeperle. Es sind nur einige Sekunden und die Information ist übertragen – die Mittel können verwendet werden.

Wiederkehrende Mittel

Manche Mittel muss ich immer wieder herstellen, wie die „Rheumaglobuli für Hubert". Die verschiedenen Mittel habe ich mir als Excel-Tabelle gespeichert und lade sie, wenn ich die Globuli für Hubert herstelle. Anschließend lösche ich diese Liste wieder aus dem Programm, um es übersichtlich zu halten. Als Excel-Datei besteht ja die Liste weiterhin und kann beliebig oft importiert werden.

Testen

Liest man in Homöopathie-Büchern, so werden oft mehrere Mittel für eine Störung angegeben. Ich kann mich oft nicht eindeutig für eines entscheiden und teste es vorher aus, indem ich die Schwingung auf die Sendeperle mit „Senden" schicke und dann mit dem Pendel Maria frage, ob es das richtige ist. Auf diese Weise muss ich nicht so viele Mittel herstellen. Das ist sehr gut, denn Sie werden selbst feststellen, dass der Bedarf an Fläschchen enorm ansteigt, wenn Sie erst einmal das Ratenprogramm haben.

Komplexmittel herstellen und speichern

Mit kleinen Kindern in der Familie braucht man immer eine Handvoll guter Mittel, denn aus Kindergarten und Schule werden alle möglichen Sachen „importiert". So habe ich mir ein Schnupfenmittel

ausgearbeitet, das schnell wirkt und den Krankheitsverlauf verkürzt. Um ein Komplexmittel zu erstellen, geben Sie einfach alle dazugehörigen Raten in eine Gruppe. Mit dem Senden wird daraus automatisch ein Komplexmittel erstellt. Ich gebe immer noch hinzu, dass alle Mittel interaktiv wirken sollen. Dann wird das Mittel immer nur aktiv abgegriffen, wenn es nötig ist. Ich stelle mir vor, dass die Störung im Körper eine gewisse, ganz feine Vibration auslöst. Die Mittel, die als Heilmittel dafür in Frage kommen, werden durch diese Vibration angeregt, schwingen dadurch stärker und wirken auf diese Weise. Für mich ist das sehr beruhigend, denn ich brauche nicht Angst zu haben, etwas Falsches zu geben.

Die Analysefunktion des Ratenprogramms habe ich gerade im Test und ich kann schon berichten, dass es sich dabei um etwas ganz besonderes handelt. Damit kann man auch im Miasmen-Bereich arbeiten und zum Beispiel auch vorgeburtliche Prägungen und karmische Dispositionen angehen. Doch dazu mehr in der nächsten Ausgabe.

inkl. Handbuch, DVD mit Erklärungen, Sendemodul und USB-Verlängerung

Foto: © www.wu-wei.de

Urteilch
Ratenprog

Installations-CD

© Wu-Wei Auslieferung GmbH

wu-wei

Urteilchen
Ratenprogramm

Version 1.0

wu-wei

Urteilchen Transmitter DNA-Kalibration

Verjüngung und Erkennen des Potentials der Unsterblichkeit

Klaus Jürgen Becker

Im menschlichen Körper findet ständig eine Zell-Reproduktion statt. Unser Körper verfügt über etwa 60 bis 90 Billionen Zellen (je nach Typ). Davon sterben jede Sekunde etwa 50 Millionen Zellen und werden durch neue ersetzt . Hierfür bedient sich der Organismus der sogenannten Mitose. Dies ist ein Kopiervorgang, bei dem die DNA neu verteilt wird. Hierbei teilt sich eine Zelle in zwei identische Tochterzellen. In der Vorstufe dieser Teilung, der sogenannten Interphase, werden die DNA-Moleküle repliziert.

Die Erneuerungsrate ist extrem unterschiedlich, je nachdem, um welchen Körperteil es sich handelt :

- Weiße Blutkörperchen: Drei Tage
- Lungenoberfläche, Darmzellen: Acht Tage
- Hautzellen: 60 Tage
- Rote Blutkörperchen: 120 Tage

Die Zellen eines 50-Jährigen sind im Durchschnitt nicht älter als zehn Jahre. Doch warum altert dann der Mensch? In unserem Körper ist ein Alterungs-

programm eingebaut, nachdem die Zellkopien im Alter immer schlechter werden.

Als Sinnbild mag der Fotokopierer dienen: Je öfter man eine Kopie von einer Kopie macht, umso schlechter wird die Information auf dem Blatt lesbar. Schwer lesbare Zellinformationen ergeben fehlerhafte Zellen (gebrechlichere Körper), bis eines Tages eine Zelle gar nicht mehr kopiert werden kann. Irgendwann stirbt der Mensch. Wenn sich die menschlichen Zellen fehlerfrei reproduzieren könnten, würde dadurch die Zellalterung gebremst, gegebenenfalls sogar umgekehrt. Um beim Beispiel zu bleiben, stellen wir uns die Kopie einer digitalen Foto-Datei auf dem Computer vor: Egal, wie viele Kopien von Kopien auf dem Computer angefertigt werden, auch bei der tausendsten Replikation ist das Foto genauso gut zu erkennen wie beim Original.

Verbesserung von Gen-Expressionen

Wenn ein Körperenergiesystem einen defekten „Multiplikator" hat, der immer wieder die gleiche Krankheit neu abbildet, dann hält er eine chronische Krankheit am Laufen. Ist es vorstellbar, dass im Zuge der regelmäßigen Erneuerung der Zellen, die nächste Kopie der Zelle heiler nachgezeichnet wird? Die Genforschung hat verschiedene Möglichkeiten zur Verbesserung der Gen-Expression entdeckt,

unter anderem:
• Die DNA-Methylierung: Hemmt den DNA-Transfer dort, wo es hilfreich ist.
• Die Histon-Modifikation: HDAC (Histon-Deacetylasen-Hemmung für gefährliche Zellen).
• Die Intervention durch Micro-RNA als therapeutische Zielstruktur.

Vom Computer wissen wir, dass er das kann: Werden die Farben, Linien und Schattierungen eines nicht optimalen Fotos mit einem guten Bildbearbeitungsprogramm nachbearbeitet, bildet die „Kopie" das foto-grafierte Objekt besser ab als die Original-Datei. Demzufolge wird auch der „Ausdruck" noch schöner.

Wenn ein Computer das kann, warum soll der „menschliche Computer" dazu nicht in der Lage sein, wenn man ihn dazu ermutigt? Der vorliegende Transmitter gibt dem menschlichen Organismus einen Impuls, sich in diese Richtung zu bewegen.

Was bedeutet Rückkoppelung?

Von der Zellebene aus wird eine Information an das Gehirn gesendet, welche zu einer Veränderung des Verhaltens führt. Dies kann zum Beispiel die Bitte sein, eine Umgebung zu wechseln, die dir nicht gut tut, eine Bitte zur gesünderen Ernährung oder mehr an die frische Luft zu gehen. Der Betreffende fühlt sich dann dazu motiviert - nicht weil er es gelesen hat, sondern weil der Impuls von innen heraus, aus der Zellebene kommt.

Ziel des Transmitters ist es, intelligente, aktualisierte und lebensförderliche Informationen bewusst zu machen.

Die DNA-Informationen, die für den Menschen der Neuen Zeit wichtig sind, zum Beispiel „Wie vernetze ich mich sinnvoll mit hilfreichen Menschen und Energien?" oder „Welche meiner vererbten Qualitäten sind besonders in dieser Neuen Zeit von Nutzen?", werden mehr und mehr freigelegt. Überholte Konditionierungen, die aus der Vergangenheit stammen, werden dagegen überblendet. Der moderne Mensch in Mitteleuropa braucht heute nicht mehr die Information, die seinem Vorfahren geholfen hat, den Säbelzahntiger zu bekämpfen oder im Krieg zu bestehen.

Verjüngung und Unsterblichkeit

Alter und Tod waren eine gute Lösung für die Menschen der Vergangenheit. Für viele Menschen war es eine Gnade, eines Tages sterben zu dürfen, insbesondere bei:

- Armut,
- unvorteilhaften Lebensumständen,
- niederem Status,
- unlösbaren Beziehungskonflikten,
- ethnischer Verfolgung / Unfreiheit in der Ausübung der eigenen Religion,
- Krieg,
- dauerhaften Verletzungen (Kriegsfolgen, Verlust von Körperteilen),
- unheilbarer Krankheit, Körperbehinderung oder gar Siechtum.

Auch das Altern war bei den Menschen der Vergangenheit sinnvoll:
Der soziale Druck, die schwere körperliche Arbeitsleistung eines Erwachsenen erbringen zu müssen, fiel ab. Der gebrechliche Mensch musste sich abkehren von der Identifikation mit dem Körperlichen. Er wurde so dazu angeregt, sich seiner Vergeistigung zu widmen. Im Rahmen des Generationenvertrages bot die jeweils nachrückende junge Generation der Großelterngeneration die Möglichkeit, sich um Philosophie, Weisheit und Kinderpflege zu kümmern. Nach dem Tod konnte der Betroffene im Rahmen seines jenseitigen Läuterungsprozesses im Dialog mit seiner Seele Lebensfehler erkennen und bekam eine neue Chance mit seiner nächsten Reinkarnation.

Heute gelten die bisherigen Evolutionsprinzipien nicht mehr in vollem Umfang: Aufgrund der Fortschritte in der Industrialisierung, werden immer weniger Menschen benötigt, die hart arbeiten. Stattdessen braucht der Arbeitsmarkt mehr und mehr Menschen mit Reife und Umsicht, die geistig arbeiten und dabei der globalen Vernetzung und Strukturierung gerecht werden können. Da jungen Kräften dazu oft der Wille oder die Erfahrung fehlt, greifen viele Betriebe immer mehr auf berufserfahrene Pensionäre zurück und bieten ihnen gute Positionen in ihren Unternehmen an.

Sehr schön wird dies in dem Film „Man lernt nie aus" dargestellt, der im September 2015 in die deutschen Kinos gekommen ist: Der 70-jährige Witwer Ben Whittaker (Oscar®-Preisträger Robert De Niro) hat das Empfinden, zu Hause zu versauern und möchte wieder etwas Sinnvolles tun. Obwohl er es finanziell nicht nötig hätte, wird er Senioren-Praktikant in einer Mode-Design-Firma.

Immer mehr Menschen sehnen sich danach, im Alter etwas Sinnvolles zu tun, ehrenamtlich oder im Rahmen eines „Spätberufes". Dies dürfte auch eine Lösung für die Überalterung unserer Gesellschaft sein, erfordert jedoch, dass der Mensch der Zukunft auch mit 70 oder 80 Jahren noch körperlich vital, im Bewusstsein klar und geistig fit ist.

Auch aus seelischer Sicht ist heute der Tod keine optimale Lösung mehr: Kaum hat der Mensch die Reife entwickelt, um zu erkennen, wie die geistigen Gesetzmäßigkeiten im Dienste seiner Lebensabsicht arbeiten und wofür er leben will, hat er mit seiner Senilität zu kämpfen. Im Rahmen einer Wiedergeburt gehen dann weitere wertvolle Jahre verloren, in denen er neun Monate im Mutterleib verbringen, neu das Essen, Trinken und Gehen lernen und zur Schule gehen muss, um dann vielleicht mit 30 Jahren wieder dort weiterzumachen, wo er im vergangenen Leben aufgehört hat.

Es findet doch gerade jetzt, in der ersten Hälfte des 21. Jahrhunderts, kollektiv eine solch gewaltige Entwicklung, technisch, geistig und seelisch, statt, mit nie dagewesenen Lernchancen für Körper, Geist und Seele. Wäre es nicht sinnvoll, diese ohne längere Unterbrechung mitzuerleben?

Es ist von evolutionärem Vorteil, in der heutigen Zeit möglichst lange und gesund zu leben, insbesondere, wenn man spirituell bewusst geworden ist und ohnehin bereits begonnen hat, an sich zu arbeiten. Die Seele des Menschen ist unsterblich. Die Sehnsucht nach physischer Unsterblichkeit mag für den unreifen Menschen reiner Hedonismus sein – ein Wunsch nach ewigem Sinnesgenuss. Der bewusst gewordene Mensch spürt jedoch, dass seine Seele unsterblich ist und versteht den Wunsch seiner Seele, die Unsterblichkeit, die ihr zu Eigen ist, auch in der physischen Welt zu manifestieren.

Doch auch der bewusst gewordene Mensch trägt die Programme von Altern und Sterben in seinem genetischen Erbe. Hier soll der vorliegende Transmitter helfen, den Alterungsprozess zu reduzieren oder sogar umzukehren, die Langlebigkeit zu fördern und die Idee von physischer Unsterblichkeit über die Generationen weiterzugeben, bis sie sich vielleicht in naher oder ferner Zukunft bei einer Folgegeneration verwirklichen kann.

Epigenetischer Nutzen:

Das Erbgut enthält die ganze genetische Information des Menschen. Früher glaubte man, dass, wenn die DNA fehlerhaft sei, automatisch der Fehler mit kopiert würde. Doch dem ist nicht so.
„Die Epigenetik hat festgestellt, dass die DNA in unseren Genen zum Zeitpunkt der Geburt noch nicht vollständig festgelegt ist. (…) Umwelteinflüsse, darunter auch Ernährung, Stress und Gefühle, können unsere Gene verändern."

Hierzu vielleicht einige Hintergründe: Im Zellkern wird die DNA von Regulations-Proteinen umhüllt wie von einem Ärmel. Sind die Gene bedeckt, ist ihre Information nicht lesbar und wird daher nicht weiterkopiert. Ist sie lesbar, wird sie kopiert und weitergegeben. Signale aus der Umgebung bringen den Protein-Ärmel dazu, sich von der Doppelhelix der DNA zu lösen, das Gen kann gelesen werden, die Zelle kann davon eine Kopie machen. Doch nicht nur die Qualität des Umweltsignals, sondern auch ihre Interpretation beeinflusst, was im Körper geschieht. So steuern Umweltsignale die Aktivität der Gene und es kann zu völlig unterschiedlichen Gen-Expressionen kommen, obwohl die DNA-Sequenz sich nicht verändert hat .
Ob der „Eiweiß-Ärmel" sich um das jeweilige Gen hüllt oder nicht, hängt davon ab, welches Umweltsignal das Eiweiß bekommt. Auch die Wahl der Nahrung (zum Beispiel der zugeführten Eiweiße) steuert, welcher Teil der Information zu verwerten ist. Hier gibt es die Möglichkeit, einen Einfluss zu nehmen, welcher der Lebensabsicht dient. Es gibt

Bild: © sumkinn / shutterstock.de

Forschungen mit trächtigen Agouti-Mäusemüttern, denen man ganz bestimmte Nahrungsergänzungen gegeben hat. Normalerweise werden Agouti-Mäuse fett und sterben früh an Herzinfarkt. Nun aber brachten die Mäusemütter schlanke, agile Mäuse zur Welt, die lange lebten.

Zur „Umwelt" gehören neben der Ernährung auch die Lebensumstände des Menschen, seine Beziehungen, Gedanken und Gefühle. Informationen, die sich der Mensch durch die Arbeit mit dem Transmitter selbst zuführt, haben einen subtilhochschwingenden Einfluss. Im Klartext: Der Mensch kann die „Eiweiß-Ärmel" in eine positive Richtung schieben, indem er sein Leben positiv verändert.

12-Strang-DNA

Die Schulmedizin lehrt, dass der Mensch nur über zwei DNA-Stränge verfügt. Die Qualität der DNA-Stränge, die aktiviert sind, lebt der Mensch in seinem Leben. Bei der 2-Strang-DNA hat dies sehr viel mit seinen Vorfahren zu tun.

Einige esoterische Lehren gehen davon aus, dass zum Zeitpunkt der Seelenerweckung zwei weitere feinstoffliche DNA-Stränge aktiviert werden, die mit dem sogenannten Kronenchakra verbunden sind. Die Seelenerweckung soll der Zeitpunkt sein, zu dem sich die Seele ihrer tieferen Bedeutung bewusst wird. Oft ist die Seelenerweckung verbunden mit einer starken seelischen Berührtheit und einer langfristigen Umstellung der Lebenswerte und -perspektiven.

Legenden zufolge soll es in dem feinstofflichen Körper des Menschen in prähistorischen Kulturen (zum Beispiel Lemurien) weitere acht DNA-Stränge geben, welche noch heute in den feinstofflichen Körpern der Menschen angelegt seien. Jeder dieser zehn nicht aktivierten Stränge soll über eine eigene Qualität verfügen, wie etwa subtile Sinneswahrnehmungen, Reisen jenseits der Zeit, Dimensions-Wanderungen, Höherentwicklung des Adam Kadmon und so weiter. In einigen Sagen wird das Kappen der DNA-Stränge als „göttliche Strafe für begangenen Hochmut und Frevel" beschrieben. Natürlich lässt sich dies nicht beweisen, doch möglicherweise umfasst das menschliche Potenzial mehr Dimensionen und Räume als man uns in der Schule gelehrt hat.

Der Transmitter DNA-Kalibration hat die Intention, einen Impuls in Richtung 4-Strang-DNA und dann in Richtung 12-Strang-DNA zu geben, so dass die 12-Strang-DNA (Lichtmatrix) aktiviert werden kann. Einiges mag dem einen oder anderen Leser als Utopie vorkommen, doch der Songtext „Imagine" von John Lennon mag daran erinnern: Träume, die viele träumen, können Wirklichkeit werden.

Der Transmitter DNA-Optimierung unterstützt folgende Programme:

- Verjüngung und Erkennen des Potenzials von Unsterblichkeit
- Gen-Regeneration
- Optimierung der Zell-Reproduktion
- Aufbau einer 12-Strang-DNA
- Verbesserung der Umwelteinflüsse
- Lebensförderliche Interpretation der Umweltreize (Reframing)
- Erkennen schädlicher und nützlicher Lebensweisen, Rückkoppelung ans Gehirn
- Optimaler epigenetischer Nutzen
- Anregung zu einer Ernährung, welche die eigenen positiven Genprogramme unterstützt
- Verlangsamung beziehungsweise rückgängig machen der Zell-Alterung
- Ausrichtung der DNA auf die Lebensabsicht / innere Matrix
- Reparatur von genetischen Programmen.
- Aktualisierung der genetisch vererbten Fähigkeiten
- Rückgängigmachung negativer Mutationen (zum Beispiel aufgrund belastender Ereignisse).
- Anregen von positiven Mutationen (Verbesserung der Zell-Replikate)
- Ausfiltern von belastendem Genmaterial (Erbkrankheiten, Kriegserfahrungen) für sich und die eigenen Nachkommen
- Durchreichen von hilfreichem Genmaterial, auch über mehrere Generationen hinweg
- Positives Rückwirken auf die Vorgängergenerationen, das heißt Heilimpulse für Ahnen und ihre Themen, auch wenn sie schon gestorben sein sollten

Wann sollte ich den Transmitter anwenden?

- Täglich, um etwas für meine Verjüngung zu tun.
- Wenn ich eine prickelnd-erfrischende Energie wünsche.
- Wenn ich meine Zell-Reproduktion und meine DNA-Expression verbessern möchte.
- Wenn ich an mir ein „geerbtes" Störverhalten oder „Schicksal" bemerke, das ich auflösen möchte.
- Wenn ich etwas für die Anlagen meiner Kinder

oder Vorfahren tun möchte.
- Vor und nach Familienaufstellungen.
- Wenn ich vom Leben zu den Umständen geführt werden möchte, in denen sich mein Genmaterial und meine Lebensabsicht verwirklichen können.
- Wann immer ich eine geeignete Kalibration meines Lebens auf meinen Lebensauftrag wünsche.
- Um Gendefekte zu heilen.
- Zur Neubewertung (Reframing) meines Lebens.

Wie kann ich den Transmitter anwenden?
- In die Wabe stellen oder in die Ampullenkammer legen beziehungsweise sich mit dem Urteilchen-Strahler bestrahlen (dies ist die kraftvollste Möglichkeit).
- Globuli, Salz oder Wasser damit informieren.
- Den Transmitter in einem Köcher bei sich tragen.

Wie ist die Wirkung des Transmitters fühlbar?

Die Bestrahlung fühlt sich an, als würde sich der eigene Körper verjüngen. So, als wenn Millionen neue, junge, lebensbejahende Zellen mit lebensförderlichen Programmen im Körper entstehen, während Zellen, die ihre Arbeit getan haben, ersetzt werden. Die leuchtenden Zellen im Inneren des Körpers erinnern an Orbs, sind aber energiegeladener. Die Wirkung ist eher prickelnd, wie aufsteigende Champagnerperlen.

Wie lange sollte ich mich bestrahlen?

Es ist sinnvoll, die Bestrahlung mit dem Transmitter einige Minuten lang durchzuführen. Wenn man sich beispielsweise drei Minuten auf die Bestrahlung konzentriert, erhöht dies die Wahrscheinlichkeit, dass sie auch vom Tagesbewusstsein wahrgenommen wird. Alternativ ist es möglich, den Körper zu bitten, ein Signal für das Ende der Bestrahlung zu geben und sensitiv wahrzunehmen, wann die Konzentration auf die Bestrahlung abgeschlossen ist.

Mantra: „DNA-Kalibration"

Imagination: Sich selbst als den vollkommen, gesunden Menschen frei von jeglichem Gendefekt sehen, mit einer voll regenerierten DNA mit einem optimalen Verhalten auch innerhalb der äußeren Welt.
Wahrnehmen: Es tut auch meinen Ahnen und meinen Nachkommen gut.

Klaus Jürgen Becker

Foto: © www.wu-wei.de

Erhältlich bei www.wu-wei.de

Wer bist du?

Fülle und Wohlstand bilden die Basis für ein ruhiges geistiges Arbeiten. Denn wer Sorgen um sein Auskommen hat, tut sich schwerer, wirkliche Dankbarkeit zu empfinden. Dankbarkeit ist aber der Öffner für das Tor zu unserem Herzen.

Eine Frau lag im Koma.
Plötzlich schien es ihr, als sei sie schon tot, wäre im Himmel und stünde nun vor einem Richterstuhl.
„Wer bist du?", fragte eine Stimme.
„Ich bin die Frau des Bürgermeisters", antwortete die Frau.
„Ich habe nicht gefragt, wessen Ehefrau du bist, sondern wer du bist."

„Ich bin die Mutter von vier Kindern", war nun ihre Antwort.
„Ich habe nicht gefragt, wessen Mutter du bist, sondern wer du bist."
„Ich bin Lehrerin."
„Ich habe auch nicht nach deinem Beruf gefragt, sondern wer du bist."
„Ich bin Christin."
„Ich habe nicht nach deiner Religion gefragt, sondern wer du bist."
Und so ging es immer weiter. Alles, was die Frau erwiderte, schien keine befriedigende Antwort auf die Frage „wer bist du?" zu sein.
Irgendwann erwachte die Frau aus ihrem Koma und wurde wieder gesund. Sie beschloss, nun herauszufinden, wer sie ist.

Editorial
Liebe Leserinnen
und liebe Leser,

manchmal ist es nicht einfach, das Editorial zu schreiben. Zu den verschiedensten Themen habe ich immer wieder Anlauf genommen und dann gespürt, das ist es nicht. Dann sah ich einen Zettel an meiner Pinnwand und erinnerte mich an eine Geschichte, die ich vor genau zehn Jahren geschrieben habe. Ich möchte sie Ihnen nochmals präsentieren, denn unser Lächeln ist heute noch genauso wichtig wie damals, wenn nicht noch wichtiger. Doch man kann dabei Fehler machen, wie die Geschichte erzählt. Lesen Sie selbst:

Der Lächler

Ein Mann, der immer sehr mürrisch schaute, ohne dass es ihm bewusst war, ging eines Tages an einem großen Spiegel vorbei, sah sich und erschrak. Er dachte: „Wenn mich alle Menschen so sehen, das ist ja furchtbar, ich bin ja gar nicht so mürrisch wie ich aussehe." Er beschloss in diesem Augenblick mehr zu lächeln. Natürlich fiel ihm das schwer, er vergaß es immer wieder, deshalb klebte er sich an alle möglichen Orte kleine Zettel, auf denen stand: „Lächle einfach".

Richard Weigerstorfer
Geschäftsführer RiWei-Verlag GmbH

Seine erste Lektion, die er lernen musste, nachdem er das Lächeln beherrschte: „Mein Lächeln irritiert die Menschen", lächelte er zum Beispiel eine junge Frau an, die neben ihm im Auto an der Ampel wartete, so schaute sie weg, weil sie sich angemacht fühlte. Lächelte er einen Mann an, so stieß er auch auf sonderbare Reaktionen, die er mit ernstem Gesicht nicht kannte.

Lächeln mit Blickkontakt irritiert die meisten Menschen, da beim Lächeln die Augen viel Energie ausstrahlen. „So viel Energie wird meist nur zwischen Menschen ausgestrahlt, die sich sehr nahe oder vertraut sind", war seine Erkenntnis. Also versuchte er, nicht mehr zwanghaft Blickkontakt aufzubauen.

Seine zweite Erfahrung war viel besser. Saß er zum Beispiel in einem Café und lächelte so vor sich hin, ohne einen Blick zu suchen, so spürte er, dass die Blicke der anderen Gäste immer häufiger zu ihm wanderten. Er konnte auch die Gedanken spüren: „Das ist ein Verrückter", „ist der frisch verliebt?", „warum lächelt er immer?" Diese dritte Frage brachte bei anderen Menschen ganz viele Gedanken ins Rollen. Oft geschah nichts, aber manchmal sprach ihn jemand an und mit ihm konnte er „Blickkontakt mit Lächeln" aufnehmen, ohne missverstanden zu werden.

Er war nämlich ab seiner Entscheidung „Lächle einfach" der glücklichste Mensch. Ich verrate euch noch etwas: Er kann sein Lächeln gar nicht mehr unterdrücken.

Eine ehrliche Frage: Lächeln Sie in diesem Augenblick?

Richard Weigerstorfer

Erzengel Azrael

Seine Energie spendet Trost bei Trauer, Verlust und Übergang

Bettina Maier

Sehr liebevoll, ruhig und zurückhaltend ist die Energie von Azrael, der als Engel des Todes gilt. Wenn unsere Seele den irdischen Körper verlässt, hält Azrael unsere Hand und begleitet uns schützend nach Hause. Er ist alles andere als furchteinflößend: Voller Mitgefühl und unendlicher Liebe spendet er den Hinterbliebenen Kraft und hilft ihnen, ihren Schmerz zu überwinden. Wenn Sie unter tiefer Trauer leiden, bitten Sie Azrael um Hilfe und Unterstützung – seine heilende Energie wird Sie auffangen.

Azrael unterstützt bei wichtigen Lebensveränderungen

Azrael, dessen Name „Dem Gott hilft" bedeutet, spendet uns Menschen Trost in allen Fällen von Verlust und Übergang. Er ist Schutzpatron für alle, die in der Trauerarbeit tätig sind. Mit seiner Hilfe finden wir tröstende Worte für alle Leidtragenden, so dass sie ihren Schmerz verarbeiten können und Heilung finden. Zudem unterstützt Azrael bei wichtigen Lebensveränderungen. Er zeigt Wendepunkte auf, hilft, neue Wege einzuschlagen und zu verstehen, dass Vergänglichkeit und Neubeginn ganz natürlich sind und zu unserem Dasein gehören. Azrael hilft uns dabei, Gefühle von Schuld und Scham zu überwinden sowie Angst und Wut aufzulösen und zu neuer Leichtigkeit und Lebensfreude zu finden. Wenn Sie Azrael um Hilfe bitten, geben Sie ihm die Erlaubnis, Ihnen zur Seite zu stehen. Denn Engel werden niemals von sich aus eingreifen – sie respektieren den freien Willen des Menschen und werden diese Grenze nie überschreiten.

Übrigens: Auch der Volksglaube kennt viele Überlieferungen und Legenden über den Erzengel Azrael. So soll er die Namen aller Neugeborenen in sein dickes Buch schreiben und die Namen der Verstorbenen streichen.

Azraels Glorienschein und Aura erstrahlen in Cremeweiß. Als Heilstein wird der Gelbe Kalzit mit ihm in Verbindung gebracht, zudem ist er dem Sternzeichen Steinbock zugeordnet.

Foto: © saiko3p / shutterstock.de

Rumi und die Liebe

Mit Zitaten und Gedichten über die Liebe setzen wir unsere Reihe über den berühmten Mystiker Rumi (1207-1273) fort. Wir wünschen viel Freude beim Lesen und Inspiration für Herz und Seele.

———

Ich kann die Rätsel alle dir der Schöpfung sagen:
denn aller Rätsel Lösungswort ist mein, die Liebe.

———

Bevor der Verstand sich entschließt,
einen Schritt zu tun,
hat die Liebe den siebenten Himmel erreicht.

———

Wo die Liebe erwacht,
stirbt das Ich, der dunkle Despot.

———

Dies ist der Liebenden Rat,
lass ihn das Herz dir berühren:
Liebe schweigend,
denn still sagt ihr Geheimstes die Welt.

———

Man sagt, die Liebe öffnet eine Tür von einem Herzen zum andern; doch wo es keine Mauer gibt, wo soll dann eine Türe sein?

———

Die drei Hawaii-Transmitter

Hilfe und Unterstützung für alle, die Verantwortung für ihr Leben übernehmen wollen

Klaus Jürgen Becker

Unsere Hawaii-Transmitter bringen drei spirituelle Ressourcen, beheimatet in der „Insel des ewigen Frühlings", mitten hinein in unsere Alltags-Welt. Sie sind ideal geeignet zum Aufprägen auf eine Kerze, zur Information von Trägersalz (zum Lutschen), zur Herstellung von Globuli, beziehungsweise Tabletten für unterwegs, zum Tragen im Köcher um den Hals und natürlich zum Besenden mit dem Urteilchen-Strahler.

Hawaii-Transmitter "Ho'oponopono"

Dieser Transmitter ist für Menschen gedacht, die Verantwortung für ihre Lebensumstände übernehmen wollen. Ho´oponopono bedeutet wörtlich: „Die Dinge mit sich und dem Göttlichen in Einklang bringen." Es ist der hawaiianische Weg, sich, seine Beziehungen und seine Lebensumstände durch das Göttliche bereinigen zu lassen, das eigene Leben zu heilen und sich nach Maßstäben der göttlichen Ordnung auszurichten. Der Transmitter unterstützt darin, die heilenden Kräfte von Ho´oponopono auch in schwierigen Situationen oder Umständen zu spüren:

- Aufweichen von bindenden Verhärtungen, Blockierungen und dem Gefühl, gekränkt zu sein.
- Erkennen der Ursache in sich und Zurücknehmen von Projektionen.
- Lösen von neuronalen Energiestaus, Öffnung für die höhere kortikale Bahn.
- Entstehung eines inneren Kontaktes zu der eigenen schöpferischen Quelle, aus der heraus Wahlmöglichkeit für das eigene Denken, Fühlen und Handeln besteht,
- Verbindung mit den vier heilenden Grundqualitäten: Bedauern, Vergebung, Liebe und Dankbarkeit.

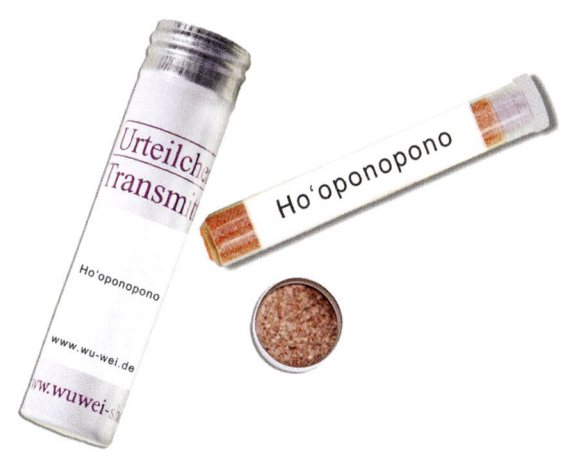

Hawaii-Transmitter "Mana Flow"

Huna geht von drei Selbst-Anteilen des Menschen aus, die alle von diesem Transmitter profitieren:

- Uhane – das Tagesbewusstsein: die Qualität von Achtsamkeit und die liebevolle Kommunikation mit UNIHIPILI (einfühlsamer Dialog).
- Unihipili – das unbewusste/innere Kind: die Qualität von Vitalität, Antrieb, Lebenslust und die Kommunikation mit AUMAKUA (Gebet).
- Aumakua – das überbewusste/hohe Selbst: die Qualität von Inspiration, Intuition, Weisheit und die Kommunikation mit Uhane (Mana-Flow).

Der Transmitter Mana Flow unterstützt außerdem:
- Die Wahrnehmung der unterschiedlichen Bedürfnisse der einzelnen Selbst-Anteile.
- Den Stühle-Dialog mit den Selbst-Anteilen.
- Die Kalibrierung der drei Selbst-Anteile miteinander.
- Die Förderung des Mana-Flows, für Hellsichtige wahrnehmbar als Energie-Trauben, für Hellfühlende wahrnehmbar als Segens-Schauer.
- Das Reinigungsgebet an die Ahnen. Bitte um Vergebung von Altlasten durch frühere Generationen.

Hawaii-Transmitter "Tiki Waena"

Tiki Waena gilt für die hawaiianischen Schamanen als ein realer Ort in der mittleren Wirklichkeit und wird auch innerer Garten oder innerer Zufluchtsort genannt. Üblicherweise benötigt der Anwender Übung unter Anleitung, Meditation, Tiefenentspannung oder Trance, um in den inneren Garten zu reisen. Der Transmitter unterstützt die Erfahrung des inneren Gartens und damit verbundene geistige Arbeiten, insbesondere

- Die Regeneration (Phantasieurlaub).
- Das Erkennen eines Ortes der Zuflucht auch in schwieriger Umgebung.
- Die Visualisierung von Heilung.
- Die Beichte gegenüber dem Hohen Selbst.
- Die Trauma-Auflösung (zusammen mit einem Therapeuten).
- Die Kommunikation mit schwierigen Personen in geschützten Umständen.
- Die Nährung/Erfüllung sinnlicher und übersinnlicher Bedürfnisse.
- Gespräche mit Mentoren, Schutzengeln, Geistführern.

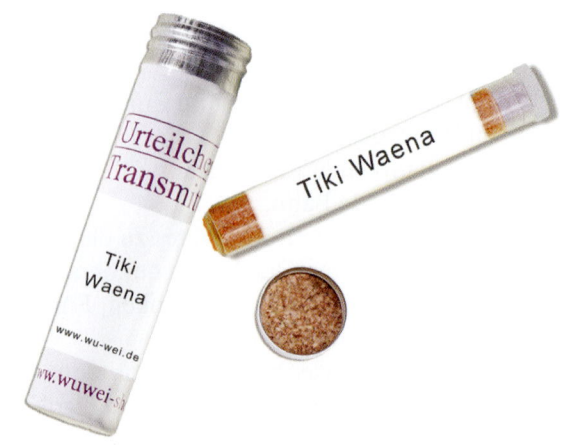

Herzgefühl schließt eine Lücke,
ich empfinde es wie eine Brücke,
einen Lichtblick in den dunklen Zeiten,
um neue Wege zu beschreiten.
Es erscheint wie eine Hilfe mir
zu einem Schritt vom ICH zum WIR.

Ich möchte allen Danke sagen,
die mit Herzgefühl neue Wege wagen,
die neue Pfade mir erschließen,
auf denen Wunderblumen sprießen.

Und wenn wir auf dem Gipfel stehen,
ist die Welt so traumhaft schön,
wenn alle Nebel bald entschwinden,
werden wir alle uns im Licht befinden.

Ein Gedicht für das Herzgefühl
von unserer Leserin Sigrid Beck

Foto: © LiKar / shutterstock.de

Baumessig-Pads

Entschlackungspflaster für Körper, Seele und Geist

Klaus Jürgen Becker

Wegen einer Achillessehnen-Operation musste ich mehrere Monate lang meinen rechten Fuß, unbeweglich bandagiert, in einem Stützschuh tragen. Als ich diesen endlich dauerhaft abnehmen durfte, spürte ich, wie unbeweglich mein Fuß geworden war. Der Körpergeruch am Fuß, der sich trotz häufigem Waschen immer wieder bildete, wies auf eine Toxin-Belastung hin. Zugleich litt ich unter starken Schwellungen an Fuß und Wade. Mir war auch klar, dass in den vergangenen Monaten die Lymphpumpe nicht arbeiten konnte und entschied mich, meinem über Monate vernachlässigten Fuß die Baumessig-Pads aus dem Wu-Wei-Shop zu gönnen.

Die ersten beiden Nächte nach der Anwendung träumte ich schlecht und fühlte mich morgens gereizt und unwohl, das waren wohl Entgiftungs-Erscheinungen. Durch Trinken von reinigendem Tee und Meditationen unterstützte ich diese körperliche und geistige Reinigung. Bereits ab der dritten Nacht fühlte ich mich beim Aufwachen harmonischer als Tage vor der Anwendung, mehr noch: Ich erlebte, dass ich morgens beim Aufstehen deutlich bessere Gedanken und Gedanken-Assoziationen hatte als vor der Anwendung. Die Gedanken – und auch mein Verhalten gegenüber meiner Frau und meinen Klienten – erlebe ich seitdem als klarer und liebevoller, mein Energiesystem insgesamt als sauberer und durchlässiger.

Wohlig-warme Füße im Winter
Zudem ging die Schwellung an Fuß und Wade zurück, besonders stark morgens nach dem Aufstehen sichtbar. Allerdings könnte dies auch auf die zahlreichen Reha-Maßnahmen zurückzuführen sein, die ich selbst durchführte. Ich neige nachts normalerweise eher zu kalten Füßen. Bei Anwen-

Grobe Übersicht der Fußreflexzonen

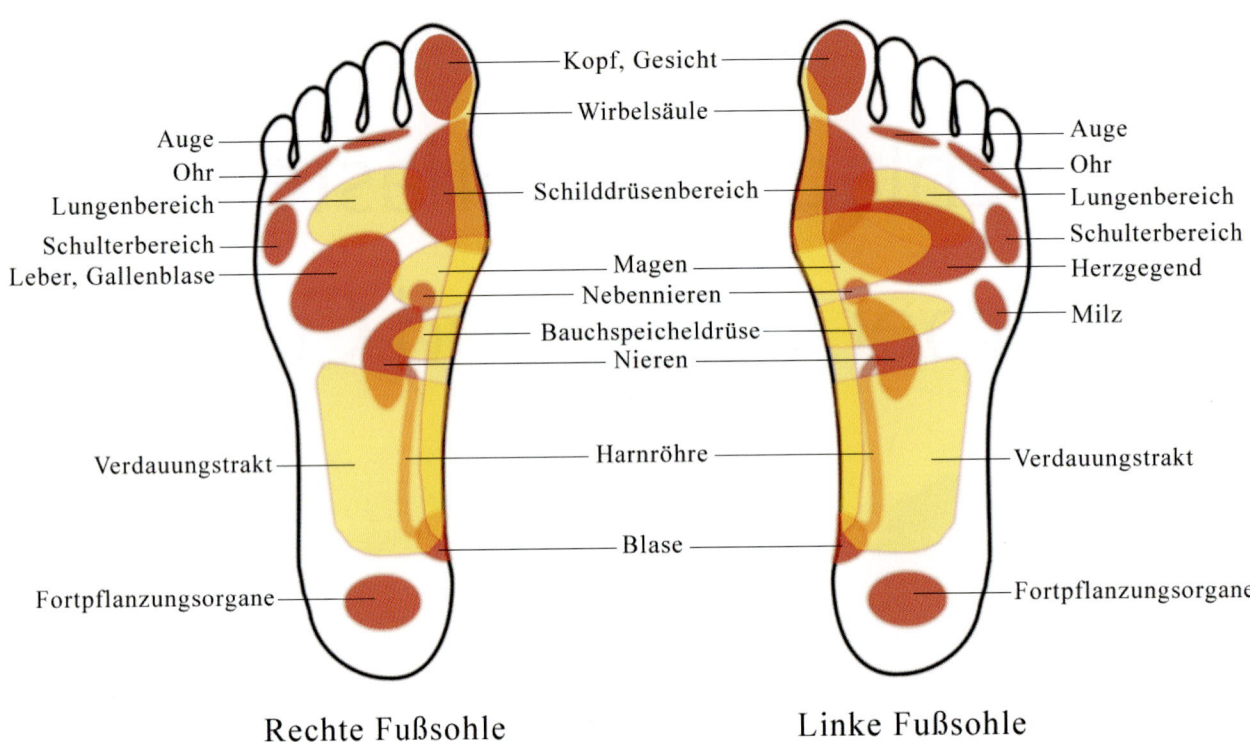

Rechte Fußsohle   Linke Fußsohle

Baumessig-Pflaster wachte ich jedoch morgens stets mit wohlig-warmen Füßen auf. Dies hängt offenbar mit der Tiefenwärmeregulierung zusammen, welche durch die Baumessig-Pflaster eingeleitet wird. Die warmen Füße blieben mir auch tagsüber, mitten im Winter, erhalten.

Die Veränderung in meinem Befinden war deutlich spürbar. Ein Wohlbefinden stieg mehr und mehr in mir auf. Mir erschien die Anwendung der Baumessig-Pads wie eine Kur für Körper, Seele und Geist. Um diesen Effekt zu verstehen und dem Geheimnis näher zu kommen, begab ich mich auf eine geistige Forschungsreise an der ich Sie wie folgt teilhaben lassen möchte:
In der Bibel (Markus 15; 36) wird berichtet, dass der durstige Jesus am Kreuz mit einem Schwamm voll Essig getränkt wurde. Diese Geste war offenbar weder Folter noch Verhöhnung, sondern eine Geste des Mitgefühls. Denn damals war mit Wasser verdünnter Essig ein begehrter Durstlöscher, das Lieblingsgetränk der Soldaten und Wüsten-Wanderer, insbesondere, da es zugleich in der Lage war,

den Mund zu desinfizieren.
Reisen wir weiter zu einem anderen Kulturkreis, in den fernen Osten: Baumessig-Pads werden in Asien schon seit langem wegen ihrer entschlackenden Wirkung geschätzt. Bekanntlich gelten die Fußsohlen des Menschen in der Traditionellen Chinesischen Medizin als der „Spiegel des Körpers". An der Fußsohle ist der gesamte menschliche Körper mit allen Organen in Form von Reflexzonen abgebildet. Da der Mensch über die Fußsohlen ausscheidet, werden die Fußsohlen auch als „dritte und vierte Niere" betrachtet.

Baumessig zieht Säuren an und neutralisiert sie

Wir nehmen durch unseren Lebensstil Tag für Tag über die Nahrung aber auch über unser Energiefeld und die Informationen, die uns umgeben, Toxine und subtile Störeinflüsse auf. Hinzu kommen Medizinalgifte und im Körper gehortete Stoffwechselschlacken. Ein weiteres Problem ist die chronische Übersäuerung des Menschen. Säuren,

die der Körper nicht los wird, können zu Gelenk-
problemen, Rheuma und Osteoporose führen. Von
einem Arzt hatte ich gehört, dass Krebszellen nur
in einem sauren Milieu gedeihen können.
Baumessig hat nun im Kontakt mit dem
menschlichen Organismus eine alkalische
und reinigende Wirkung. Baumessig zieht
Säuren an und neutralisiert sie. Er verstärkt
den natürlichen Ausscheidungsprozess über
die Füße um ein Vielfaches, zieht mit den
Säuren die daran gebundenen Gifte aus den
Füßen heraus.

Die moderne Welt, insbesondere Elektrosmog,
Abgase, die gesamte moderne Industrialisierung
und der mit ihr zusammenhängende Stress hat
dazu geführt, dass der Mensch in einem überlade-
nen Feld von zu hohem Plus-Ionen-Anteil lebt.
Wenn wir einen Wochenendausflug in die Natur
gemacht haben, erleben wir eine sehr starke vita-
lisierende Wirkung, die unter anderem auf den
Einfluss der Minus-Ionen zurückzuführen ist, wie
sie an Seen, Flüssen, in den Bergen oder in schad-
stofffreien Wäldern erfahren werden kann. Vielleicht kennen Sie auch von sich den Wunsch, nach
einem reinigenden Gewitter hinaus in die Natur
zu gehen und den reinigenden Regen zu genießen
– dies liegt daran, dass die Luft nach dem Gewitter
stark mit Minus-Ionen aufgeladen ist. Dem Internet entnahm ich: Die Anwendung der Baumessig-
Pads verschiebt das Ionen-Verhältnis zugunsten der
begehrten Minus-Ionen, fördert damit die Entspannung, Regeneration und Vitalisierung. So entgiften
Baumessig-Pflaster den menschlichen Organismus
für uns, während wir schlafen.

Mit den turlavin Baumessig-Pads köne-
nen Sie effektiv und einfach im Schlaf
entschlacken.

„Das Karma sitzt in den Füßen"

sagt der Volksmund. So stellt sich mir auch die
Frage, ob es möglich ist, negatives Karma mit
Hilfe der Baumessig-Pads aus den Füßen heraus-
zuziehen. Für mich deutlich spürbar ist, dass die
reinigende Wirkung der Baumessig-Pads auch auf
subtileren Ebenen stattfindet. Dies könnte an dem
Wassermelonen-Turmalin liegen, der in die Pads
eingearbeitet ist. Der Turmalin gilt seit alters her
als ein Heilstein, der das menschliche Energiesystem vor negativen Energien und negativen Träumen beschützt. Insbesondere dem Wassermelonen-
Turmalin wird nachgesagt, dass er dem Menschen
dabei hilft, liebevoller zu werden gegenüber sich
und seinen Nächsten.

Vermutete Wirkungen:

- Herausziehen von Schlacken, Giften, Säuren.
- Anregung der Fettverbrennung, gut geeignet bei
  einer Abnehmkur.
- Zellschutz, gut kombinierbar mit dem
  Transmitter „Zellmembran Royal".
- Anregung des Stoffwechsels.
- Möglicherweise: Karma-Ausleitung, Entfer-
  nung von Disharmonien und Schuldgefühlen
  durch unbewältigte Konflikte und Verwirrun-
  gen, machen harmonisch und liebenswert.

Übrigens lassen sich die Baumessig-Pads auch auf
andere, schmerzende und geschwollene Körperstel-
len auflegen – bei dieser Form der Anwendung ist
vorher der Arzt oder Heilpraktiker zu konsultieren.

Erfahrungsberichte
unserer Leser

Petra aus Niederbayern

Als langjährige begeisterte Kundin Ihrer wertvollen Urteilchen-Produkte möchte ich mich von ganzem Herzen bedanken, dass Sie ständig an deren Weiterentwicklung arbeiten. Sie sind eine große Bereicherung und Unterstützung im Alltag, vor allem, wenn man selbst die hohe Schwingung spüren und wahrnehmen kann.

Die Arbeit mit dem Urteilchen-Strahler, den ich ständig im Einsatz habe, hat in unserer Familie schon so viele gute Dienste geleistet. Wenn ich nur an das vergangene Schuljahr denke, in dem meine Tochter ihren Abschluss der Mittleren Reife mit Bravour gemeistert hat. Keiner hätte sich das nur erahnen getraut, nicht mal die Lehrkräfte. Denn meine Tochter ist fast blind, ihr Restsehvermögen liegt momentan bei zwei Prozent am linken Auge, rechts kann sie nur noch hell und dunkel wahrnehmen.

Nur durch meinen unerschütterlichen Glauben an die höhere Kraft konnte ich diese oft sehr anstrengenden Phasen durchstehen. Dank des Urteilchen-Strahlers, der über das gesamte Schuljahr im Einsatz war, und der wertvollen Transmitter, konnte meine Tochter in den Prüfungszeiten bestens unterstützt werden und dieses hervorragende Ergebnis erzielen. Dafür bin ich undendlich dankbar.

Anita Krinowsky

Seit einigen Tagen ist die Grippe-Welle im Anrollen und alles niest und hustet um mich herum. Da kam die Mail von Wu-Wei gerade passend, dass die 34 Kräuter-Öl-Tropfen als Spray verwendet etwa 90 Prozent der Bakterien abtöten können. Da ich das Öl immer parat habe, konnte ich mir im Handumdrehen selbst ein solches Spray herstellen. Ich habe mich dann entsprechend eingenebelt und mich sicher darin gefühlt. Doch nach drei Tagen, als der Freitag und somit das Wochenende nahte, kribbelte es doch verdächtig in meiner Nase und da kam mir die Idee, mir Nasentropfen aus diesem Öl herzustellen. Ich gab in eine leere Pipetten-Flasche etwas gereinigtes Wasser, dann nach Gefühl einige Tropfen des Öls hinein und schon waren meine „Wundertropfen" fertig. Diesen Namen verdienen sie wirklich. Der Schnupfen wollte sich linksseitig einnisten, doch ich konnte mit diesen Tropfen geradezu angenehm dem Geschehen Einhalt gebieten. Was am Freitag begann, hatte ich am Montag schon vergessen. Einfach genial. Meine Kollegin hatte mit ihrem Schnupfen mehr als eine Woche zu kämpfen.

Gleichzeitig kam natürlich auch das Ratenprogramm zum Einsatz. An diesem besagten Freitag habe ich mir die passenden Globuli hergestellt und konnte deutlich spüren, wie ich auch hier unterstützt wurde. Nach eineinhalb Tagen habe ich neue Globuli gebraucht und die Informationen der restlichen einfach gelöscht – wie praktisch.

Danke für diese wunderbaren Produkte und herzliche Grüße an das Team.

Meine Wünsche und Sehnsüchte wurden erfüllt

Meine Erfahrungen mit dem EDV-Programm bei der persönlichen Analyse

TEIL 4

Maria Huber

Heute im letzten Teil der vierteiligen Serie über meine Erfahrungen mit dem Radionikgerät ORa34 und dem Urteilchen-EDV-Programm, berichte ich Ihnen über das Analysemodul.

Die Analysefunktion

Mit der Analysefunktion des Ratenprogrammes können Sie Mittel für eine Person austesten und von den in Frage kommenden Mitteln ein Schwingungsmuster ausgeben. Das hat im ersten Augenblick für mich etwas kompliziert geklungen, ist aber im Grunde ganz einfach.
Hier ein Beispiel: Sie haben alle Blütenessenzen in das EDV-Programm eingegeben und wollen nun nur die in Frage kommenden Mittel auswählen und davon Einnahmetropfen herstellen.

Stellen Sie im Feld „anzeigen" das Wort „Blütenessenzen" ein (siehe Bild unten) und starten Sie die Analyse mit der angezeigten Datenbank, in diesem Fall „Blütenessenzen". Durch Drücken des Buttons „angezeigte" wird das Fenster zur Eingabe der persönlichen Daten geöffnet. Die persönlichen Daten kann man speichern und braucht sie nicht immer wieder neu einzugeben. Nun habe ich Analyse 1 - 4 zur Auswahl, wobei man stets mit der 1 beginnt.

Interessant ist, dass man nicht von einem Krankheitsbild ausgeht, sondern von den Therapiemöglichkeiten. Dabei spielt das Leiden, das man behandeln will, keine vordergründige Rolle. Will ich zum Beispiel die Blütenessenzen für mich verwenden, so werden die für mich relevanten gefunden, egal ob ich Husten oder Stress behandeln will. Das macht

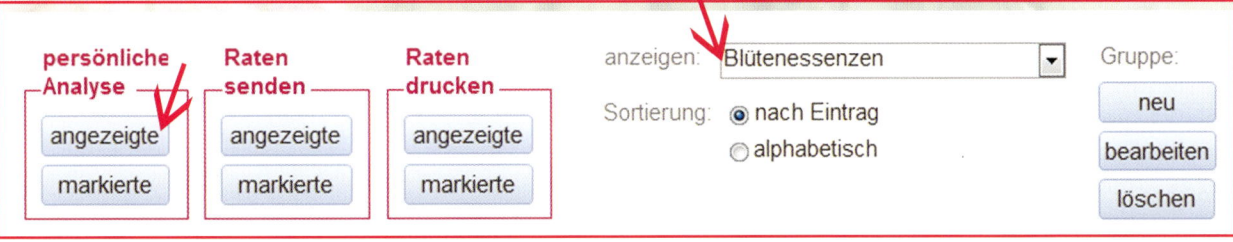

für mich schon Sinn, denn oft sind Störungen, die wir wahrnehmen, wie vielleicht Rückenschmerzen, gar nicht das Problem, sondern Überlastung auf der psychischen Ebene. Das Analysemodul findet genau das richtige Mittel, das wir im Augenblick brauchen.

Ein weiteres Beispiel: Wir haben Magenschmerzen aber benötigen in Wirklichkeit etwas gegen Übersäuerung. Dann bekommen wir ein Mittel, das uns hilft, die Ernährungsgewohnheiten zu verändern. Ich muss mir auch da keine Sorgen machen, denn das System analysiert immer das Mittel, das für die größte und im Augenblick wichtigste Störung hilft. Es kann durchaus sein, dass wir uns einer Krankheit noch gar nicht bewusst sind, weil sie noch keine Symptome ausgebildet hat. Gerade in diesen Vorstadien wirken die Maßnahmen am schnellsten und nachhaltigsten.

Eine Freundin ist hellsichtig und hat beobachtet, dass in der Aura ihrer Mutter dunkle Bereiche verschwanden, als sie die Analysetropfen einsetzte. Sie erklärte mir, dass Krankheiten meist schon lange im Vorfeld in der Aura sichtbar sind.

Ich habe einmal die Analyse mit allen Mitteln, die ich im Computer eingegeben hatte, laufen lassen. Das dauerte sehr lange, denn es waren bei mir einige tausend Mittel. Lieber arbeite ich mit kleineren Gruppen, wie zum Beispiel homöopathischen Mitteln, Blütenessenzen oder Vitalpilzen. Ich denke mir, dass der Körper damit effektiver umgehen kann, als wenn ich ihm eine sehr große Bandbreite anbiete, die ihn vielleicht erst einmal überfordert.

Persönliche Analyse, Daten eingeben

Wenn Sie die Dateneingabe starten indem Sie „angezeigte" oder „markierte" anklicken, bekommen Sie dieses Fenster geöffnet (Bild rechts).
Ich habe für mich und meine Familienmitglieder alle Daten gespeichert, wenn ich Freunden das Programm vorführe, so speichere ich die persönlichen Daten nicht ab, damit mein Verzeichnis immer schön übersichtlich bleibt.

Was mich am Anfang noch etwas irritiert hat, waren die verschiedenen Analysen von 1 – 4. Generell soll man mit der Analyse 1 beginnen, die Tropfen oder Globulis, die man sich damit herstellt, sollten ein bis zwei Wochen eingenommen werden, dann kann man zur Analyse 2 weitergehen. Mit meiner bisherigen Erfahrung ist es wirklich sinnvoll, langsam aufbauend zu arbeiten, denn wie es scheint, wirkt jede Analyse auf einer anderen Ebene.

In der Anleitung wird folgendes empfohlen:

Vor der nächsten Analyse ist es sinnvoll, mit dem Pendel oder der Einhandrute zu testen, ob Analyse 1 nochmals durchgeführt werden soll, oder ob schon auf Analyse 2 übergegangen werden kann. Gehen Sie in mindestens 14-tägigem Abstand weiter. Vor der Analyse 4 kann es sogar sechs bis acht Wochen Zeit erfordern, bis der Körper diese Information verarbeiten kann.

Schicken Sie doch Ihre Erfahrungen an den Verlag, dann werde ich in einem der nächsten Hefte einen Artikel darüber schreiben und Ihre Fragen beantworten.

Verlagsanschrift:
RiWei-Verlag
Redaktion Herzgefühl
Baierner Weg 4
93138 Hainsacker

Fax: 0941 799 45 72
E-Mail: redaktion@riwei.de

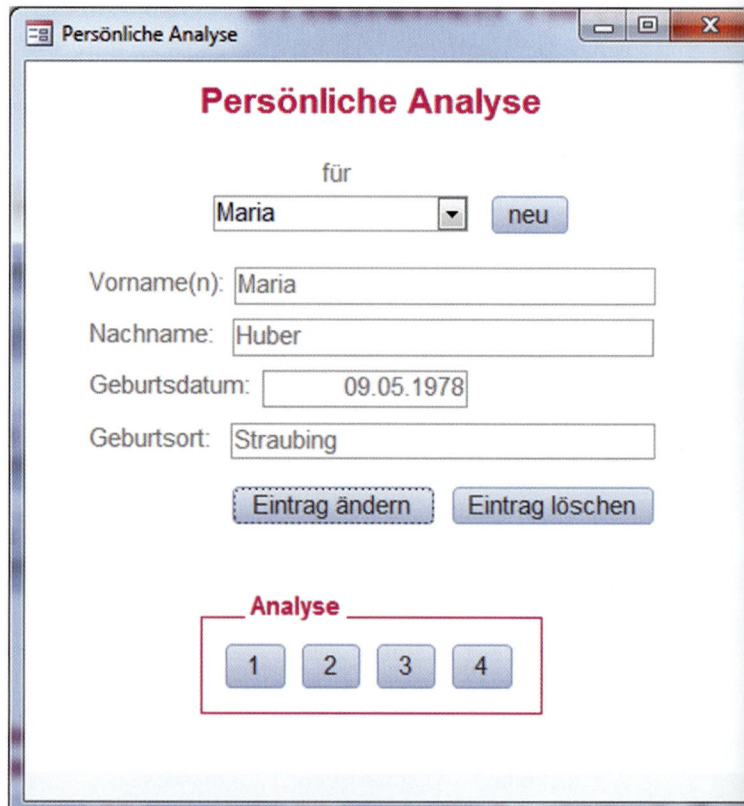

Meine Erfahrung mit dem Uri-Reisesegen

Klaus Jürgen Becker

Ein Astrologe hat einmal gesagt, ich würde feinste Schwingungen im gesamten Umfeld registrieren und Disharmonien in meinem Körper abbilden. Dies läge an meinem Neptun. So ein medialer Neptun ist zwar hilfreich für die Diagnostik anderer Menschen, jedoch eher unvorteilhaft für Übernachtungen in fremden Betten.

Mein Reiseproblem: Wenn ich meinen Schlafraum nicht gezielt reinige und einschwinge, benötigt mein Energiesystem mindestens 24 Stunden, bis ich mich in dem Raum wohl fühle und in ihm gut schlafen kann. Abends, nach einer langen Anreise, fühle ich mich dazu oftmals zu müde und so verbringe ich nach kurzem Erschöpfungsschlaf die erste Nacht in fremden Betten meist schlaflos-meditierend.

Während meines Krankenhausaufenthaltes im Spätsommer 2016 habe ich gute Erfahrungen mit dem Haussegen gemacht, der meinen Krankenhausschlaf wesentlich verbesserte. Allerdings beobachtete ich, dass der Haussegen einige Tage brauchte, bis das Energiefeld im Krankenzimmer komplett aufgebaut war. Ende des Jahres hatte ich viele Reisen mit Übernachtungen in fremden Betten. Ich wollte wissen, ob mir da der Urteilchen Reisesegen – vielleicht noch besser als der Haussegen – helfen könne? Der Haussegen sollte ja auch auf mein Zuhause aufpassen, wenn ich auf Reisen war. Warum also nicht den Reisesegen ausprobieren? Wie sich nachträglich zeigte, eine gute Idee. Meine Erfahrung: Wesentlich schneller als der Haussegen baut der Reisesegen in Übernachtungs-Zimmern eine Art Energieglocke auf, die deutlich spürbar ist. So, als ob die Matrix einer höheren Dimension in dem Zimmer Einzug hält. Bei einem Hotel am Bodensee, das an einer stark befahrenen Straße in Stadtnähe lag, hatte ich das Empfinden, dass der Straßenlärm sehr stark abgeschirmt wurde. Und ich schlief bereits in der ersten Nacht hervorragend. Gerne nehme ich den Reisesegen auch in Zukunft wieder mit auf Reisen.

Übrigens: Der Reisesegen ist aufgrund seines im Verhältnis zum Haussegen kleineren Formats und seines beigelieferten schmucken Transportsäckchens mit Engel-Aufdruck auch etwas für Menschen, die mit leichtem Gepäck unterwegs sind.

Die Erfüllung aller Wünsche

Lena Lieblich & Richard Weigerstorfer

Ein Wanderer machte Rast nach einem anstrengenden Tag.
Er setzte sich unter einen Baum und ruhte seine müden Füße aus.
„Wie schön wäre jetzt ein kühles Getränk", dachte er
- und schon stand eine Karaffe mit kristallklarem Wasser vor ihm.
Der Mann nahm einen großen Schluck und dachte „Das ist ja wunderbar!
Etwas zu essen dazu wäre aber auch nicht schlecht."
Auch dieser Wunsch wurde sofort erfüllt.
So wünschte er sich noch einen bequemen Sessel, Musik und allerlei andere Dinge.
Als er keinen Bissen und keinen Schluck mehr hinunterbekam, dachte er:
„Wenn ich jetzt ein Bett hätte, wie schön wäre das..."
und schon lag er in einem großen, weichen Bett.
Kurz bevor er einschlief, dachte er noch
„Wenn jetzt ein Tiger kommt..."

Kommentar:

Seit meiner frühesten Kindheit bin ich mit spirituellen Themen und Praktiken konfrontiert. Was mich als Kind schon verwundert hat, war die Tatsache, dass sich gerade spirituelle Menschen in bestimmten Situationen ganz entgegen ihrer geistigen Weltanschauung verhalten. Es hat viele Jahre gedauert, bis ich begriffen habe, dass es die Emotionen sind, die uns Dinge tun lassen, die wir eigentlich gar nicht wollen. Sind wir Sklaven unserer Emotionen? Ich weiß es nicht, aber ich weiß, dass wir unsere Emotionen auflösen bzw. verändern können. Zum Beispiel lassen sich mit dem Urteilchen®-Strahler emotionale Felder auflösen. Diese Arbeit ist so leicht und schnell zu machen, dass viele sagen: „Dass es so einfach ist, das kann ich mir nicht vorstellen."

Editorial

Liebe Leserinnen und liebe Leser,

der Weg vom Kopf ins Herz wird von vielen Menschen zusammen mit einem Tier gegangen. Jedes Tier, das in den Lebensbereich integriert wird, vermag es, sein Herrchen oder Frauchen in eine andere Gefühlslage zu bringen, besonders, wenn es einmal sehr traurig oder erschöpft sein sollte.

Tiere sind nicht nachtragend und der Wuffi freut sich immer, wenn Herrchen oder Frauchen nach Hause kommen. Er schert sich nicht um unsere vielleicht schlechte Laune, sondern wedelt nur freudig mit seinem Schwanz, will spielen oder Gassi gehen.

Wenn mir Menschen von ihrem Haustier erzählen, dann beginnen bei ihnen sofort die Augen zu leuchten und der Erzählstrom über all die schönen Erlebnisse findet fast kein Ende mehr. Ich denke mir dann oft, das sind richtige kleine Engel auf vier Pfoten, die so viel Freude verbreiten.

Richard Weigerstorfer
Geschäftsführer RiWei-Verlag GmbH

Unsere Redakteurin Bettina schlug vor, unseren „Engeln auf vier Pfoten" eine ganze Ausgabe zu widmen. Heute ist es soweit, dass wir Ihnen dieses Heft vorlegen können. Erfreuen Sie sich an vielen schönen Geschichten, die wir unter anderem auch von Ihnen, liebe Herzgefühl-Leser zugesandt bekommen haben.

Viel Spaß beim Lesen!

Richard Weigerstorfer
Herausgeber und Chefredakteur

Die Löwin Gottes

Erzengel Arielle kümmert sich um die Heilung und den Schutz von Tieren

Bettina Maier

In vielen heiligen Schriften wird Erzengel Arielle als Aufseherin über die Natur beschrieben. Sie gehört zur Gruppe der Herrscher- und Heiler-Engel und kümmert sich liebevoll um das Wohlergehen aller Tiere, Pflanzen, Bäume und Gewässer. Wenn es Ihrem vierbeinigen Liebling oder einem fremden Tier nicht gut geht, bitten Sie Arielle um Hilfe. Zusammen mit Erzengel Raphael wird sie ihre heilende Energie schicken und dem Tier Erleichterung verschaffen.

Als Mitglied des Engelchors der Tugenden hat Arielle die Aufsicht über die Ordnung im Universum und wacht über alle Planeten, Sonne, Mond und Sterne. So liegt ihr das Thema Umweltschutz sehr am Herzen. Sollten Sie sich beruflich oder privat mit der Ökologie der Erde, dem Artenschutz oder Klimawandel beschäftigen, wird sie Ihnen hilfreich zur Seite stehen.

Eine gute Begleiterin in der Natur

Auf vielen Gemälden ist Arielle als kleine, weibliche Fee dargestellt, manchmal auch als zarter und weiblich anmutender Engel. Ohnehin ist unklar, welchem irdischen Geschlecht sie zugeordnet werden soll. Für die amerikanische Autorin und Engel-Expertin Doreen Virtue strahlt Arielle zum Beispiel eine deutlich weibliche Energie aus – doch die Wahrnehmung des Engels ist bei jedem Menschen anders. Auch in der Literatur wird Arielle unterschiedlich behandelt: Shakespeare stellt sie in seinem Stück "The Tempest" als Baumgeist dar, viele Fabeln beschreiben sie als Luftgeist und in der Kaballa ist sie der Wasserengel.

Arielle ist eine sehr gute Begleiterin, wenn Sie in der Natur unterwegs sind, beim wandern oder campen. Wenn Sie sie darum bitten, wird Arielle Sie mit den feinstofflichen Wesen, den Naturgeistern in den Wäldern, Gärten, Parkanlagen, Blumen und Bäu-men, in Kontakt bringen. Übrigens macht sich ihre Gegenwart häufig durch einen plötzlich auftretenden Wind bemerkbar – achten Sie das nächste Mal darauf.

Arielle gilt als Schutzpatronin der Pfadfinder und Umweltschützer. Ihre Aura erstrahlt in blassem Rosa. Von allen Kristallen ist der Rosenquarz am stärksten mit Arielle verbunden – wenn Sie mit dem Stein arbeiten oder ihn als Schmuck tragen, verstärkt das Ihren Kontakt mit dem Erzengel. Zudem ist Arielle dem Sternzeichen Löwe zugeordnet.

„Wenn du gleißendes Licht siehst in der Natur,
im Spiegel eines Sees, in der Gischt des Meeres,
im Tau auf einer Blüte, wenn du die Farbe Pink in deinem
Herzen spürst, dich plötzlich verantwortlich und eins fühlst
mit den Elementen, dann ist Arielle in ihrem Element.
Fortan und für immer!"

Aus dem Buch „Wenn ihr mich ruft, bin ich da - Heilung durch Jesus" von Heike Schneider-Klein, RiWei-Verlag.

Herzlicht-Kerzen Erzengel Arielle

Die Arielle-Kerzen werden aus 100 % reinem Pflanzenwachs in liebevoller Handarbeit gegossen und mit dem Bild von Arielle dekoriert. Die kleine Kerze brennt ca. 60 Stunden, die große etwa 120 Stunden.

Erhältlich bei www.wu-wei.de

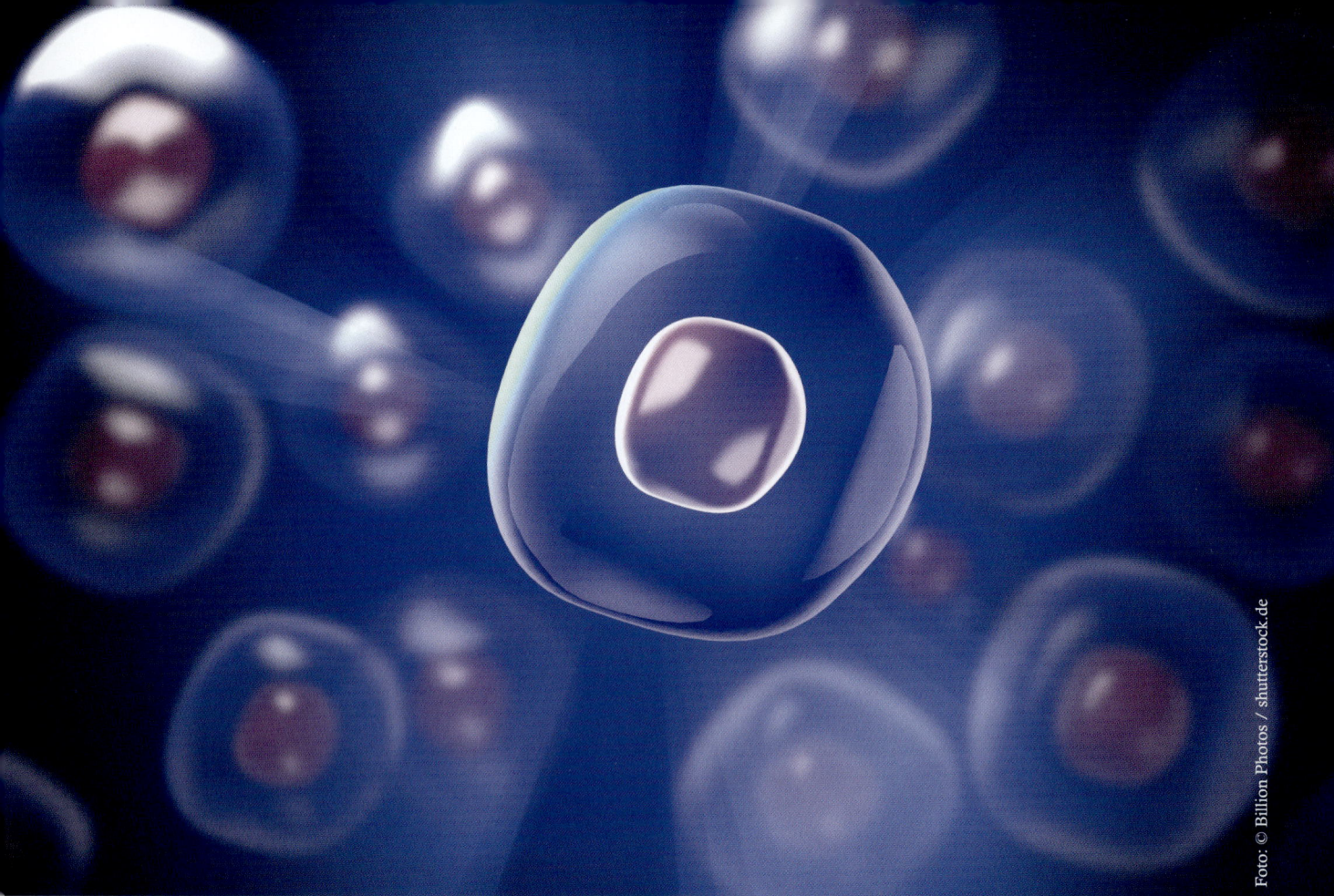

Zellgedächtnisheilung für Mensch und Tier

Klaus Jürgen Becker

Die Zelle (lateinisch cellula, kleine Kammer) ist die kleinste lebende Einheit aller Organismen. Jede Zelle stellt ein strukturell abgrenzbares, eigenständiges und selbsterhaltendes System dar. Sie ist in der Lage, Nährstoffe aufzunehmen und Energie durch Stoffwechsel für sich nutzbar zu machen.

Jede Zelle besitzt eine Zellmembran, die sie von der Umgebung abgrenzt. Durch die Zellmembran wird kontrolliert, was in die Zelle aufgenommen und was hinaus transportiert wird. Die Zellmembran ist quasi das Gehirn der Zelle, kann jedoch nur so leistungsfähig sein, wie die Zellinhalte es zulassen. Alle teilungsfähigen Zellen besitzen DNA, in der die Erbinformationen des Lebewesens gespeichert sind.

Die Schöpfung kennt drei verschiedene Zelltypen:
Zellen ohne Zellkern, beispielsweise Bakterien, aber auch rote Blutkörperchen.
Pflanzenzellen, haben einen Zellkern und innerzellulären Kontakt über zellumgebende Plasmastränge.
Tier- und Menschenzellen, besitzen einen Zellkern und interzellulären Kontakt über Zellstrukturen in Zellmembranen.

Interessanterweise verfügen Zellen nicht nur über Zellkern, Kernkörperchen, Ribosomen, Vesikel, Ergastoplasma, Golgi-Apparat, Mikrotubuli, Mitochondrien, Cytoplasma, Zentriolen und so weiter, auch über ein Zellgedächtnis, das wir uns zunutze machen können. Auf die Existenz eines Zellgedächtnisses kamen Wissenschaftler, als sie entdeckten, dass bei Organtransplantationen Erinnerungen, Hobbys, ja sogar Charakterzüge von einem Menschen auf den anderen übertragen wurden. Bekannt geworden ist der Fall eines Mannes, der nach einer Herztransplantation grelle Lichtblitze vor seinen Augen sah. Man fand heraus, dass der Organspender, ein Polizist, an einem Pistolenschuss in sein Gesicht gestorben war.

Die 48-jährige Amerikanerin Claire Sylvia, welche ein Leben lang Fastfood verabscheute, entwickelte nach einer Herz- und Lungentransplantation einen Heißhunger auf Chicken Nuggets. Recherchen ergaben, dass dies die Lieblingsspeise des 18-jährigen Organspenders war. Einige Organempfänger entwickelten nach einer Transplantation Vorlieben für Kunst, Musik oder Kampfsport.

In einer Studie aus dem Jahr 2000 ließ der Kardiologe Paul Pearsall von der Universität Hawaii dutzende Organempfänger nach auffälligen Veränderungen befragen und diese mit den Persönlichkeiten der Organspender vergleichen. Erstaunliche Entdeckung: Bis zu 50 Prozent der Organempfänger zeigten Verhaltensmuster ihrer Spender auf.

Auch Ängste können durch Organtransplantationen geweckt oder auch überschrieben werden: Ein bisher leidenschaftlicher Schwimmer fürchtete sich nach einer Herztransplantation vor Wasser – der dreijährige Organspender war ertrunken. Eine Frau mit Höhenangst begann nach einer Operation auf steile Berge zu klettern.

Keiner der Patienten wusste etwas über die Vergangenheit des jeweiligen Organspenders. Offenbar werden bei Transplantationen Organerinnerungen von Körper zu Körper übertragen. Dies ist jedoch nur möglich, wenn Erinnerungen, Vorlieben, Emotionen und Fähigkeiten nicht allein im Gehirn, sondern im Innersten der Organe gespeichert sind. Folgerichtig proklamierte der Neurologie-Professor Gary Schwartz von der Universität Arizona die Existenz eines Zellgedächtnisses:

„Wenn das Organ beim Empfänger eingesetzt wird, werden Informationen und die Energie, die darin gespeichert sind, übertragen."

Wir erkennen an diesen Beispielen, wie wichtig es ist, sich bei anstehenden Transplantationen nach dem Lebenswandel und der Verfassung des Organspenders zu erkundigen, um möglichst zeitgleich mit der Transplantation das Zellgedächtnis des entsprechenden Organs umzuschreiben. Wie so eine Umschreibung mit Unterstützung durch den Urteilchen-Strahler vor sich gehen kann, erfahren Sie nicht nur in meinen Urteilchen-Seminaren, sondern auch – in Kurzfassung – gegen Ende des Artikels.

Doch zurück zur etablierten Wissenschaft: Ermutigt durch die Entdeckungen von Menschen begann man bei Tieren experimentell zu forschen. An Versuchen mit Ratten konnte man tatsächlich die Existenz eines Zellgedächtnisses nachweisen, deren Zellen sich beispielsweise an Drogenkonsum oder traumatische Erfahrungen erinnern. Interessanterweise sind die Zellen von Tieren und Menschen prinzipiell nahezu baugleich, so dass die nachfolgend dargestellten Prinzipien für Zellgedächtnisheilung sich gleichermaßen auf Mensch und Tier anwenden lassen.

Zellgedächtnisheilung mit dem Urteilchen-Strahler

Das Steuerinstrument für die Zellgedächtnisheilung ist die Intention, welche in der Lage ist, das Bewusstsein auszurichten. Es ist das Bewusstsein, welches Geist und Materie vereint. Alles, was in dieser Welt existiert, ist durch das Bewusstsein erschaffen worden. Bewusstsein befindet sich in allen Objekten und Elementen der Welt, auch im Innersten jeder Zelle. Durch die Konzentration des Bewusstseins auf eine Zelle mittels Intention, kann man unter Zuhilfenahme des Urteilchen-Strahlers die Heilung des Gedächtnisses dieser Zelle und damit des ganzen Lebewesens fördern. Zur Unterstützung von Symptom-Heilung ist es sinnvoll, jeweils den Zelltyp zu wählen, der dem Symptom entspricht.

Hierfür baue ich meinen Urteilchen-Strahler vor mich auf und lege auf meinen Arbeitstisch die Anatomie-Zeichnung oder Mikroskop-Aufnahme des zu heilenden Zelltyps, beispielsweise:
> Bei Immunschwäche: Weiße Blutkörperchen (B- und T-Lymphozyten)
> Bei Unfruchtbarkeit: Eizelle beziehungsweise Samenzelle
> Bei Anämie: Rotes Blutkörperchen (Erythrozyt)
> Bei Leberproblemen: Leberzelle (Hepatozyt)
> Bei Übergewicht: Fettzellen (Adipozyten)
> Bei Osteoporose und anderen Knochenproblemen: Knochenzelle (Osteoblast)

Für Regeneration, Verjüngung und jegliches Gewebe: Undifferenzierte Stammzelle
Bei Nervenleiden und bei traumatischen Erfahrungen: Nervenzelle (Neuron)
Für generelle Heilung des Körpers: Zell-Anatomie-Zeichnung

Da es nicht möglich ist, alle Zellen eines Körpers oder Organs auf einmal differenziert zu erfassen, arbeite ich mit dem Prinzip der führenden Zelle des Körpers oder Organs.
Ich stelle mir die zu heilende führende Zelle des Körpers oder Organs als eine ballgroße Sphäre vor meiner Brust vor und bestimme: Diese (imaginierte) Sphäre ist die zu heilende führende Körperzelle.
Dann „diagnostiziere" ich medial die Beschaffenheit dieser Körperzelle und beginne zu arbeiten.
Die Konzentration auf ein Symbol, in dem Fall eine imaginierte Sphäre, dient dazu, eine dysfunktionale oder kranke Information, die sich in der physischen Welt manifestiert hat, zu heilen.

Ein Symbol erschaffen bedeutet, eine Realität erschaffen: Indem ich eine Sphäre imaginiere, erschaffe ich sie in der geistigen Welt als Realität.
Ein Symbol zu bestimmen bedeutet, eine Realität zu bestimmen: Indem ich bestimme, dass diese Sphäre eine ganz bestimmte führende Zelle eines Körpers oder Organs ist, erzeuge ich eine Art Quantenverschränkung zwischen der imaginären Sphäre und der tatsächlichen Zelle.
Ein Symbol verändern, ist die Realität verändern: Indem ich die Sphäre mit meinen (geistigen) Händen, dem Licht aus meinem Herz-Zentrum und dem Urteilchen-Strahler beleuchte, verändere ich ihre geistige Realität – und damit auch die materielle Auswirkung, welche ja nur eine Spiegelung der geistigen Realität ist. Die dysfunktionale Information wird dadurch gelöscht.
Ein Symbol aufzulösen, bedeutet eine Realität aufzulösen: Indem Zellablagerungen, dunkle Wolken etc. geistig aufgelöst werden, sind sie auch in der führenden Zelle gelöscht.

Heilung eines Hundes

In unserer Nachbarschaft haben wir einen Hund, der regelmäßig morgens um acht Uhr, wenn sein Herrchen zur Arbeit geht und ihn alleine zurück lässt, laut bellte und stundenlang winselte. Das Bellen und Winseln war so laut, dass man es mehrere Häuser weit durch die Wände hörte und sogar Nachbarn der Nachbarn darauf aufmerksam wurden. Mich

selbst störte das Bellen und Winseln extrem bei meiner schriftstellerischen Arbeit, da unser Haus sehr hellhörig ist. Also lag die Heilung des Hunde-Verhaltens auch in meinem unmittelbaren Interesse, zudem berührte der Hund mein Mitgefühl.

Zur Heilungsunterstützung wählte ich die führende Nervenzelle dieses Hundes. Seitlich baute ich den Urteilchen-Strahler mit Breitstrahler-Verstärkerlinse auf. Auf dem Tisch vor mir lag die Anatomiezeichnung einer Nervenzelle. Dann begann die eigentliche Arbeit.

Ich beginne meine Sitzungen regelmäßig mit den Worten: „Ich bitte den Heilstrom, zu fließen. Ich bitte die Urteilchen-Energie, zu fließen!" Ich imaginierte die führende Nervenzelle des Nachbarhundes als eine große Sphäre vor mir und setzte die Intention, dass diese durch den Urteilchen-Strahler besendet wird. Dann streckte ich die Hände aus, um die imaginäre Nervenzelle, die Sphäre, zu umfassen und geistig abzutasten. Ich spürte mit meinen geistigen Händen, dass die Zellmembran uneben war, sie kam mir „verschrumpelt" vor. Während ich weiter mit meinen Händen die Sphäre hielt und vorsichtig glättete (dies war mehr ein geistiger als ein körperlicher Vorgang), war mir, als würde die Zellmembran und damit das Zellgedächtnis des Nervensystems „entstressen".

Nun richtete ich mein Bewusstsein auf das Innere der zu heilenden führenden Nervenzelle. Vor meinem geistigen Auge erschienen schwarze Ablagerungen, so wie dunkle, zusammengeballte Wolken. Als ich diese Ablagerungen mit dem Licht meines

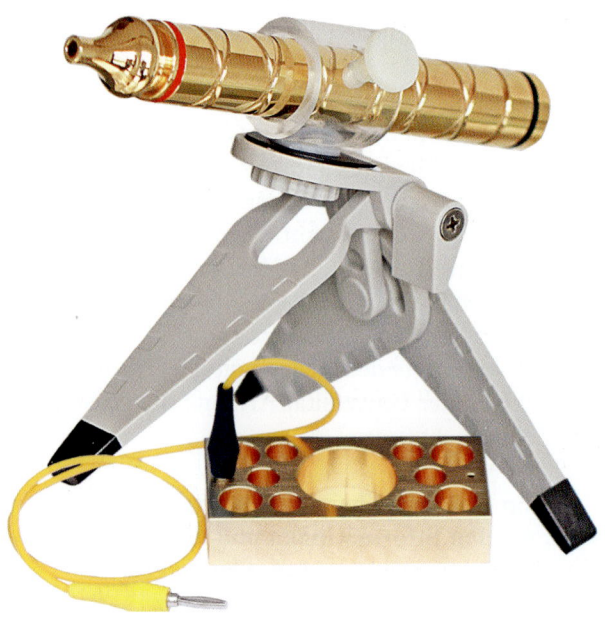

Bewusstseins beleuchtete, tauchten Bilder einer Hundestation in Spanien auf, in welche der Hund als Welpe hingebracht worden war. Viele dieser Tiere, die kein Herrchen finden, werden in solchen Hundestationen getötet. Tatsächlich war der Nachbarshund von einer Tierschutzorganisation „Hunde in Not" vermittelt worden.

Aus meinem Herzzentrum sendete ich geistig das goldene Licht meines Bewusstseins, das rosafarbene Licht meiner Liebe, das silberne Licht meines Geistes und das türkisfarbene Licht meiner Seele an diese Stelle. Zugleich hielt ich den Urteilchen-Strahler mit Breitstrahler-Verstärkerlinse an diese Stelle. Ich setzte die Intention und „sah", wie diese dunkle Stelle sich auflöste. Die emotionalen Traumata, die mit der Zellerinnerung dieses Hundes zu tun hatten, wurden erst stärker, für mich auch körperlich spürbar und flauten dann ab. Das Leuchten der Zelle nach der Löschung zeigte mir, dass diese Zelle die Liebe und das Wissen des Schöpfers und die heilende Urteilchen-Information in sich aufgenommen hatte.

Ich bat nochmals um Segen für diese Nervenzelle und setzte sie geistig wieder in das Zellsystem des Nachbarhundes ein. Mein Gedanke dabei ist, dass die führende Nervenzelle des Hundes quasi als Heiler und Erlöserzelle für alle Nervenzellen des Hundes wirkt. Ich dankte der geistigen Welt für ihre Hilfe und bat um Segen für diesen Hund, die Nachbarn, die ganze Wohnanlage, meine Heimatstadt, Deutschland, Europa, die Welt, das Universum … Anschließend ging ich zu meinem Lieblings-Inder und gönnte mir ein gutes Mittagsmenü. Seit diesem Tag hat der Nachbarshund nie mehr gewinselt, auch das Bellen ist sehr stark zurück gegangen.

Klaus Jürgen Becker ist Lebensberater und Buchautor und gibt seit vielen Jahren Ausbildungskurse in der Arbeit mit dem Urteilchen-Strahler. Sein nächster Urteilchen-Kurs findet im Herbst 2o17 in Germering statt und hat das Thema: Intention. Hier wird auch die Zellgedächtnisheilung eine Rolle spielen. Weitere Informationen: klaus@klausjuergenbecker.de

Sexual-Chakra

Herzlicht-Kerze   www.wuwei-shop.

Svadhistana
Die Herzlicht-Kerze Sexual-Chakra

Klaus Jürgen Becker

Meine Frau und ich pflegen seit vielen Jahren das gleiche Urteilchen-Kerzenritual: Auf unserem Nachttisch steht die jeweils aktuelle Urteilchen-Kerze. Wenn der Wecker zwischen 6 Uhr und 6.30 Uhr am Morgen klingelt, zünde ich diese Urteilchen-Kerze an, gehe einen Stock tiefer in die Küche und bereite für uns das Frühstück zu. Der Schein der brennenden Urteilchen-Kerze ist quasi der Schlummer-Modus, der meiner Frau hilft, sanft zu erwachen, ohne durch grelles elektrisches Licht aufgeschreckt zu werden. So ist morgens bei uns der ganze Schlafraum in sanftes Urteilchen-Licht eingehüllt. Nachdem ich das Frühstück hochgebracht habe, frühstücken wir gemeinsam im Bett, umarmen uns, verneigen uns mit einem Namaste voreinander, löschen die Urteilchen-Kerze und stehen auf. Da wir die Abende im Wohnzimmer verbringen, haben wir die Urteilchen-Kerzen bisher nur morgens im Schlafzimmer verwendet.

Eines Tages war wieder einmal mein Urteilchen-Kerzenvorrat alle. Da ein Urteilchen-Seminar bevorstand, auf dem ich auch auf das Thema Chakras eingehen wollte, bestellte ich bei Peter Walla vom wu-wei-Shop den Satz farbiger Herzlicht Chakra-Kerzen. In der Nacht, nachdem dieser Kerzensatz angekommen war, konnte meine Frau nicht einschlafen, da sie spät abends noch einen Kaffee getrunken hatte, so dass sich nachts im Bett ein längeres Gespräch ergab. Damit wir uns dabei anschauen konnten, ohne grelles Licht, kam ich auf die Idee, dafür eine Herzlicht Chakra-Kerze anzuzünden. Da die aktuelle Kerze am Morgen zuvor abgebrannt war, fragte ich meine Frau, welche Kerzenfarbe sie sich wünscht. Meine Frau entschied sich für orange.

So ging ich einen Stock höher in mein Arbeitszimmer, suchte die frisch eingetroffene Kerze orange heraus, brachte sie ins Schlafzimmer und zündete sie an. Sofort spürte ich, wie die Chakra-Kerze uns in ein warmes, geradezu sinnliches Licht einhüllte. Mehr noch: Mir war, als würde unsere Haut in einem weichen, nährenden orangenen Licht gebadet, als könnte meine Haut die Farbe Orange fühlen, mehr noch: Als würden alle Poren sich dem Kerzenlicht entgegenstrecken. Aus diesem Empfinden erwuchs in mir eine Gestimmtheit, meine Frau zu streicheln und zu massieren, so dass die Schlaflosigkeit in eine angenehme, nährende und erfüllende Sinnlichkeit gewandelt werden konnte.

Die Sexualchakra-Kerze orange erlebe ich als die „hautfreundlichste" aller Herzlicht-Kerzen. Ich bin dankbar, dass ich diesen neuen Schlafzimmer-Kerzenfreund entdeckt habe. Als Begleiter für sinnliche Unternehmungen aller Art, auch im Rahmen von Massage-Sessions, kann ich sie wärmstens empfehlen.

Tiernahrung

Das Thema Ernährung ist für die meisten Tierbesitzer sehr wichtig. Viele Tierfreunde geben sogar häufig mehr Geld für Katzen- oder Hundefutter aus, als für ihre eigenen Lebensmittel. Doch immer wieder tauchen Meldungen über vergammeltes und minderwertiges Fleisch in Tiernahrung sowie über ungesunde und süchtig machende Bestandteile auf. Wegen der vielen Anfragen von verunsicherten Tierbesitzern, hat Richard Weigerstorfer nun einen Transmitter Tiernahrung entwickelt. Dieser löscht alle schlechten Informationen im Futter und prägt positive auf.

Das sind zum Beispiel:

Alle Vitamine für mein Tier

Hohes Energieniveau des Futters

Alle Mineralstoffe und Spurenelemente

Gute Bekömmlichkeit

Deva-Anbindung

Vitalität und Freude für das Tier

Gute Versorgung mit allen wichtigen Stoffen

Sanftmut und Friedfertigkeit

Gesundheit und langes Leben

Optimierung Hundefutter

Optimierung Katzenfutter

Optimierung Hundefutter
www.wu-wei.de

Optimierung Katzenfutter
www.wu-wei.de

Anwendung:

Transmitter auf die Dose oder das Päckchen legen oder mit dem Urteilchen-Strahler auf das Futter aufstrahlen.

Die neuen Transmitter sind bei www.wu-wei.de erhältlich

Rumi – so sinnlich wie sein Name

Von Christa Bendixen und Bettina Maier

Für Rumi, den mystischen Poeten (1207-1273), war stets die Liebe die Hauptkraft im Universum. Mit einem geliebten Menschen ganz vereint zu sein, war für Rumi die Verbindung mit Gott.

Er war bereits ein angesehener Gelehrter, als er im Jahr 1244 den um viele Jahre älteren Derwisch Shams kennenlernte – und damit eine große Liebe. Zahlreiche Gedichte und Verse Rumis lassen keinen Zweifel an einer intimen Beziehung der beiden Männer aufkommen:

> „Die Teile meines Körpers
> ergriff der holde Freund.
> Von mir blieb nur der Name,
> das andere ist er."

> „Bald schnalz ich mit den Fingern, weil ich ihn seh,
> bald beiß ich mir in den Finger vor Liebesweh.
> Ich greife, den Mond zu erhaschen, in einen See.
> Da ruft von oben der Mond mir: Am Himmel ich steh."

Die Intimität zwischen Rumi und dem Derwisch war vielen Menschen ein Dorn im Auge – und auch seinen Schülern blieb diese im Islam verbotene Liebe nicht lange verborgen. Schließlich hielt Shams die Beschimpfungen und Eifersüchteleien nicht mehr aus und floh von seinem Geliebten. Er kehrte zurück, jedoch nur, um abermals zu flüchten. Plötzlich fehlte von ihm jede Spur und die Leute erzählten, er sei womöglich ermordet worden.

Rumis Sehnsucht nach seinem Freund war unstillbar. Er verfiel in eine tiefe Trauer, die ihm jedoch unbändige Kraft und Kreativität verlieh. Er schrieb immer neue Liebesverse, bis schließlich das 1400 Seiten und 1121 Gedichte umfassendes Werk, der Diwan, entstand. Rumis Schicksal brachte die unfassbar tiefgreifenden und für alle Stadien des spirituellen Weges erfahrbaren Verse zutage. Er soll letztendlich die Illusion der Trennung erkannt haben. Denn durch die selbst nach dem Tod bestehende Nähe und Verbundenheit zu Shams fühlte er sich mit ihm eins geworden.

Über die Liebe Rumis zu Shams wird heute noch ungern gesprochen. Nicht nur orthodoxe Muslime bezeichnen die Verbindung der beiden Männer als ausschließlich platonisch und geistig.

Rumi als Inspiration für das eigene Leben

Menschen, die es wagen, Leid zu erfahren, um sich selbst darin zu begegnen, dabei nie vergessen, mit dem Geliebten eins zu sein, und immer wieder um Führung und Segen bitten, erfahren auf ebenso intensive Weise Freude und Glückseligkeit. Denn wer dem Höchsten begegnen will, besuche sein Tiefstes: Es ist das Herz, in dem alles geschrieben steht. Würden wir jeden Menschen für seine Lebenskreation würdigen, so könnten wir das Leid als SELBSTverständlichen Teil des Ganzen behandeln und alsbald die wahrheitliche Liebe leben. Es gäbe keine Zweifel mehr – nur noch Hingabe und Zielstrebigkeit. Kein Gut oder Böse – nur noch Liebe und Wahrheit. Jeder kann jeden Tag damit beginnen. Anfangs gehört

> „Dieses Menschsein ist ein Gästehaus.
> Jeden Morgen eine neue Ankunft.
> Eine Freude, eine Depression, eine Gemeinheit, eine plötzliche Erkenntnis
> kommen wie ein unerwarteter Besucher.
> Heiße alle willkommen und unterhalte sie.
> Selbst wenn es Sorgen sind, die in deinem Haus wüten.
> Trotzdem, behandle jeden Gast ehrenvoll.

> "Vielleicht putzt er dich heraus für eine neue Freude.
> Der dunkle Gedanke, die Scham, die Bösartigkeit,
> empfange sie an der Tür mit einem Lachen und lade sie ein.
> Sei dankbar für das, was auch immer kommt,
> weil jeder gesandt wurde als Führer dessen,
> der von weiter her kommt.``

Das Selbstbewusstsein ist zurück

Felis Erfahrung mit dem Urteilchen PET

Bettina Maier

Als ohnehin schon eher zurückhaltende Hundedame, ist Feli in den vergangenen Monaten im Kontakt mit anderen Hunden immer noch unsicherer geworden.

Kam es beim Spaziergang zu einer Begegnung, passierte in 80 Prozent der Fälle Folgendes: Sobald der andere Hund, egal ob Mops oder Labrador, Felis ängstliche Zurückhaltung bemerkte, kippte schlagartig die anfangs noch neutrale Energie zwischen den beiden Tieren. Der andere Hund setzte schleichend zum Angriff an, Feli zog den Schwanz ein, quietschte und wurde schließlich mit einer Drohgebärde niedergedrückt. Die Angriffe verliefen meist ohne Verletzungen, die Situation war jedoch alles andere als schön: Feli quiekend auf dem Rücken liegend, der andere, meist viel größere Hund, zähnefletschend an ihrem Hals. Es schien fast so, als ob Felis Angsthaltung bei den meisten Hunden Aggressionen weckte. Selbst Herrchen und Frauchen zeigten sich meist entsetzt über das angreiferische Verhalten ihres sonst friedvollen Hundes, das er bei Feli wohl zum ersten Mal zeigte.

Dies beeinträchtige mit der Zeit natürlich unsere Spaziergänge. Obwohl ich keine ängstliche Hundebesitzerin bin, ertappte ich mich immer mehr dabei, übervorsichtig zu sein, was Feli sicherlich noch mehr schwächte. Statt unbeschwert die frische Luft und Natur zu genießen, befand ich mich in einer ständigen Hab-Acht-Stellung, checkte uneinsehbare Gabelungen und bat andere Hundebesitzer, ihr Tier an die Leine zu nehmen. Kam uns ein anderer Hund entgegen, nahm ich Feli schützend an die Leine und stellte mich vor sie.
Um unserer beider Lebensqualität wieder zu verbessern, behandelte ich Feli energetisch und setzte auf den Urteilchen PET, einen kleinen, grünen Glasring, den ich Feli mit einem Lederband um den Hals legte. Das im feinstofflichen Bereich wirkende Schmuckstück baut ein weiß-goldenes Schutzschild um das Tier, hebt seine Energie an, schützt vor emotionalen Übergriffen und kann Ängste und unerwünschte Verhaltensweisen mit der Zeit auflösen.

Und tatsächlich: Nach ein paar Tagen erkannte ich eine Veränderung. Nicht nur, dass Feli energiegeladener und fröhlicher ihre Runden drehte, auch ihre Ausstrahlung wurde anders. Fremden Hunden begegnete sie wieder selbstbewusster, wies allzu aufdringliche Artgenossen bellend in die Schranken, ignorierte so manchen Hund, ohne die Flucht zu ergreifen und spielte wieder mit den gut bekannten Hundefreunden. Zu einem Angriff ist es seitdem nicht mehr gekommen. Für mich ist der Urteilchen PET ein ganz wunderbarer energetischer Helfer, der Felis Hundeleben wieder sichtlich erleichtert hat.

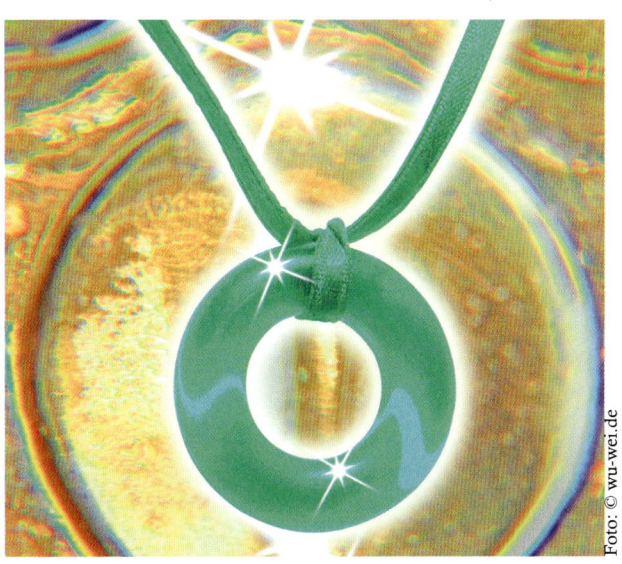

Der Strandboy

Lena Lieblich & Richard Weigerstorfer

Neulich traf ich einen alten Freund und das Gespräch kam sehr schnell auf seinen kurz zurückliegenden Urlaub.

„So schön wie dieses Jahr war es noch nie, wir hatten ein su-per Hotel erwischt", so leitete er seine Urlaubserzählung ein. Mit großen, neugierigen Augen schaute ich ihn an. Mit fast 50 Jahren hatte er schon so manchen Nobelschuppen erlebt, noch dazu als Außendienstmitarbeiter, der regelmäßig von seiner Firma durch Wettbewerbe zu ganz besonderen Häusern eingeladen ist. Also, was sollte es sein, das dieses Haus in so besonderem Maße qualifizierte? „Die Küche?", überlegte ich blitzschnell – „nein, so ein Feinschmecker ist mein Freund nicht - ein geräumiges Zimmer?", dachte ich weiter – „nein, er sitzt lieber bis spät in die Nacht an der Bar und plaudert mit den anderen Gästen." Eine „Schlafdusche" würde ihm reichen, so war früher seine spaßige Wortschöpfung. Also das Ambiente vielleicht? Nein, ein gewisses Niveau ja, aber was darüber hinaus ging, war ihm eher zu viel, müsste er doch den Luxus mit jedem Drink an der Bar mit bezahlen, so war seine Meinung immer gewesen. Ich konnte mir nicht vorstellen, was gerade diesen Urlaub so besonders für ihn gemacht hatte. Er sah mein Erstaunen und zögerte das Weiterreden etwas hinaus, bis ich ungeduldig fragte: „War es etwa das Essen?" Er sagte: „Nein, es war das Personal, der Strandboy im besonderen, wenn er uns kommen sah, rannte er sofort los und besorgte die Auflagen für die Sonnenliegen, bis wir dann ankamen, hatte er schon alles perfekt vorbereitet."

Der einfachste Mitarbeiter, in der Mitarbeiterstruktur des Hotels ganz unten, hatte es geschafft, meinem Freund einen unvergesslichen Urlaub zu bereiten. Nicht der Manager, nicht der Küchenchef, nein, der einfache Strandboy hatte es geschafft, mit Aufmerksamkeit und Freude bei der Arbeit. Ich fragte ihn nach diesem Strandboy aus, weil mich dieser Umstand sehr interessierte. Das Besondere am Strandboy war, dass man spürte wie gerne er diese Arbeit macht, dass ihm keine zusätzliche Umdrehung zu viel war, im Gegenteil, er hinterließ den Eindruck, dass er noch viel mehr machen würde, wenn es von den Gästen gefordert würde. Also nicht Dienst nach Vorschrift, sondern Dienst nach Lebensfreude. „Wenn dieser Strandboy nun so viel leistet", fragte ich, „dann war er abends doch bestimmt fix und fertig?" „Ganz im Gegenteil", erwiderte mein Freund, „er hätte nur bis 16.00 Uhr Dienst gehabt, doch tatsächlich blieb er aber immer so lange, bis die letzten Gäste gingen und war dabei immer bester Laune." „Und wie sah es mit dem Trinkgeld aus?", war meine nächste Frage. „So viel wie diesem Strandboy habe ich noch nie gegeben - und keinen Euro davon habe ich bereut." Mich interessieren solche außergewöhnlichen Leute ganz besonders, darum wollte ich die Probe auf´s Exempel machen und fragte: „Was wäre gewesen, wenn zum Beispiel der Hotelmanager so überdurchschnittlich zuvorkommend gewesen wäre, wenn er sich z.B. bei jedem Abendessen an euerem Tisch erkundigt hätte, ob alles in Ordnung sei". Er überlegte kurz und meinte dann: „Ja, das hätte bestimmt auch einen so tiefen Eindruck hinterlassen." „Und wenn der Küchenchef an eueren Tisch gekommen wäre?", fragte ich weiter. Er nickte nur nachdenklich und meinte, „das hätte uns genau so beeindruckt und gefreut und vor allen Dingen hätten wir ihm gleich persönlich sagen können, wie ausgezeichnet sein Essen schmeckte. Diese Leute bringen sich eigentlich um das Schönste an der Arbeit - um die Rückmeldung, das Lob - ich glaube, das ist der Antrieb für eine gute Arbeit, um abends nicht erledigt aus der Firma zu gehen."

Dann schaute er sehr nachdenklich und sprach genau aus, was ich für mich auch dachte: „Ich glaube, ich kann was lernen von diesem Strandboy!"

Editorial

Liebe Leserinnen und liebe Leser,

Richard Weigerstorfer
Geschäftsführer RiWei-Verlag GmbH

ich kann mich noch genau erinnern, als ein Mann bei einem meiner ersten Seminare aufgestanden ist, und folgende Geschichte erzählt hat:

„Bei uns im Dorf lebt ein Mann, der hatte eine furchtbare Frau, zänkisch, hässlich und zudem war sie eine schlechte Köchin. Er liebt sie sehr. Er hat immer erzählt, wie sehr er unter dieser Last leidet und es wird für ihn immer schlimmer, das auszuhalten. Eines Tages beschloss er, mit seinem Jammern aufzuhören. Er begann, wenn er mit einem Freund telefonierte, in den höchsten Tönen von seiner Frau zu schwärmen: Wie gut sie heute wieder gekocht und wie hübsch sie sich gekleidet habe und wie liebenswürdig sie zu ihm sei. Dabei achtete er immer darauf, dass sie in der Nähe war, und sein Telefonat mithören konnte. Seine Erzählung schloss er mit den Worten: „Sie werden es nicht glauben, aber die Frau veränderte sich, sie wurde eine hervorragende Köchin, eine wunderhübsche Erscheinung und durch und durch liebenswürdig. "

Obwohl das inzwischen schon über dreißig Jahre her ist, denke ich immer noch daran. Heute würde ich diese Verwandlung mit Verklärung bezeichnen und ich weiß, dass Verklärung eine unendliche Kraft hat und wirkt.

Eine weitere schöne Form der Verklärung trifft man auch in einigen spirituellen Gemeinschaften an, wo sich die Mitglieder untereinander mit „ich grüße Christus, oder Gott in dir" begrüßen. Dies ist das Höchste, Gott im Anderen zu sehen und anzusprechen. Und, in Bayern gehört es einfach zum Alltag, jeden mit einem „Grüß Gott" zu begrüßen, was ja auch bedeutet: „Ich grüße den Gott in dir." Wenngleich uns dies beim Gruß eigentlich nicht so richtig bewusst ist. Denn auch in unserem Gegenüber lebt Gott, jeder Mensch ist ein Ausdruck Gottes. Und wenn wir dies erkennen, bringt das Freude auch in unser Herz.

Doch nun erst einmal viel Freude mit der heutigen Ausgabe, die den verschiedenen Facetten der Verklärung gewidmet ist.

Richard Weigerstorfer
Herausgeber und Verleger

Bild: © Vasilka Lloy

„Die Herrlichkeit der Gnade Gottes"

Erzengel Haniel spendet Kraft und Mut bei der Selbstfindung

Bettina Maier

Besonders in Vollmondnächten ist die heilende Kraft von Haniel deutlich zu spüren. Als Engel des Mondes hilft diese weibliche Energie uns Menschen, unserer Intuition zu vertrauen und unsere medialen Fähigkeiten zu entwickeln. Wenn Sie verzweifelt sind und nicht mehr weiter wissen, bitten Sie Haniel während eines Vollmondes um Hilfe. Sie schenkt Ihnen Durchhaltevermögen und den Mut, alte Muster und negative Glaubenssätze loslassen zu können. Vielleicht erkennen Sie bald, dass hinter Ihrer Krise neue Chancen und Möglichkeiten auf Sie warten.

Erzengel Haniel ist eine gute Ansprechpartnerin bei allen Aspekten weiblicher Energie. Wenden Sie sich an sie, wenn Sie unter Menstruationsbeschwerden leiden oder bei Schwangerschaft und Geburt unterstützt werden wollen. Ihre Energie strahlt eine fürsorgliche und liebevolle Präsenz aus, die auch bei emotionalen Schmerzen, Liebeskummer und Trauer heilsam und tröstend wirkt. Haniel heilt Verletzungen des Herzens, unterstützt unsere Selbstfindung und hilft uns dabei, unsere eigene Größe und Stärke zu erkennen.

Wenden Sie sich an Haniel, wenn Sie nach Enttäuschungen und Schicksalsschlägen Zuspruch und Trost benötigen, unter Minderwertigkeitsgefühlen und Selbstzweifeln leiden oder Mut und Stärke für neue Lebenswege benötigen, so dass sie Ihren eigenen Pfad einschlagen und Ihrer inneren Führung vertrauen können. Auch übermittelt uns Haniel das Wissen um die Kräfte längst vergessener Heilmittel, Pflanzen und Kräuter, insbesondere derer, die durch die Energie des Mondes wirken.

Der Glorienschein Haniels erstrahlt bläulich-weiß und erinnert natürlich an die Mystik des Mondes. Tragen Sie bei Vollmond einen Mondstein um den Hals oder halten ihn in den Mondschein, können Sie die Energie des Engels noch stärker fühlen und sich mit ihr verbinden. Haniel gilt neben Michael und Raphael als Aufseher über andere Engel und ist der Schutzengel aller im Sternzeichen des Steinbocks geborenen Menschen.

„Wenn du nachts im Mondlicht einen silbernen Strahl und einen leichten, kühlen Hauch wahrnimmst, ist die wundervolle Haniel in deiner Aura. Ihre Anmut zieht jeden in ihren Bann. Sie wirkt unnahbar schön, doch ihr Herz ist warm und voller Güte. Sie trägt dich federleicht über alle Grenzen und Schranken hinweg. Sie schenkt dir grenzenlose Freiheit. Wenn sich plötzlich der Schleier hebt, sich dein Horizont erweitert, du wirklich sehen, wirklich hören, wirklich fühlen, wirklich wissen kannst, dann hat Haniel ihren Zauber verbreitet. Fortan und für immer!"

Aus dem Buch „Wenn ihr mich ruft, bin ich da, Heilung durch Jesus" von Heike Schneider-Klein, RiWei-Verlag.

Herzlicht-Kerze Erzengel Haniel

Die Haniel-Kerzen werden aus 100 % reinem Pflanzenwachs in liebevoller Handarbeit gegossen und mit dem Bild von Haniel dekoriert. Die Energie und Schwingung von Haniel wird über die Flamme ausgestrahlt.
Die kleine Kerze brennt ca. 60 Stunden, die große etwa 120 Stunden.

Erhältlich bei
www.wu-wei.de

Verklärung für alles

Der Überseelen-Transmitter

Klaus Jürgen Becker

Der Volksmund versteht unter Verklärung eine Glorifizierung, Beschönigung oder Entrückung der Realität, oft versehen mit einem abwertenden Beigeschmack. Tatsächlich ist Verklärung jedoch keine Beschönigung der Realität, sondern ein Übersteigen dieser, verbunden mit einer höher- und weiterentwickelten Realitäts-Wahrnehmung und -Gestaltung, welche sich in dieser Welt zeigen und ausdrücken kann.

Das mächtige Potenzial, das der Verklärung innewohnt, wird im Offenbarungsereignis dokumentiert: Jesus verwandelt sich während des Betens auf dem Berg Tabor vor den Augen von Petrus, Jakobus und Johannes in seine Lichtgestalt (so-

genanntes Taborlicht), während sich neben ihm Moses und der Prophet Elias in ihrer Lichtgestalt manifestieren: „Sein Antlitz strahlte wie die Sonne und seine Kleider wurden weiß wie das Licht."

Die ursprüngliche Bedeutung der Verklärung zeigt sich in den Originalbegriffen metamorphosis (altgriechisch) und transfiguratio (lateinisch). Verklä-

rung im ursprünglichen Sinne steht also nicht im Dienste der Romantik (romantische Verklärung) oder der Weltabkehr (realitätsferne Verklärung), sondern zeigt sich am, im und durch den Leib. Sie ist durch ihn erfahrbar und wirkfähig, das bedeutet, „wirklich". Auf der Suche nach einem geistigen Ankerpunkt, der darin unterstützt, auch in einem materiellen und auf Funktionali

Bild: © Sogno Lucido / shutterstock.de

tät ausgerichteten Alltag in Verbindung mit der eigenen spirituellen Essenz zu bleiben, erlebe ich die Ausrichtung auf die Überseele als hilfreich, ausrichtend und unterstützend.

Was ist die Überseele?

Vereinfacht ausgedrückt: Gott, die Quelle, die eine Kraft, wie immer wir sie auch nennen mögen, teilte sich in verschiedene Monade (griechisch monas = Einheit). Diese teilten sich in Überseelen, die sich wiederum in verschiedene Seelen teilten. Die Seele ist aus theologischer Sicht das, „was sich dem religiösen Menschen als Mächtigkeit, auch des hyperphysischen Lebens offenbart" und durch den physischen Körper wirken möchte. Das Ganze sieht ein wenig aus wie ein Baumstamm mit Ästen, Zweigen und Blättern, wobei das Blatt den jeweiligen Menschen darstellen soll.

Der rein sinnesorientierte Mensch hält sich für einen herum wandelnden Körper und vermutet, dass die einzige Realität die materielle Welt sei, die sich ihm über die verschiedenen Sinne (Sehen, Hören, Riechen, Tasten) zeigt. Im Idealfall erfährt der Mensch irgendwann im Laufe seines Lebens, oftmals begleitet durch eine existenzielle Krise oder eine tiefe seelische Berührung, dass er mehr ist, als sein physischer Körper, mehr noch: Er erkennt, dass er nicht nur eine Seele hat, sondern dass er eine Seele ist. Dieser Zeitpunkt, zu dem die Seele beginnt, den

Menschen bis in das Innerste seiner Zellen hinein zu durchdringen, wird oftmals Seelenerweckung genannt. Daraufhin beginnt der Mensch, sich neu zu orientieren („Umkehr der Lichter").

Für viele Seelenerweckte ist dies der Beginn einer spirituellen Suche, manchmal auch einer Vergeistigung, bis im Zuge einer weiteren Entwicklung das Bewusstsein des Menschen danach trachtet, sich wieder stärker mit der Physis auseinanderzusetzen und die materielle Welt als Seele mit seinem Geist zu durchdringen („Herabkunft vom Berg"). In der Auseinandersetzung mit der materiellen Welt, sucht der spirituell angeregte Mensch dann händeringend einen inneren Ankerpunkt, der ihm die Kraft und Inspiration gibt, sich auch in schwierigen Situationen seines erlebten spirituellen Potenzials und seiner wahren Wesensnatur bewusst zu bleiben. Und hier kommt die Überseele ins Spiel. Die Überseele ist in einer sehr hohen Lichtregion beheimatet, während sich die Seele auf den Weg in immer dichtere und materiellere Ebenen gemacht hat. Sie ist jederzeit bereit, positi-

Bild: © wu-wei.de

ven Einfluss auf das Bewusstsein des Menschen zu nehmen und ihm zu helfen, seine Seelenabsicht zu strukturieren und zu verwirklichen. Die Überseele ist überzeitlich. Sie balanciert aus jenseitigen Dimensionen heraus stets die verschiedenen (Unter-)Seelen- Aspekte und deren Erfahrungen aus, die in den verschiedenen Zeitaltern und an den verschiedensten Orten manifestiert sind. Sie kreiert, falls erforderlich, weitere Seelen (und Inkarnationen), um noch eventuell bestehende (Erfahrungs-)Defizite aufzufüllen.

Wie in dem Film "Cloud Atlas" sehr schön dargestellt, hat jede Erfahrung, die eine Seele im Rahmen der menschlichen Inkarnation macht, Auswirkung auf das Gesamtgefüge, nicht nur aller Zeitgenossen, sondern auch auf sämtliche andere Inkarnationen der Überseele, welche, da es im Jenseits keine Zeit gibt, parallel ablaufen. Die Überseele ist also der Ort, an dem alle Seelen und deren Inkarnationen zusammenlaufen.

Zwischen der Überseele (höhere Lichtregionen) und den Seelen (einfache Lichtregionen) gibt es einen Korridor, der wie ein gewaltiger Abgrund diese Reiche voneinander trennt. Im jüdischen Lebensbaum, der Kabbala, wird dieser Zwischenbereich als Abyss (Abgrund) beschrieben. Viele Menschen, auch spirituell Suchende, wissen nicht, dass es Regionen jenseits des Abgrundes, in denen ihre Überseele zuhause ist, überhaupt gibt.

Vergleichbar der Seeleneinweihung, nur auf der nächsthöheren Oktave, ist für den spirituell ausgerichteten Menschen die Überseelen-Einweihung, erlebbar. Im Rahmen der Verklärung im Sinne des Offenbarungsereignisses, kann die überzeitliche Essenz der Überseele auf Erden erlebt werden. In der Hinwendung an die eigene Überseele, erfährt das menschliche Bewusstsein eine „Kalibration" auf das, was ich „den göttlichen Plan" nenne. Ich meine damit die Ausrichtung des Bewusstseins auf die Ideallinie der Überseele. In den indischen Gegensatzpaaren von Karma (Früchte der Eigenwilligkeit) und Dharma (Ausrichtung auf die Bestimmung), wird die Ausrichtung ahnbar, im Kontakt mit der Überseele erhält sie einen Ankerpunkt, auf den man sich beziehen kann.

Kontakt zur eigenen Überseele aufnehmen

Im letzten Urteilchen-Seminar entstand der Wunsch der Teilnehmer, mit Hilfe des Urteilchenstrahlers Kontakt zur eigenen Überseele zu bekommen. Tatsächlich ist der Urteilchenstrahler in der Lage, Sie darin zu unterstützen, wenn Sie ihn darum bitten.

Klaus Jürgen Becker

Hierfür stellen Sie den Urteilchenstrahler in sein Stativ und richten ihn auf sich oder einen Leertransmitter. Eine Hand liegt auf der hinten am Urteilchenstrahler angeschlossenen Wabe. Verwenden Sie ein Gebet, ein Mantra oder eine Imagination Ihrer Wahl, um sich mit dem höchsten göttlichen Prinzip und damit auch mit Ihrer Überseele zu verbinden. Spüren oder imaginieren Sie die Frequenz Ihrer Überseele. Bitten Sie darum, dass die Energie Ihrer Überseele auch in dem Transmitter in der Ampullenkammer gespeichert wird. Ihr Empfinden sagt Ihnen, wenn die Frequenz Ihrer Überseele komplett im Transmitter gespeichert ist. Nehmen Sie anschließend den Transmitter aus der Ampullenkammer, beschriften ihn und spüren nochmals, dass die Frequenz Ihrer Überseele in dem Transmitter verankert ist. Stecken Sie Ihren Transmitter nun in die Leerhülse aus Metall, so dass er geschützt ist.

Für Ihre zukünftige Urteilchen-Überseelen-Meditation nehmen Sie Ihren Transmitter aus der Hülse, stecken ihn in die Urteilchenwabe und setzen die Intention, mit Ihrer Überseele verbunden zu sein. Auf Reisen oder während der Arbeit können Sie Ihren Urteilchen-Transmitter auch ohne Urteilchenstrahler bei sich tragen und in die Hand nehmen, wann immer Sie die Präsenz Ihrer Überseele benötigen.

Wenn sich die Überseele meldet, ist dies eindeutig spürbar. So empfanden es auch die Teilnehmer, die in diesem Seminar den Überseelen-Transmitter hergestellt haben.

Impulse aus dem

Urteilchen-Seminar 2014

Bettina Maier

I n regelmäßigen Abständen lädt Richard Weigerstorfer zu besonderen Seminaren ein. Als Erfinder des Urteilchen-Strahlers ist es ihm seit jeher ein Anliegen, die Menschen zu inspirieren, im Kontakt mit dem Göttlichen Heilung, Harmonie und Gesundheit für Körper, Geist und Seele zu erlangen. Für Sie, liebe Leserinnen und Leser des Herzgefühls, haben wir die wichtigsten Informationen aus dem jüngsten Seminar zusammengefasst, um Ihnen einen kleinen Einblick in die Welt der Urteilchen zu schenken.

Was ist der Urteilchen-Strahler?

Während einer Meditation ist unser fein-stoffliches Energiefeld so weit ausgedehnt, dass wir uns mit etwas Übung gut mit der geistigen Welt, unseren Engeln und himmlischen Helfern, verbinden können. Wir sind ganz bei uns, im Hier und Jetzt, angebunden an das Göttliche. Ganz anders sieht es meist während unseres Alltags-bewusstseins aus. Von äußeren Gegeben-heiten beeinflusst, schwingt unser Ener-giefeld so niedrig, dass eine große Lücke, ein Verbindungsloch, zwischen uns und der höchst schwingenden geistigen Welt besteht. So erhielt Richard Weigerstor-fer vor Jahren aus der geistigen Welt den Auftrag, diese Lücke zu überbrücken und eine Lösung zur besseren Kommunikation zu finden. Dies war die Geburtsstunde des Urteilchen-Strahlers, der quasi als Verbin-dungsbogen zwischen dem menschlichen Energiefeld und der geistigen Welt fungiert. Auf diese Weise können unsere Engel mit uns arbeiten, uns heilend unterstützen, ohne sich auf unser Niveau verdichten zu müssen.

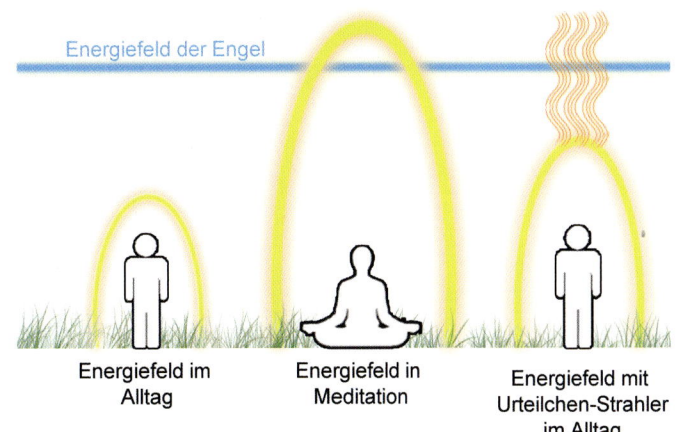

Energiefeld der Engel

Energiefeld im Alltag

Energiefeld in Meditation

Energiefeld mit Urteilchen-Strahler im Alltag

Mein persönlicher Urteilchen-Strahler

Wird ein neuer Urteilchen-Strahler gebaut, ist immer auch der Schutzengel seines zukünftigen Besitzers anwesend. So bekommt Richard Weigerstorfer wichtige Informationen darüber, ob er für diesen Menschen auch geeignet ist. Dieser wird im nächsten Schritt zu seinem Urteilchen-Strahler geleitet, sei es durch Empfehlungen von Freunden oder Therapeuten, oder durch ein „zufälliges" Surfen auf der Seite des wuwei-Shops. Wer seinen persönlichen Urteilchen-Strahler gefunden hat, hält ihn zu Beginn an sein Herz. So entsteht die energetische Verbindung sowohl mit dem Strahler, als auch mit dem Schutzengel. Nun kommt es zur angesprochenen Überschneidung, denn die bestehende Verbindungslücke zur geistigen Welt wird überbrückt. Außerhalb von Raum und Zeit kann der Urteilchen-Strahler nun auch auf Zuruf arbeiten, denn die mineralische Zusammensetzung in seinem Inneren und die bestehenden Schwingungskreise speichern alle Informationen. Wer beispielsweise einen Unfall beobachtet, kann sich auf energetischer Ebene mit ihm verbinden und die geistige Welt um Hilfe bitten. Übrigens, jeder Urteilchen-Strahler wird sich seinem Besitzer mit seinem Namen offenbaren.

Mit dem Urteilchen-Strahler arbeiten

Grundsätzlich können alle Gegenstände mit sich selbst bestrahlt werden. Nehmen wir zum Beispiel eine Brille. Sie speichert häufig Felder, die unserer Fähigkeit der Hellsichtigkeit im Wege stehen. Wenn wir die Brille auf die Medikamentenwabe des Urteilchen-Strahlers legen, gehen diese gespeicherten Felder als Schwingung in den Strahler. Nun wird eine spiegelverkehrte Information der Störfelder gemacht, die neutral wieder zurück zur Brille gehen. Sie haben ihre Wirkung verloren, die Brille ist „gereinigt". Auf diese Weise können Sie auch körperliche Beschwerden und Erkrankungen behandeln. Leiden Sie zum Beispiel unter Gallenschmerzen, halten sie die Wabe an ihren Körper und bestrahlen die Galle mit ihrem eigenen Schmerz. Leiden Sie an einer Allergie, können Sie Ihr Schnäuztuch auf die Wabe legen und damit ein Pipettenfläschchen mit leichter Salzlösung bestrahlen. Davon nehmen Sie immer wieder ein paar Tropfen. Viele Menschen berichten von einer raschen Besserung ihrer allergischen Reaktionen. Natürlich können Sie den Strahler auch zur allgemeinen Direktbestrahlung nutzen. Die Urteilchenenergie wirkt im gesamten Feld und löst dort Heilung aus, wo sie notwendig ist. Denken Sie immer daran, der Strahler reagiert auf Ihre Gedanken und Visualisierungen.

Positive Gewohnheiten verankern

Sport, Bewegung an der frischen Luft, gesunde Ernährung, regelmäßige Meditationen: Wer Positives in sein Leben bringen möchte, braucht eine entsprechende Emotion dazu. Denn möchte ich all diese guten Gewohnheiten in meinem System verankern, fühle aber nichts dabei, wird nichts passieren. Bringen Sie sich also in einen Zustand freudiger Erregung. Gönnen Sie sich zum Beispiel einen Wellness-Tag mit einer wohltuenden Massage, tauchen Sie bei einem Spaziergang in die heilende Kraft der Natur ein oder genießen Sie die körperliche Begegnung mit Ihrem Partner. Holen Sie diese positiven Gefühle, die bereits in Ihnen sind, bei der Arbeit mit dem Strahler hervor, betten Sie Ihren Wunsch darin ein und bestrahlen Sie sich damit. Ein Gedanke, verbunden mit einer Emotion, wird Realität werden, dies ist ein universelles Gesetz. Bitte denken Sie daran, dass es sich ebenso mit destruktiven Selbstsabotage-Programmen verhält.

Foto: © Christian Jung / shutterstock.de

Die Urteilchen-Homöopathie

Als Richard Weigerstorfer zum ersten Mal
mit der Homöopathie in Verbindung kam und
das Verfahren begriff, mit dem die Informationen aus den Substanzen gelöst werden,
hatte er ein komisches Gefühl, so, als würde
man den Pflanzen heimlich etwas stehlen.
So entstand der Gedanke, direkt zum Deva
der Pflanze zu gehen und um die benötigten
Informationen zu bitten, was von den Devas sehr begrüßt wurde. Zur Erklärung: Die
Devas leben in der 6. Dimension, in der auch
alle unsere Ideen verankert sind. Wächst zum
Beispiel eine Erbsenpflanze heran, zieht sie
ihre benötigten Informationen und Programme von ihrem Deva. Die Pflanze ist sozusagen die Hülle, in welche der Deva schlüpft.
Bei der Urteilchen-Homöopathie kann der
Urteilchen-Strahler alleine durch unseren Zuruf ein entsprechendes Mittel herstellen, zum
Beispiel Echinacea D12. Der Zuruf-Impuls
wird direkt zum Deva der Belladonna-Pflanze
geleitet, wonach dieser genau die Potenz und
Wirkung generiert, die benötigt wird. Übrigens: Auch wir Menschen haben mit Christus einen Deva. Der Mensch Jesus, der die
Christusenergie in sich so sehr zum Schwingen gebracht hat, dass er Christus geworden
ist, zeigt die Summe all unserer wunderbaren
Möglichkeiten.

Bild: © SusaZoom / shutterstock.de

Die Urteilchen-Atmung

Wenn wir uns unbewusst und passiv verhalten, sind wir ungeschützt und energetisch angreifbar. Mit Hilfe der aktiven Urteilchen-Atmung haben wir die Möglichkeit, unser System mit Energie zu fluten und unsere Schwingung zu erhöhen, so dass uns negative Energien nichts anhaben können. Bei dieser Übung öffnen wir mit begleitenden Armbewegungen und stimmhaften Atemtechniken unsere sieben Hauptchakren. Vom Wurzelchakra ziehen wir die Erdenergie über unser Herzchakra nach oben ins Göttliche und bitten um Lösung und Heilung unseres Anliegens. Über unser Kronenchakra fließt die transformierte Energie, die wir uns als Lichtfaden vorstellen, durch unsere Chakren wieder nach unten. Auf diese Weise können wir zum Beispiel um eine Erdheilung bitten oder unsere göttliche Kreativität unterstützen. Aus dem Sakralchakra, dem Sitz unserer Kreativität und Ideen, ziehen wir die Energie in das Herzchakra, tränken sie mit unserer Liebe, geben sie in das Stirnchakra, was der Christusenergie zugeordnet ist. Anschließend ziehen wir die Lösungen zurück in das Sakralchakra. Auf diese Weise kann Wunderbares entstehen. Sie haben es sicherlich schon erlebt, dass Sie zum Beispiel ein Sänger ganz tief im Herzen berührt, weil er die Christusenergie in sich zum Schwingen bringt. Gegenteiliges ist der Fall, wenn unsere Kreativität ausschließlich aus dem Sakralchakra, ohne die Liebe, kommt. Dann entstehen Dinge, die nicht förderlich sind, zum Beispiel Kleidung, die unbequem ist oder Bauten, in denen Menschen nicht gut leben können. Hier können wir auf einfache Art und Weise mit dem Urteilchen-Strahler arbeiten. Denn die Urteilchen sind reine Liebesenergie.

Bild: © Efired / shutterstock.de

Fremdbesetzungen auflösen

Wird unsere Aura aufgrund eines erlittenen Traumatas durchlässig, können sich Fremdenergien, erdgebundene Seelen oder dämonische Wesenheiten andocken. Auch, wenn wir eine große Aufregung oder Aggression in uns spüren, ist die Gefahr groß, solche Seelen anzuziehen. In derartigen Fällen richten wir den Urteilchen-Strahler auf uns und lassen hochschwingende Energie in uns einfließen. Wesenheiten mit niedriger Schwingung werden sich bald verabschieden. Grundsätzlich empfiehlt es sich, in einer glücklichen Stimmung einen Transmitter herzustellen, um sich in solchen Zeiten mit seinem eigenen Glück bestrahlen zu können. Natürlich lassen sich mit dem Urteilchen-Strahler auch Erblasten in der Ahnenreihe, anhaftende Flüche und fest sitzende Glaubensmuster, die über mehrere Inkarnationen wie ein Implantat wirken können, auflösen.

Wer tiefer in die Welt der Urteilchen eintauchen möchte, dem empfehlen wir unsere DVDs zu den Seminaren:

Urteilchen-Seminar 2005

Urteilchen-Seminar 2008

Urteilchen-Seminar 2011

Urteilchen-Seminar 2014

Fülle und Wohlstand und das Märchen von Frau Holle

Richard Weigerstorfer

Sie werden sich nun fragen, was hat das miteinander zu tun? Nun, im ersten Augenblick mag einem der Goldregen, den die Goldmarie erhält, einfallen, aber was ist mit dem Backofen, den Äpfeln und dem Brunnen?

In der Frühjahrsausgabe 2016 war „Fülle und Wohlstand" schon einmal unser Leitthema. Viele Leserzuschriften haben mich erreicht und mir wurde klar, dass hier noch etwas Erklärungsbedarf besteht. Wie sage ich es meinem Kinde, sagt man im Volksmund, wenn ein schwieriges Thema einfach transportiert werden soll, so dass es das Kind auch versteht.

Gott sei Dank kam mir ein italienischer Freund und Künstler, Marco Paseri, zu Hilfe. Ich hatte ihn gebeten, ein Bild der Goldmarie zu malen, just in dem Augenblick, in dem sie von den Goldstücken überschüttet wird. In seinem Gemälde hat der Künstler die weiteren Elemente des Märchens von Frau Holle um die Hauptszene angeordnet und so machte ich mir auch über die anderen Geschehnisse Gedanken. Schnell wurde mir bewusst, dass in dem Märchen eine genaue Anleitung für Fülle und Wohlstand versteckt ist.

Folgende sechs Geheimnisse eröffneten sich mir, die ich nun gerne mit Ihnen teilen werde. Beachten Sie diese sechs Geheimnisse oder Gesetzmäßigkeiten, so werden sich auch in Ihrem Leben Fülle und Wohlstand einstellen.

Bild: © Vasilka Loy

Erstes Geheimnis:
In den Brunnen fallen

Im Märchen fällt der fleißigen Tochter die Spindel in den Brunnen, als sie das Blut vom vielen Arbeiten abwaschen will. Als sie weitermachen möchte, fällt sie ganz in den Brunnen und erwacht in einer anderen Welt wieder.

Kennen Sie das auch? Sie arbeiten, bis Ihnen die Finger blutig sind, es geht etwas schief und Sie können die Arbeit nicht fortsetzen? Spätestens an dieser Stelle sollten Sie in den Brunnen springen und in die Anderswelt eintauchen. Denken Sie sich eine Welt aus, in der Sie leben wollen. Schreiben Sie sich eine Vision auf, in der Sie genau festhalten, was sie künftig erleben wollen, wie Ihr Leben sein soll. Machen Sie aber nicht den Fehler, sich nur Geld zu wünschen, denn das hilft Ihnen gar nichts. Es gibt

sehr viele vermögende Leute, die ärmlicher leben, als ein einfacher Mensch. Wollen Sie gerne ein schönes Auto fahren, das vielleicht 100.000 Euro kostet? Dann wünschen Sie sich das Auto und nicht das Geld, um es zu kaufen. Ich kann Ihnen mit Sicherheit sagen, dass Sie das Geld, falls Sie es bekommen würden, nicht für das Auto ausgeben, sondern alles andere damit machen würden. Denken Sie einmal ganz ehrlich nach, würden Sie die 100.000 Euro für das Auto ausgeben, wenn Sie darüber hinaus kein weiteres Geld hätten? Also, legen Sie in Ihrer Vision fest, was Sie erleben oder besitzen wollen, ohne dabei an das Geld zu denken, das Sie dafür brauchen. Es kann ja sein, dass Sie es geschenkt bekommen oder gewinnen? Vielleicht können Sie das Gewünschte mitbenutzen und genießen und brauchen dann für Unterhalt und Pflege nichts zu machen? Ich habe einen Freund, mit dem ich gerne spazieren gehe. Fast immer finden wir in einem schönen Park eine Bank, auf die wir uns eine Zeitlang setzen. Jedes Mal sagt er dann zu mir: „Ist das nicht toll?

Der liebe Gott hat uns den Park geschenkt, wir können hier all das Schöne genießen. Wir brauchen uns nicht kümmern, dass das Gras gemäht oder im Herbst alles winterfest gemacht wird. Auch die Kosten für Gärtner und das Wasser für die Bewässerung übernimmt er. Wenn es uns reicht, dann gehen wir einfach und wissen, dass sich jemand um all die Pflanzen und Bäume kümmert. Ist das nicht wunderbar?" Er ist dann immer so ergriffen und mir wird bewusst, er genießt den Park mehr, als derjenige, dem er gehört und der viel Arbeit damit hat. Mein Freund ist in dem Augenblick unendlich reich und dies strahlt aus seinen Augen.

Wissen Sie, was ich meine? In die andere Welt gehen und sich reich fühlen, hat nichts mit Geld zu tun, sondern ist ein innerer Zustand, den jeder Mensch, wie arm er auch sein mag, jederzeit selbst herstellen kann. Es gibt ein Gesetz, das wird das Prinzip der Anziehung genannt. Fühlt jemand Reichtum und Fülle in sich, so zieht er automatisch noch mehr davon in sein Leben. Jesus sagte, jene, die wenig haben, denen wird genommen. Jene, die viel haben, denen wird gegeben. Damit hat er das Gesetz mit seinen Worten beschrieben. Vieles von dem, was Jesus sagte, ist erst einmal feinstofflich zu sehen und wirkt dann wie ein Samen in die grobstoffliche Welt hinein. Also, verbannen Sie Worte und Gedanken von Armut aus Ihrem Kopf, es ist nur eine Sichtweise, die Ihnen vielleicht beim Anblick des Kontoauszuges einfällt, aber nichts mit der Realität zu tun hat. Das Bild vom Brunnen, links unten, soll Sie immer daran erinnern, dass Sie die andere Welt, in der Sie reich sind, betreten müssen.

Zweites Geheimnis: Das Brot aus dem Ofen holen

Als das Mädchen am Backofen vorbeigeht, rufen die Brote: „Bitte hole uns heraus, sonst verbrennen wir." Damit Brot im Ofen backen kann, muss jemand gearbeitet haben, der Bauer, der Müller, der Bäcker. Und dann wird der Lohn der Arbeit nicht eingenommen, das Brot nicht aus dem Ofen geholt. Kennen Sie das auch? Sie machen eine Ausbildung, investieren viel Zeit und Geld, damit Sie etwas gut lernen, etwas, das Sie nähren soll, nehmen wir mal an, eine Massageform. Es macht Ihnen wirklich Spaß und Sie sind glücklich bei der Arbeit. Ihre Kunden sind auch glücklich und oft bekommen Sie noch gesagt, dass etwas heilen durfte und Linderung im Alltag eingetreten ist. Und Sie holen das Brot nicht aus dem Ofen? Übersetzt formuliert: Sie trauen sich nicht, den Lohn Ihrer Arbeit einzunehmen, Sie

verlangen nichts: „Ist schon gut, das nächste Mal", oder „Geben Sie mir, was Sie gerade geben können". „Am liebsten würde ich umsonst arbeiten", sagen Sie vielleicht noch und denken dabei an die unbezahlten Rechnungen, die Sie zwingen, wenigstens eine kleine Summe zu verlangen. Ich habe viele Gespräche zu diesem Thema geführt. Den Lohn der Arbeit einzunehmen, scheint das allerschwierigste für spirituelle Menschen zu sein. Jesus bringt hier das Gleichnis von den Söhnen, von denen einer sein Geld eingräbt, der andere gut damit arbeitet und es vermehrt.

Stellen Sie sich vor, Sie würden immer den Lohn Ihrer Arbeit einnehmen, Sie könnten mit dem Geld Ihre Behandlungsräume schöner einrichten, damit sich Ihre Kunden noch wohler fühlen, Sie könnten auch anderen Menschen helfen, die im Mangel leben. Kommt wirklich einmal ein Mensch zu Ihnen, der sich eine Behandlung bei Ihnen nicht leisten kann, aber eine bräuchte, Sie könnten großzügig eine Ausnahme machen und ihn gratis behandeln. Dies wäre ein vollkommen anderes Gefühl, denn Sie schenken aus der Fülle heraus und nicht, weil Sie Angst haben, etwas für Ihre Arbeit zu verlangen.

Und noch etwas dürfen Sie gleich mit überlegen: Wenn Sie sich und Ihrer Arbeit nicht den Wert und die Anerkennung geben, wie soll es dann ein anderer Mensch machen? Jedes Gegenüber spürt, dass Sie selbst nicht von Ihrem Tun überzeugt sind. Der Backofen soll Sie künftig daran erinnern, dass Sie den Lohn Ihrer Arbeit einnehmen. Wenn Ihnen viele Gründe einfallen, warum das nicht geht, dann denken Sie bitte lange und gewissenhaft nach, bis Sie viele Argumente dafür haben. Oder aber Sie beschließen, künftig auf Fülle und Wohlstand zu verzichten und entscheiden sich bewusst für das Gegenteil. Auch das ist vollkommen in Ordnung, fallen mir hier die vielen Ordensleute ein, die vollkommen auf einen weltlichen Lohn verzichten. Doch auch hier trifft es nicht ganz zu, denn wenn der Ordensmann auf seinen Lohn verzichtet, so tut es der Orden noch lange nicht, denn auch Klöster müssen unterhalten werden und Nahrung und Unterkunft für ihre Mönche bereitstellen.

Drittes Geheimnis:
Die Äpfel ernten

Der Apfelbaum trägt ohne unser großes Zutun jedes Jahr reichliche Ernte. Haben Sie sich schon einmal bewusst gemacht, dass zur Arterhaltung alle zehn Jahre ein Apfel genügen würde, um aus den Samen gleich mehrere Bäume wachsen zu lassen? Welche Fülle und Überfluss treffen wir in der Natur an. Die meisten Pflanzen erzeugen jedes Jahr tausende Samen, die uns dann als Nahrung dienen, denken wir an den Weizen oder an alle Obstsorten. In der ganzen Schöpfung gibt es keinen Mangel, wie er uns Menschen eingeredet wird. Die Fülle steht aber nicht immer zur Verfügung, sondern nur zur Erntezeit. Wenn Erntezeit ist, soll geerntet werden, und auch das ist für viele Menschen sehr schwer. Eitelkeit und Stolz stehen oft im Weg. Wenn Erntezeit ist, bekommt man für Weniges viel, weil Überfluss herrscht. Schausteller auf Messen und Volksfesten leben nur in der Erntezeit. Ein paar Würstchen für eine horrende Summe und die Leute stehen Schlange. Vielleicht verkaufen auch Sie Würstchen, preiswerter und in einer besseren Qualität, trotzdem stehen bei Ihnen die Leute nicht Schlange. Sie denken sich vielleicht: das ist ungerecht, der andere ist unverschämt teuer. Doch das ist es nicht. Es ist Erntezeit. Suchen Sie in Ihrem Leben auch die Zeiten, in denen geerntet werden kann und tun Sie es. Ein Fachautor, der sich weigert, ein kleines Büchlein für Einsteiger zu schreiben, weil er nur 600 Seiten Texte verfasst, die sehr in die Tiefe gehen und Einsteiger überfordern, weigert sich, die Äpfel zu ernten. Ein weltberühmter Schriftsteller war sich nicht zu schade, einen fünfseitigen Werbebrief für Ford zu schreiben und war damit sehr erfolgreich. Von Picasso wird erzählt, dass ihn eine Frau gebeten hat, ein Bild

Bild: © Vasilka Loy

für sie zu zeichnen und sie zahlte ihm 10.000 dafür. Er saß gerade in einem Cafe, er nahm die Serviette, und zeichnete in einer Minute ein Bild für die Frau. Er war sich nicht zu schade oder zu stolz, verwies nicht auf sein Atelier, sondern erntete sofort. Als die Frau dann meinte, 10.000 für eine Minute Arbeit seien schon viel, entgegnete er, er habe 30 Jahre lang geübt, um das in einer Minute zu können.
Wie lange war Ihre Ausbildung? Sind Sie nicht immer besser und auch effektiver geworden? Wenn Sie heute jemand in kurzer Zeit helfen können, ist es nicht die Erfahrung und Übung und darf diese nicht einfließen? Ein Anfänger könnte vielleicht in viel längerer Zeit nicht Ihr Ergebnis erzielen?

Wenn Sie das Bild und die Äpfel rechts oben sehen, denken Sie an die Erntezeit und wo sie bei Ihnen im Leben immer wieder auftritt. Werfen Sie allen Dünkel und Eitelkeit über Bord und ernten Sie.

Viertes Geheimnis:
Bei Frau Holle

Die Tochter kommt endlich im Haus der Frau Holle an, die sie in Dienst nimmt und gut behandelt. Was muss sie bei Frau Holle machen? Aufräumen, richtig. Wie sieht es bei Ihnen aus? Ist alles sauber? Sind alle Messer geschliffen, der Krempel entsorgt. Was steht bei Ihnen alles rum und wurde in den vergangenen zwei Jahren nicht verwendet? Überlegen Sie, ob Sie es nicht verschenken oder entsorgen sollen. Es verstopft nur Ihr Leben. Es gibt ein kleines, amüsantes Büchlein „Feng-Shui gegen das Gerümpel des Alltags", lesen Sie es und entdecken Sie, wo überall Gerümpel in Ihrem Leben ist, selbst auf der Festplatte werden Sie fündig werden und alte Dateien entdecken, die Sie getrost löschen können. In Japan gibt es einen Begriff für Aufräumen. Er heißt „Kaizen". Beim Kaizen geht man systematisch vor. Sie nehmen sich zum Beispiel eine Schublade und leeren sie ganz aus, dann kommt nur das wieder rein, was Sie wirklich brauchen. Sie werden erstaunt sein, wie leer die Schublade dann sein wird. So gehen sie weiter, Fach für Fach, Zimmer für Zimmer und natürlich dürfen Sie den Dachboden und den Keller nicht vergessen, ja, auch die Garage und das Gartenhäuschen. Sie werden es vielleicht noch nicht ganz verstehen, was das mit Erfolg zu tun hat, aber vertrauen Sie mir, es wird bald für Sie sichtbar werden.

Dann musste Marie auch die Betten ausschütteln. Das dürfen Sie auch – auf feinstofflicher Ebene. Sie dürfen sich reinigen und zwar energetisch: Gehen Sie in die Sauna, tanken Sie frische Luft, essen Sie leichte Kost und lassen Sie vor allem alte, negative Gedanken los. Und das jeden Tag wieder, denn Marie musste auch jeden Tag die Betten ausschütteln. Machen Sie es sich zur Gewohnheit, denn wir sind die Sklaven unserer Gewohnheiten, darum lasst uns Sklaven von guten Gewohnheiten sein.

Fünftes Geheimnis:
Durch das Tor gehen

Das ist wieder eine schwierige Übung, es sei denn, Sie haben die ersten vier Geheimnisse schon in Ihr Leben integriert. Durch das Tor gehen und sich belohnt fühlen, ist eine mentale Übung, die Sie jeden Tag machen dürfen. Sind Sie von Ihrer Arbeit, von Ihrem Auftreten, von Ihrem Denken positiv überzeugt? Dann treten Sie durch das Tor und lassen sich beschenken mit all den Dingen, die Sie sich wünschen. Aber Achtung: können Sie die obigen Dinge nicht wirklich als Bestandteil Ihres Lebens unter-

streichen, dann warten sie noch, denn sonst geht es Ihnen wie der Pechmarie und Sie ernten statt dem gewünschten Gold nur Pech.

Sechstes Geheimnis:
Den Hahn krähen lassen

Im Märchen "Frau Holle" kräht am Ende immer der Hahn: „Kikeriki, die Goldmarie ist hier", oder „Kikeriki, die Pechmarie ist hier". Wenn wir mit diesen Geheimnissen arbeiten, wird immer auch der Hahn krähen. Er ist unbestechlich und weiß genau, wie ehrlich Sie sind. Die Leute werden über Sie reden. Wenn Sie gut sind, wird der Hahn für Sie Werbung machen. Sind Sie es nicht, wird er dafür sorgen, dass keiner zu Ihnen kommt. Sie können den Hahn unterstützen, indem Sie von zufriedenen Kunden oder Patienten Erfahrungsberichte erstellen lassen, die künftigen Interessenten zeigen, was der Hahn kräht. Dass immer über Sie und Ihre Arbeit geredet wird, soll Ihnen der Hahn rechts unten bewusst machen. Der Hahn sieht alles und er weiß alles – und er kann seinen Schnabel nicht halten, Gott sei Dank für Sie, nicht so gut für den Schlechten.

Ich habe Ihnen ein paar Alltagsdinge mit dem Bildnis der Goldmarie bedrucken lassen, damit Sie immer wieder an die sechs Geheimnisse erinnert werden.

Das Bild von Frau Holle kann für Sie sehr wichtig sein, wenn Sie die Gesetzmäßigkeiten der Geschichte für sich anwenden wollen. Denn dabei geht es auch um das Aneignen neuer Gewohnheiten und das kann sich manchmal als ausgesprochen zäh erweisen. Damit Sie sich immer wieder an die Geschichte und ihre Aufgabe erinnern können, haben wir gleich mehrere „Erinnerer" geschaffen:

- Porzellantasse,
- Mauspad,
- Untersetzer und
- Goldmarie auf Leinwand

erhältlich bei www.wu-wei.de

Hildegard von Bingen

Ordensfrau und Freiheitsdenkerin

Sigrid Häse

Sie ist unter dem Namen „Heilige Hildegard" bekannt, doch heiliggesprochen wurde sie nie. Hildegard von Bingen wird als deutsche Prophetin gehandelt, die sich selbst als Posaune Gottes bezeichnete. Als Frau hatte sie in der damaligen Zeit ein ungemein umfangreiches Wissen und zeichnete sich als Managerin aus, was damals schlicht unerhört empfunden wurde.

Hildegard von Bingen lebte in einer Zeit, in der die Nonnen den Mönchen untertan und keinesfalls gleichberechtigt waren. Sie aber strebte nach Bildung und Wissen, weil sie sich der darin enthaltenen Macht bewusst war. So korrespondierte sie mit den Reichen und Mächtigen ihrer Zeit, um Gleichberechtigung für ihre Nonnen und sich zu erstreiten. Sie unternahm Reisen, um Vorträge und Predigten in anderen Städten vor Männern zu halten. Das war zu ihrer Zeit ein absolutes Novum.

Geboren wurde Hildegard im Jahr 1098 in der Nähe von Mainz als zehntes und letztes Kind. Ihre Eltern bewirtschafteten einen kleinen Herrenhof, waren also von niederem Adel und vermögend. Mädchen des niederen Adels hatten gegenüber Bauernmädchen immerhin eine kleine Wahl bezüglich ihrer Lebensgestaltung. Während Bauernmädchen in jedem Fall heiraten und Kinder aufziehen mussten, konnten Mädchen des Adels auch ins Kloster gehen. Doch diese Regel war noch nicht allzu alt, Hildegard war eine der ersten Nonnen überhaupt. In Anbetracht der Tatsache, dass eine Heirat arrangiert wurde und Frauen oft sehr jung im Kindbett starben, war die Option ins Kloster einzutreten, nicht die schlechteste Wahl. Zumal Hildegard kränklich und zeit ihres Lebens immer wieder länger ans Bett gefesselt war. Aber sie erholte sich auch immer wieder rasch, und ihre Kreativität und Schaffenskraft wurden dadurch nicht eingeschränkt.

Die Eltern gaben Hildegard im Alter von 13 Jahren in das Benediktinerkloster Disibodenberg im Hunsrück als sogenannte „Oblate". Damit waren Mädchen und Jungen gemeint, die dem Kloster als „Zehnter" für Gott gegeben wurden. Das Kloster erhielt dann eine Mitgift für die Erziehung des Kindes, meist Ländereien, Mühlen oder Dörfer, und gelobte dafür, für das Seelenheil der Familie zu beten. Es war also ein Deal mit Gott, bei dem das Kloster den Vermittler spielte. Das Kloster Disibodenberg war ein Benediktinerkloster, in dem die Ordensregel „Ora et labora, bete und arbeite" streng gelebt wurde. Sieben Wortgottesdienste, teilweise auch nachts, strukturierten den Tag, dessen Stunden damals nicht exakt gemessen werden konnten, denn Uhren gab es noch nicht. Die Zeit wurde mit Sonnenuhren oder Eieruhren bestimmt. Dazwischen wurde gearbeitet, gegessen und geschlafen.

Klosterruine Disibodenberg: Teile eines Kreuzganges

Im Kloster Disibodenberg lebten etwa 80 Mönche und eine Frau, als Hildegard im Jahr 1112 Aufnahme fand. Frauenklöster gab es noch nicht. Die Nonne Jutta von Sponheim, acht Jahre älter als Hildegard, war eine sogenannte Einsiedlerin, auch

Inklusin genannt. Sie lebte in einem Anbau an der Kirche streng von den Mönchen getrennt und wurde die Erzieherin von Hildegard und einem zweiten gleichaltrigen Mädchen. 25 Jahre, bis zum Tod von Jutta, lebten sie zusammen. In dieser Zeit hatten die Klöster das Bildungsmonopol, denn es gab noch keine Schulen. So wurden sie Kulturstifter in allen Belangen des Lebens. Bücher mussten noch von Hand kopiert werden, schreiben und lesen konnten nur die Mönche und Nonnen. Dies erklärt den umfangreichen Wissensstand von Hildegard, doch war sie sicherlich zusätzlich äußerst intelligent und von einer großen Motivation geleitet.

Litt Hildegard unter starken Migräneattacken?

Die Erkrankung von Hildegard wird heute als heftige Form von Migräneattacken gedeutet. Sie können über Tage andauern und zu sogenannten Lichterscheinungen von 20 bis 30 Minuten Dauer führen, die durch Krämpfe in den Blutgefäßen verursacht werden, die den Sehnerv versorgen. Dies ist die vermutliche Ursache ihrer Visionen von Licht, die sie ab ihrem dritten Lebensjahr hatte. Und weil die Welt damals in Gut und Böse eingeteilt war, Hildegard ja zudem von ihren Eltern als Oblate ins Kloster gegeben wurde, und diese Visionen mit starken Schmerzen einhergingen, mussten sie, nach damaligem Glauben, von Gott sein. Dennoch behielt sie diese Erfahrungen jahrzehntelang für sich.

Im Laufe der Zeit kamen immer mehr Mädchen ins Kloster, so dass der Abt eine größere Klause für sie bauen ließ. Sie bewirtschafteten die Klostergärten und arbeiteten als Hebammen für die Frauen der umliegenden Dörfer. In dieser Tätigkeit hörte Hildegard auch zum ersten Mal eine Schilderung des weiblichen Orgasmus, den sie aber in ihren Schriften immer mit Liebe in Verbindung brachte. Hildegard stand dem Körper und seinen Genüssen immer positiv gegenüber, wofür sie oft von Männern und Frauen getadelt wurde.

1136 starb Jutta von Sponheim mit 46 Jahren. Als ihr Körper gewaschen wurde, entdeckten die Nonnen einen ins Fleisch eingewachsenen Bußgürtel, den sie um die Taille trug. Sie ist vermutlich an einer daraus resultierenden Blutvergiftung gestorben. Vier Jahrzehnte hatte sie auf dem Disibodenberg gelebt – und nach ihrem Tod wurde Hildegard zur neuen Erzieherin, zur Magistra, gewählt. Jetzt begann sie die Regeln des Ordens auszulegen, wie sie wollte, was natürlich nicht ohne Proteste blieb. So sangen ihre Nonnen beispielsweise die Psalmen mit geöffne-

Hildegard von Bingen

neten Haaren, also unverschleiert. Da ihre medizinischen Fähigkeiten sich aber weit herumsprachen und immer mehr Novizinnen anzogen, was dem Kloster Reichtum brachte, drückte der Abt immer wieder beide Augen zu. Hildegard wusste ihre Trümpfe sehr gut auszuspielen. Gott stand für sie immer für Mitgefühl und Liebe, statt für Geißelung und Strafe. Hildegard arbeitete weniger als Medizinerin, sondern mehr als Sammlerin und Verfasserin medizinischer Schriften, wobei sie in ihren Werken Theologie, Medizin und volkstümliches Wissen geschickt verband. Der Begriff „Hildegardmedizin" ist dagegen ein reiner Marketingbegriff von heute.

Ihre erste Schrift heißt „Scivias" - Wisse die Wege", und ist eine Beschreibung der Schöpfung bis zur Erlösung. Danach schreibt sie "Liber vitae meritorum" - "das Buch vom Lebensverdienst", in dem es um den Kampf von 35 Tugenden gegen 35 Laster geht. Ihr drittes Werk „Liber divinorum operum - Das Buch der göttlichen Werke", befasst sich mit der Anerkennung und Aufzeichnung einer Schöpfungsordnung. Außerdem entstand „Liber substitiatum diversarum naturarum creaturarum - Das Buch von den Geheimnissen der verschiedenen Naturen der Geschöpfe". Dieses Werk wurde später unterteilt in „Causae et curae" (Ursachen und Heilungen) und „Physicas" (der Körper) , die man gemeinhin mit ihrem Namen verbindet, und in denen immer wieder von der geheimnisvollen Grünkraft die Rede ist, die alles Leben durchdringt und wachsen lässt. Heute würden wir dazu vermutlich Lebenskraft sagen. Darin verwendet sie statt lateinischer erstmals volkstümliche Pflanzennamen, sortierte Krankheiten nach Symptomen und verfasst direkte Anweisungen zu deren Abhilfe in allgemeinverständlicher Sprache, so dass auch Nichtmediziner sie umsetzen und befolgen konnten.

Hildegard von Bingen war die erste Frau, die erkannte, dass sich bei falschem Umgang mit der Schöpfung, die Elemente gegen den Menschen wenden können. Sie warnte davor und sah den Menschen als ermächtigt und fähig, Verantwortung für die Natur in Freiheit zu übernehmen. Man könnte sagen, dass Hildegard damit die erste „Grüne" der Geschichte war. Und weil sie in ihren medizinischen Abhandlungen immer Theologie, Ethik und Kosmologie einfließen ließ, könnte man sie ebenfalls als erste Psychosomatin bezeichnen. Ihr Weltbild war absolut ganzheitlich. Beides, ihr Naturverständnis und ihre Ganzheitlichkeit, lassen ihre Werke auch heute noch modern erscheinen, entsprechen aber trotzdem der Lebensregel des heiligen Benedikt, der immer propagierte, das Himmlische mit dem Irdischen zu verbinden.

Hildegard wird als Prophetin anerkannt

1140 lüftete sie ihr Geheimnis um ihre Visionen und Lichterscheinungen und schrieb sie göttlichem Ursprung zu. Sieben Jahre später führte das dazu, dass Papst Eugen III. in einer Untersuchungskommission Hildegards Visionen durch den Bischof von Verdun prüfen ließ. Weil Hildegard eine Meisterin der Selbstdarstellung war und zudem ein selbstbewusstes und charismatisches Auftreten hatte, bekam sie die Anerkennung als Prophetin. Zudem setzte sich ihr Bruder Hugo für sie ein, der Domkantor von Mainz war. Nun kam es zur offenen Revolte gegen Abt Kuno von Disibodenberg: Hildegard wollte mit ihren Nonnen ein eigenes Kloster gründen, doch der Abt wollte sie nicht ziehen lassen, da sie für ihn zu wichtig geworden war. Vier Jahre lang dauerte der Kampf, dann zog Hildegard aus und baute mit ihren Nonnen bei Bingen das Kloster Rupertsberg. Doch hier rebellierten die Nonnen gegen Hildegard, denn sie waren es nicht gewohnt, körperlich hart zu ar-

beiten. Im Kloster Disibodenberg gab es Bedienstete für alle niederen Arbeiten, im Kloster Rupertsberg nicht. Alle Mädchen kamen aus begüteten Familien, Arbeit kannten sie nicht. Doch auch damit wurde Hildegard fertig, denn ein Zurück gab es für kein Mädchen, das einmal in einem Kloster gelandet war. Ein Austritt hätte bedeutet, dass die Frau bettelarm gewesen und als Freiwild angesehen worden wäre. Im Kloster gab es zu essen und ein Dach über dem Kopf, keineswegs eine Selbstverständlichkeit für die Menschen früherer Tage.

1154 stellte Kaiser Barbarossa das Kloster von Hildegard unter seinen persönlichen Schutz. Seine Bekanntheit wuchs so sehr, dass 1165 sogar ein Tochterkloster in Eibingen für Nichtadlige gegründet werden konnte. Als Äbtissin milderte Hildegard für ihre Nonnen die Askese und legte Speisebestimmungen und Gebetszeiten sehr großzügig aus. Geißelungen und selbstauferlegte Strafen gab es bei ihr nicht, der Tod ihrer Mentorin und Freundin Jutta von Sponheim stand ihr Zeit ihres Lebens deutlich vor Augen. Seit dem Auszug der Nonnen versank Kloster Disibodenberg dagegen in der Bedeutungslosigkeit.

Ausgedehnte Predigtreisen führten Hildegard nach Mainz, Würzburg, Bamberg, Trier, Metz, Bonn und Köln, ein absolutes Novum für eine Frau in ihrer Zeit. Neben den erwähnten Büchern theologischmedizinischen Inhalts, verfasste sie noch zwei eher künstlerische Werke, nämlich „Symphonia armonie celestium revelationum - Symphonie der Harmonie der himmlischen Erscheinungen", eine Sammlung von 77 liturgischen Gesängen, sowie „Ordo virtuum - Das geistliche Spiel", ein liturgisches Theaterstück mit Tugenden und Lastern in Form von Personen, denen sie Stimme und Ausdruck gab. Hildegard war eine Universalgelehrte und intellektuelle Forscherin, die ihre Zeit um bahnbrechende Erkenntnisse bereicherte. Sie starb am 17. September 1179 mit 80 Jahren im Kloster Rupertsberg. Das Kloster Disibodenberg wurde im Zuge der Reformation zerstört, Kloster Rupertsberg überstand den dreißigjährigen Krieg nicht, und Eibingen wurde im Zuge der Säkularisierung aufgegeben.

Heute wie damals gilt jedoch der gleiche Grundsatz: Wenn Frauen sich gerade machen und ihre Forderungen klar formulieren, erreichen sie ihr Ziel mit größerer Wahrscheinlichkeit. Bittendes und wartendes Auftreten führt dagegen weniger zum Erfolg. Hildegard kann uns also lehren, dass Frauen ihre Bedürfnisse gegenüber Männern klar artikulieren und konsequent einfordern sollten.

Kunst in Verbindung mit dem Göttlichen

Ein Interview mit dem italienischen Künstler Marco Paseri

Auf die Frage, wie lange er schon Künstler sei, antwortet Marco Paseri mit „schon immer". Der 48-jährige Italiener, der in seinem Atelier in Sanzeno in der Provinz Trentino arbeitet, gestaltet wunderbare Farblandschaften mit phantastischen Wesen, Aquarelle, Skulpturen und hoch schwingende Ikonen. Inspiriert von einem tiefen Glauben, klassischer Musik und dem Leben an sich, strahlen seine Werke Freude und eine hohe Energie aus. Wir haben uns mit Marco Paseri in Italien zum Interview getroffen.

Marco Paseri

Wie würden Sie Ihre Kunst beschreiben?

Da ich viele unterschiedliche Formen gestalte, ist es schwierig, meine Arbeit genau zu definieren. Den derzeitigen Schwerpunkt meines Schaffens bildet eine sehr phantasiereiche und farbenprächtige Malerei mit großflächigen Farbwelten. Besonders ist, dass ich Altes mit Neuem kombiniere. So lasse ich zum Beispiel in die Ikonenmalerei auch moderne Elemente, etwa aus der Kunst Kandinskys, einfließen. Mich inspirieren die alten Meister, Werke aus dem Mittelalter. Ich erschaffe Fabel- und Märchenwesen, die nur in der Phantasie existieren und arbeite viel mit Blattgold. Bei meiner Arbeit höre ich stets klassische Musik, vor allem von Johann Sebastian Bach. Die Klänge fließen als Bewegung in meine Bilder ein. Auf diese Weise entstehen bunte Welten und Figuren, farbenfrohe Geschichten und Legenden.

Wie ist dieser einzigartige Paseri-Stil aus Farben und Facetten entstanden?

Er hat sich aus den vielen unterschiedlichen Kunstformen, mit denen ich gearbeitet habe, herauskristallisiert. Ich bin Autodidakt, lasse mich von Legenden, Märchen und alten Überlieferungen inspirieren und baue gerne Spiralen als Symbol der Unendlichkeit in meine Werke ein. Ich möchte Träume darstellen, die dem Betrachter Freude bereiten.

Richard Weigerstorfer im Gespräch mit Marco Paseri

Ein wichtiger Teil Ihrer Arbeit ist die Ikonenmalerei, die Darstellung von Jesus Christus, Maria und heiligen Menschen. Was bedeutet Glaube für Sie?

Ich bin sehr gläubig erzogen worden und aufgewachsen. Der Glaube ist Bestandteil meines Lebens. Wenn ich an einem Bild arbeite, gehe ich eine Verbindung mit dem „Unsichtbaren", dem Göttlichen ein. Meiner Meinung nach können Ikonen auch nur von einem Künstler geschaffen werden, der eine tiefe innere Spiritualität in sich trägt. Die Menschen erkennen sofort, ob eine Ikone nur aus rein kom-

merziellen Gründen oder aus einem wahrhaftigen Glauben heraus geschaffen wurde.

Ich möchte weiterhin mit Herzblut und Leidenschaft Kunstwerke erschaffen, die den Menschen Freude bereiten, immer weiter an mir arbeiten und an meinen Techniken feilen. Mit der einen Hand halte ich den Pinsel für die Malerei, mit der anderen Hand möchte ich modellieren und Skulpturen aus Alabaster oder Keramik erschaffen.

Das Interview führte Richard Weigerstorfer, vielen Dank an unseren Übersetzer Roberto Cavosi.

Info: www.marcopaseri.it

Eine Treppe wird zum Piano

Positive Veränderungen durch Freude und Spaß bewirken

Bettina Maier

Wer etwas bewegen und verändern möchte, sollte den Menschen mit viel positiver Energie, Freude und Spaß begegnen. Das haben die Initiatoren der sogenannten Piano-Treppen mit ihrem außergewöhnlichen Experiment bewiesen. Sie überlegten sich, wie sie die Menschen inspirieren könnten, eine zur Routine gewordene, bequeme Gewohnheit gegen eine gesündere, aber etwas anstrengendere Alternative, einzutauschen. Dies sollte ganz ohne Druck und Vorschriften erfolgen, vielmehr durch eine einfache und spielerische Art und Weise.

Konkret ging es darum, die Leute an einer U-Bahn-Station in Stockholm zu animieren, anstelle der bequemen Fahrt mit der Rolltreppe die gesündere Variante des Treppensteigens zu wählen. Die Passanten sollten quasi zu mehr Bewegung im Alltag inspiriert werden, was ein schwieriges Unterfangen darstellte. Denn schließlich ist sich jeder dem gesundheitlichen Vorteil des Treppensteigens bewusst, doch Bequemlichkeit, Gewohnheit und Routine sind mächtige Gegner.

Der Plan: Die Initiatoren verwandelten die Treppen der U-Bahn-Station kurzerhand in ein riesiges Klavier. Die Stufen wurden mit weißer und schwarzer Folie verklebt sowie mit Sensoren versehen, die bei jedem Schritt einen Ton von sich gaben. Was glauben Sie, ist dann passiert? Trotz Hektik und Alltagstrubel fanden ziemlich schnell immer mehr Menschen Gefallen an den Piano-Treppen. Statt der Rolltreppe, steuerten die Passanten wie selbstverständlich die Treppen an, sprangen vergnügt zwischen den Stufen hin und her, andere blieben stehen, verweilten, und lauschten den ungewohnten Klängen an diesem Ort.

Was aber hat das Experiment ergeben? Die Bestätigung, dass durch den Spaß an den Piano-Stairs, 66 Prozent mehr Menschen die Treppe benutzt haben, als sonst üblich.

Die Erfinder haben dieses Projekt „The fun theory", also „Die Spaß-Theorie" genannt. Sie möchten eingespielte Gewohnheiten der Menschen zum Positiven hin verändern, indem sie ihnen aufzeigen, dass der Alltag und das Leben Freude machen können. So heißt es auf ihrer Homepage: „Diese Seite ist dem Gedanken gewidmet, dass der Spaß das einfachste Mittel ist, das Verhalten der Menschen positiv zu verändern. Sei es für sie persönlich, für die Umwelt oder für was auch immer. Was einzig und alleine zählt, ist die Veränderung zum Besseren hin."

www.thefuntheory.com

Bild: © Dmitri Gruzdev / shutterstock.de

Tee Trinken

Zu einem alten Zen-Meister kam ein junger Schüler. Der Meister empfing ihn und fragte: „Warst du früher schon einmal bei mir?" Der Jüngling verneinte. „Gut", sprach der Meister, „dann trink erst einmal eine Tasse Tee." Damit entließ er ihn.

Wenig später ließ sich ein zweiter Schüler beim Meister melden. Auch ihm stellte dieser die gleiche Frage, wie dem Ersten. „Ja", sagte der Schüler, „vor einem Jahr war ich schon einmal bei Euch". „Gut", sprach der Alte, „dann trink erst einmal eine Tasse Tee".

Das beunruhigte den Vorsteher des Klosters. „Meister", sagte er, „ich verstehe das nicht. Ihr fragtet die beiden Novizen, ob sie schon einmal hier gewesen seien. Der eine sagte nein, der andere ja; doch beide erhielten die gleiche Antwort. Was habt Ihr damit gemeint?"

„Klostervorsteher!", rief der Meister.

„Ja?", erwiderte der.

„Trink erst einmal eine Tasse Tee!"

Kommentar:

Wie oft suchen wir Antworten und Hilfe im Außen, obwohl wir doch alles in uns tragen und die Lösung meist so einfach wäre. Doch manchmal erscheint uns die Lösung zu einfach und wir suchen weiter. Die Erleuchtung beginnt in diesem Moment, im bewussten Wahrnehmen des Jetzt, des Augenblicks. Selbst wenn er so gewöhnlich ist, wie beim Trinken einer Tasse Tee.

Editorial

Liebe Leserinnen und liebe Leser,

vor über 30 Jahren machten wir mit einer freien Gebetsgruppe einen Urlaub in Tunesien. Eine Teilnehmerin, die sich Täubchen nannte, hatte ein wunderschönes Ritual, von dem wir angesteckt wurden und es seitdem freudig praktizieren. Täubchen ging ins Meer, bis sie etwas bis zum Bauch im Wasser stand, dabei umwickelte Sie sich mit den Armen.

Dann kam es, sie rief so laut sie konnte gegen die anwogenden Wellen:

ICH BIN FROH

Dabei breitete sie ihren rechten Arm aus, dass er zu einer einladenden Geste wurde. Nun der zweite Ruf:

ICH BIN FREI

Gleichzeitig öffnete sie ihren linken Arm und sie stand nun mit einladend, geöffneten Armen zum Meer hin. Der dritte Satz, den Sie ganz laut rief, um die Brandung zu übertönen lautete:

UND ICH ZIEH DAS GLÜCK HERBEI

Dabei zog sie wieder schließend die beiden Arme, als würde sie eine imaginäre Person ganz fest an ihr Herz drücken.

Wir waren damals eine Gruppe von ca. 20 Personen, die wie auf Kommando einstimmten und das Ritual mitmachten, oft 10 – 20 Mal hintereinander.

Dieses „ICH BIN FROH, ICH BIN FREI UND ICH ZIEH DAS GLÜCK HERBEI" mache ich auch heute noch, über dreißig Jahre danach. Warum, werden Sie vielleicht denken? Ganz einfach, es verändert den Gemütszustand ganz schnell in Freude. Es kommt mir immer dann in den Sinn, wenn ich schöne Natur erlebe, wie vor einem Wald, einer schönen Wiese oder auf einem Berggipfel.

Versuchen Sie es einmal, Sie werden ganz schnell die freudige Wirkung spüren.

Unser heutiges Leitthema ist die Freude und ich wünsche Ihnen Kurzweile und Erbauung mit dem heutigen Heft.

Richard Weigerstorfer
Chefredakteur

Richard Weigerstorfer
Geschäftsführer RiWei-Verlag GmbH

Raguel der Freund Gottes

Der Erzengel bringt Freude und Harmonie in alle Beziehungen

Bettina Maier

Im apokryphen Buch Enoch wird Raguel als einer der wichtigsten Engel beschrieben. Auch unter den Namen Raguil, Reuel oder Ruhiel bekannt, gilt er als Engel der Harmonie, Gerechtigkeit und Fairness und sorgt für eine gute Beziehung zwischen den Engeln und den Menschen.

Wörtlich übersetzt bedeutet Raguel „Freund Gottes". Sie können sich immer an ihn wenden, wenn Sie sich eine harmonische Beziehung wünschen, sich nach Vergebung, Ruhe und Frieden sehnen. Raguel heilt Missverständnisse und vermittelt in Streitfällen. Gerade in Zeiten des Wandels kommt Raguel eine tragende Rolle zu, denn im kosmischen Durcheinander sorgt er für ausgleichende Momente. Denn überall dort, wo Chaos herrscht, wird Raguel gebraucht.

Zudem kann er Ihnen passende und wohltuende Freunde in Ihr Leben bringen, Menschen, die Sie mit Respekt und Würde behandeln und Sie so annehmen, wie Sie sind. Bitten Sie ihn darum, und Raguel wird Sie zu Menschen führen, die Sie nähren, anstelle Ihnen Energie zu nehmen. Er unterstützt die Benachteiligten und ungerecht Behandelten.

Doch Raguel sorgt nicht nur für Harmonie in Liebesbeziehungen, in der Familie und in Freundschaften, auch im Berufsleben oder bei geschäftlichen Kontakten kann er Ihnen hilfreich zur Seite stehen. Sie können seine Hilfe daran erkennen, dass zum Beispiel eine eingefahrene und komplizierte Beziehung plötzlich heilt oder sie intuitiv zu einer Entscheidung geführt werden, sei es durch wiederkehrende Bauchgefühle, Gedanken, Visionen oder Zeichen.

Der Erzengel wird Ihnen zudem ein guter Unterstützer sein, wenn Sie mit sich selbst ins Reine kommen möchten und sich eine Heilung Ihrer Beziehung zu sich selbst wünschen. Bitten Sie ihn um Hilfe und er wird da sein. Er hilft Ihnen, Instabilitäten in Ihrem Inneren auszugleichen, liebevoll an sich selbst zu arbeiten, Selbstliebe und Selbstwert zu entwickeln. Er bringt Ihren feinstofflichen Körper in Harmonie und öffnet Sie sanft für die höheren Energien. Raguel wird dem Sternzeichen Schütze und dem Heilstein Aquamarin zugeordnet, sein Glorienschein erstrahlt in würdevollem Gold.

„Wenn aus Wut Gelassenheit wird, aus Streit eine Umarmung, aus Ungeduld Verständnis, aus Verzweiflung eine tiefe Ruhe, aus Engstirnigkeit das gesamte Wissen des Universums, dann hast du Raguel in dein Leben eingeladen. Fortan und für immer."

Aus dem Buch „Wenn ihr mich ruft, bin ich da, Heilung durch Jesus" von Heike Schneider-Klein, RiWei-Verlag.

Herzlicht-Kerze Erzengel Raguel

Die Raguel-Kerzen werden mit 100 % reinem Pflanzenwachs in liebevoller Handarbeit gegossen und mit dem Bild von Raguel dekoriert. Die Energie und Schwingung von Raguel wird über die Flamme ausgestrahlt. Die kleine Kerze brennt ca. 60 Stunden, die große etwa 120 Stunden.

erhältlich bei
www.wu-wei.de

Zweierlei Glück

Wir kannten nicht sein unerhörtes Haupt,
darin die Augenäpfel reiften. Aber
sein Torso glüht noch wie ein Kandelaber,
in dem sein Schauen, nur zurückgeschraubt,

sich hält und glänzt. Sonst könnte nicht der Bug
der Brust dich blenden, und im leisen Drehen
der Lenden könnte nicht ein Lächeln gehen
zu jener Mitte, die die Zeugung trug.

Sonst stünde dieser Stein entstellt und kurz
unter der Schultern durchsichtigem Sturz
und flimmerte nicht so wie Raubtierfelle;

und bräche nicht aus allen seinen Rändern
aus wie ein Stern: denn da ist keine Stelle,
die dich nicht sieht. Du musst dein Leben ändern.
(Rainer Maria Rilke, 1908)

Klaus Jürgen Becker

Das Wort Glück kommt vom mittel-
niederdeutschen „gelucke" und vom
mittelhochdeutschen „gelücke". Die
Bedeutung: Die Art, wie etwas endet
oder gut ausgeht. Insoweit ist das Glück(en) dem
„Gelingen" verwandt. Doch was ist ein geglücktes
und gelingendes Leben?

Empfindungsglück

Für Aristippos von Kyrene (435-355 v. Chr.), dem
Begründer des Hedonismus (Hedone = Freude,
Genuss), hinge ein glückliches Leben mit Empfin-
dungsglück zusammen.

Hedonistisches Glück versteht sich als eine subjektiv
als angenehm wahrgenommene Erfahrung, die eine
Zehntelsekunde oder auch eine Spanne von mehreren Jahren angehalten haben mag – aber, da sie von
den Sinneseindrücken abhängt – irgendwann einmal
enden muss. Die Erfahrungsquelle des Wohlbefin-
dens mag wechseln und breit gefächert sein.

Aus der Summe von als glücklich empfundenen Sinneseindrücken ergäbe sich automatisch eine Beurtei-
lung des eigenen Lebens als glücklich vom Ende her.
Aristippos verglich die sanften Wellenbewegungen
von Lust und Sinnesgenuss mit dem Meer, wo sie
lediglich eine Übergangsform zwischen dem Sturm
der Seele (dem Schmerz) und der vollkommenen
Seelenruhe (Ataraxie = Unerschütterlichkeit), dem
erstrebenswerten Zustand sind.

Mit den Sinnen kooperieren

Im heutigen Sprachgebrauch versteht man unter
Hedonismus ein egoistisches Begehren nach Sinnesgenuss um jeden Preis. Und genau an diesem Miss-
verständnis leidet unsere heutige Kultur: Sinnes-
Verarmung bei gleichzeitiger Sinnes-Verarmung!
Hedonistisches Glück ist nicht „schlecht", sondern
eine Kunst, die wir wieder lernen sollten: Wie kann
ich mit meinen Sinnen so kooperieren, dass ich
Sinnesglück empfinde, unabhängig davon, welche
Sinneseindrücke mir präsentiert werden. Empfindungsglück stellt sich dann ein, wenn ich mit meinen Sinnen Frieden und Freundschaft schließe und
das, was mir die Augen, Ohren, Nase, Zunge und

Hautsensoren übermitteln in meinem Herzen und in meiner Bewusstheit empfinde. Natürlich kann ich mein Sinnesglück unterstützen, indem ich, wo es mir möglich ist, meine Sinneseindrücke bewusst und weise wähle:

Augen: als harmonisch und aufbauend wahrgenommener Augengenuss zum Beispiel in Kunst, Natur.
Ohren: klassische Musik, Sinfonien, Konzerte, Gesang, Naturgeräusche.
Nase: bewusst durch die Nase atmen, Düfte bewusst wahrnehmen.
Hautsensoren: sinnliche Erlebnisse wie Sauna, Streicheln, Massage.
Zunge: Essen ganz bewusst und voller Dankbarkeit genießen

Augenpflege – Bilder bewusst genießen

Glücklich machen kann auch ein schönes Bild, das wir in einem Museum sehen oder ein Symbol, das im Betrachter ein Harmonieempfinden auslöst, wie zum Beispiel die Blume des Lebens.

Bild: © Anne Mathiasz / shutterstock.de

Neuro-Food: Glücksimpulse kann man essen

Bedeutenden Einfluss auf unsere Glücksempfindungen haben nachweislich Endorphine, Oxytocin sowie die Neurotransmitter Dopamin und Serotonin. Das Gehirn setzt diese Botenstoffe bei glücksfördernden Aktivitäten frei, zum Beispiel beim Liebesakt, beim Tanzen, beim Sport, in der Meditation und auch bei der alltäglichen Nahrungsaufnahme. Solche Substanzen werden auch als Medikamente

etwa bei Depressionen verwendet. Tatsächlich gibt es Ernährung (ohne Drogen), die glücklich macht. Abhängig von den Nahrungsmitteln, die wir essen und wann wir sie essen, löst der Körper ein Feuerwerk von Stoffwechselprozessen aus und erzeugt daraus schließlich auch unterschiedliche Neurotransmitter und Hormone. Mit dem Wissen um die zyklischen Veränderungen im Körper, können wir uns auf einen optimalen Zellaustausch mit den passenden Nahrungsmitteln einstellen und unserem Körper genau die Molekül-Bausteine geben, die Empfindungen wie Glück, Gelassenheit, Harmonie oder Aktivitätsdrang unterstützen. Die Zutaten von Mood Food (gezielt zusammengestelltes Essen das glücklich macht, zum Beispiel Bananen, Ananas, Trockenfrüchte usw.), wie auch von grünen Smoothies sind ganz besonders zu empfehlen – zu beiden Themen sind zahlreiche Bücher erschienen. Zu unserer Ernährung gehört auch, was wir lesen, welche Gespräche und welche Qualität von Freizeitgenuss wir führen. Tipp: Fragen Sie sich bei all dem: „Nährt es mich, was ich jetzt gerade an Eindrücken aufnehme – oder konsumiere ich gerade seelischen Junk-Food?"
Egal ob Sie tanzen, Aerobic machen, an einem Tennisturnier teilnehmen oder in die Therme gehen – suchen und finden Sie interaktive Felder, in denen Sie Glück erleben und teilen können.

Mit den Sinnes-Wesen in Frieden kommen

Glückshormone sind dann die Produkte jener Glückserzeugung, welche durch glücksfördernde Aktivitäten und Nahrungsmittel eingeleitet wurde. Es bedeutet, dass biochemische Stoffe im Gehirn über Kontaktstellen ausgetauscht werden. Empfindungsglück ist somit ein »Hello« und »Goodbye« im Informationsaustausch der Nervenzellen.
Doch die Sinnesorgane sind nicht nur Körperteile, wie so mancher Mediziner behaupten mag. Sie sind Repräsentanten von gewaltigen Archetypen, welche als Sinnes-Wesen durch unseren Lebenswandel und unsere Lebensverarbeitung gut oder schlecht ernährt, in Aufruhr oder in Frieden gebracht werden. Gerade ein kurzes Innehalten wie in der Meditation kann uns helfen, in unserer hektischen Zeit bewusst zu wählen, welcher Sinnesreiz mittel- und langfristig gut tut und welcher seelische Kater ausgelöst wird: „Wie der Barbier von Sevilla reagiert man nach allen Seiten hin auf kurzfristig auftauchende Anforderungen : Figaro hier, Figaro (…). Nicht zuletzt unser aller Alltagsleben scheint von galoppierendem Episodismus befallen. Wir werden von einander jagenden Erregungstrends ergriffen. Der Kurs durch die Wirklichkeit gerät zur Geisterbahnfahrt.
Mit meinen Sinnes-Wesen sollte ich in Frieden kommen, so dass ich statt der Jagd nach dem Sinnesglück, mich mehr und mehr in dem Empfindungsglück, das aus der Ataraxie erwächst, verankern

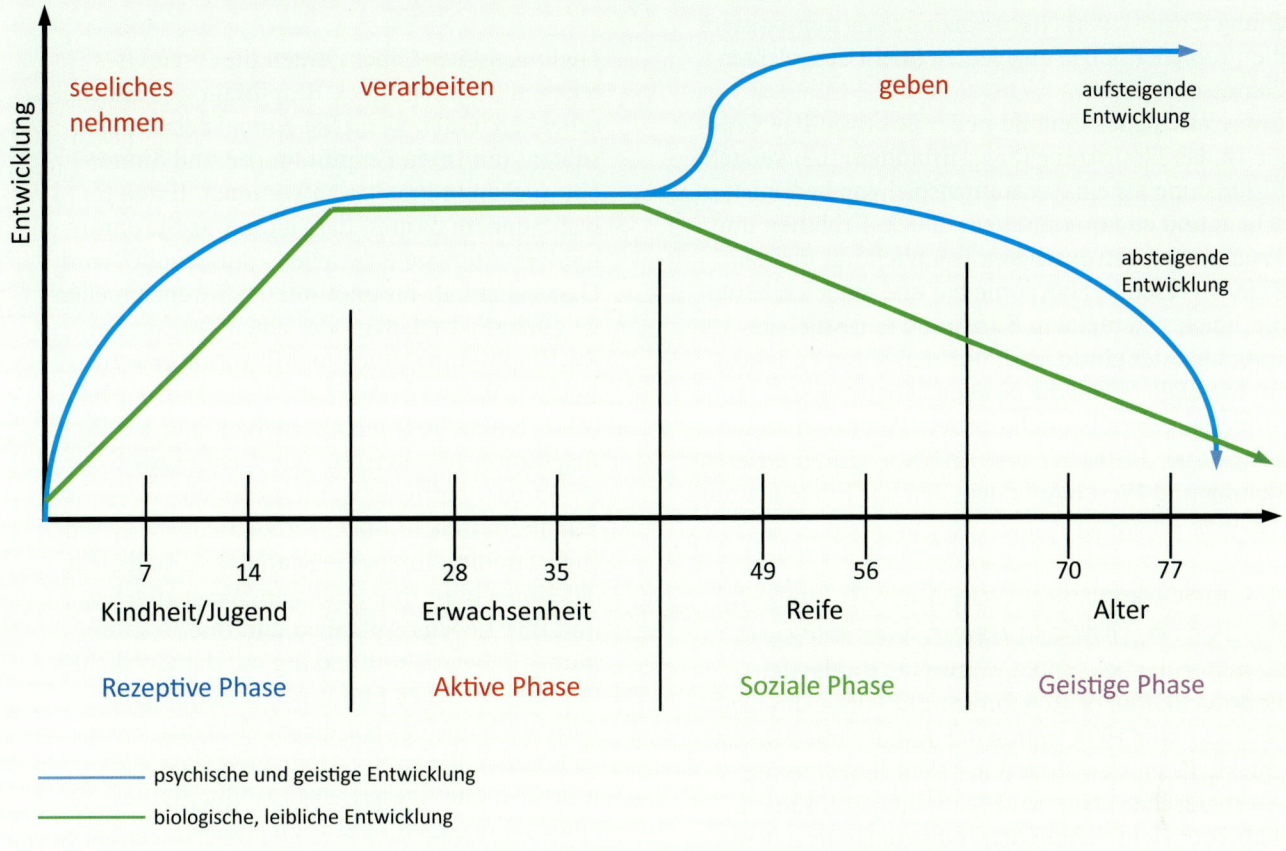

seeliches
nehmen

verarbeiten

geben

aufsteigende
Entwicklung

absteigende
Entwicklung

Entwicklung

| 7 | 14 | 28 | 35 | 49 | 56 | 70 | 77 |

Kindheit/Jugend   Erwachsenheit   Reife   Alter

Rezeptive Phase   Aktive Phase   Soziale Phase   Geistige Phase

—— psychische und geistige Entwicklung

—— biologische, leibliche Entwicklung

kann. Hedonistisches Glück bedeutet also: Ich bin in Frieden mit meinen Sinnen. Und die gewonnene Bewusstheit ist dann auch in der Lage, unangenehmen Sinneseindrücken standzuhalten.

Erfüllungsglück

Aristoteles, ein Zeitgenosse von Aristippos hielt eine andere Philosophie des Glücks für seine Schüler bereit: Er ermahnte sie, objektive, dauerhafte Werte oder Haltungen als Grundlagen für langfristiges „Erfüllungsglück" zu suchen, statt sich zu sehr mit dem Empfindungsglück abzugeben.

Glücklich war, wer einen guten Geist (griechisch Eu-Daimon) hatte, der ihn zu einer guten Lebensführung anleitete. Eine Steigerung dieser Eudämonie lehrte der Kirchenvater Augustinus: Menschliches Glücksstreben muss darauf gerichtet sein, mit Hilfe Jesu und des Heiligen Geistes zu Gott zurückzukehren. Erst die Unveränderlichkeit Gottes ermöglicht nach Augustinus dauerhaftes (Erfüllungs-)Glück. Eudaimonisches Glück dahingegen bezieht sich nicht auf die Sinnesempfindungen, sondern auf den Kernzustand des Menschen, auf seine Grundwerte. Studien weisen darauf hin, dass Eudaimonisches Glück, insbesondere im Alter, mit einer größeren Lebenszufriedenheit einhergeht als hedonistisches Glück.

Das Lebensphasenmodell nach Lievegoed zeigt,

dass die biologische, leibliche Entwicklung – und damit auch die Möglichkeiten der Sinnesorgane – ab dem 42. Lebensjahr stark zur Neige geht. Ideal ist es, spätestens zur Lebensmitte seine Fähigkeit zum Empfindungsglück so weit entwickelt zu haben, dass sich immer mehr Raum für das Erfüllungsglück auftut: Ein gelingendes Leben in Ausrichtung auf die Göttliche Ordnung.

Betrachten wir das Lebensphasenmodell nach Lievegoed, dann sehen wir, dass die psychische und geistige Entwicklung im Idealfall ab der Lebensmitte noch einmal steil ansteigen kann. Während die körperlichen Kräfte zur Neige gehen, kann der Geist wachsen.

Viele Menschen wissen nicht, was der Geist ist. Der Geist ist etwas sehr Machtvolles und er ist nicht starr: Mit jedem Gedanken, jeder Tat, jeder Entscheidung, nehmen wir einen guten (hilfreichen) oder einen schlechten (dekadenten) Geist in uns auf. So werden die Entscheidungen des Menschen, in jedem Augenblick, zu seinem Schicksal. Insoweit können wir Goethes Faust als Widerspiegelung der alltäglichen Entscheidungen im Inneren der eigenen Seele verstehen. Wohl dem, der einen guten Geist hat. Dieser vermag ihm auch im Alter und im Sterbeprozess das Erfüllungsglück eines gelingenden Lebens schenken, das mehr Sinn bietet als nur die Verfeinerung des Genusses.

Im christlichen Abendland haben viele fromme Menschen versucht, gänzlich auf das Empfindungsglück zu verzichten. Der Roman „die letzte Versuchung Christi" von Nikos Kazantzakis thematisiert die Problematik des ungelebten (nicht ausgelebten) Genusses.

Ein relativ neues Leitbild in der positiven Psychologie ist das Flourishing (engl. Erblühen). Ich verstehe Flourishing als ein Zusammenspiel von hedonistischem und eudaimonischem Glück. Erblühen und Frucht abwerfen geschieht, wenn ich mit meinen Sinnes-Wesen in Harmonie bin und zugleich bereit bin, mich von meinem Eudaimon (christlich gesprochen: der göttlichen Führung) leiten zu lassen. Im Idealfall: Wenn die eigenen Möglichkeiten zum Sinnesgenuss mit zunehmendem Alter nachlassen, können wir Mitfreude und Erfüllung durch unseren Beitrag und Wert empfinden, den wir Einzelnen und der Welt schenken.

Glück hängt nicht von dem ab, was wir haben, sondern davon, wer wir sind

Gemäß einer bekannten weltweiten Studie der London School of Economics and Political Science aus dem Jahr 1998, waren die Länder mit den fünf glücklichsten Bewohnern der Welt Bangladesch, Aserbaidschan, Nigeria, Philippinen und Indien, während Menschen in den Industrieländern deutlich abfielen (Großbritannien an 32., Frankreich an 37., Deutschland an 42., USA an 46. Stelle). In aktuelleren Studien liegen andere Länder vorne, aber die Tendenz ist die Gleiche: Länder mit hohem Pro-Kopf-Einkommen weisen in Punkt Glücklichsein bestenfalls einen Mittelwert auf. Die Fähigkeit zum Glücklichsein hängt offenbar nicht von dem ab, was wir haben, sondern von der Selbstbejahung der aktuellen Lebensumstände.

Meditation und Arbeiten im Flow machen glücklich

Die Psychologen Matthew Killingsworth und Daniel Gilbert von der Harvard University haben 2010 durch eine Studie mit 2200 Versuchspersonen, die eine halbe Million Antworten lieferten, ermittelt, dass man glücklicher wird, wenn man sich innerlich ganz nur auf einen einzelnen (gegenwärtigen) Gegenstand konzentriert und sein Handeln auf eine bestimmte Tätigkeit wirft, als wenn man ziellos die Gedanken schweifen lässt. Dies erleben wir, wenn wir im Flow-Zustand arbeiten und besonders, wenn wir zum Glück anderer beitragen können oder wenn wir meditieren.

Urteilchen-Strahler und Glücksgefühle

Ich habe Ihnen in diesem Artikel zweierlei Arten von Glück vorgestellt, die beide für uns wichtig sind. Mit Hilfe des Urteilchen-Strahlers können Sie sich

BEIDE Sorten von Glück zuführen, schlicht und einfach, indem Sie den Urteilchen-Strahler bitten, genau diese Qualitäten einzustrahlen.

Hedonistisches Glück: Bitten Sie Ihren Urteilchen-Strahler, Ihnen Empfindungsglück zu schenken. Oder, wenn Sie einmal belastet sein sollten, mit Ihren Empfindungen und Sinneseindrücken in Frieden zu kommen. Bitten Sie insbesondere darum, dass alles, was Sie daran hindert, Ataraxie zu erleben, „ausgenullt" wird. Gegebenenfalls programmieren Sie entsprechende Globuli, Tabletten oder einen Transmitter, Ihr Empfindungsglück und Ihre Ataraxie zu stärken. Wenn es ungestillte Bedürfnisse geben sollte, bitten Sie Ihren Urteilchen-Strahler, Ihnen Inspiration zu schenken, wie diese sinnvoll erfüllt oder befriedet werden können.

Eudaimonisches Glück: Bitten Sie Ihren Urteilchen-Strahler, Ihrem Geist all das zu schenken, das Ihnen hilft, Ihre innersten Werte zu leben und Ihre Lebens-Aufgaben und Ihre Bestimmung (Dharma) in Einklang mit der Göttlichen Ordnung zu leben und Ihnen die Kraft gibt, diese im Sinne der göttlichen Ordnung leben zu können. Bitten Sie dabei auch, dass alles, was Sie daran hindert, das Erfüllungsglück eines gelingenden Lebens zu erleben, „ausgenullt" wird. Gegebenenfalls programmieren Sie entsprechende Globuli, Tabletten oder einen Transmitter, Ihr Erfüllungsglück zu stärken. Wenn Sie Schwierigkeiten haben, Ihre inneren Werte zu spüren oder zu leben, bitten Sie im Rahmen einer Wabenbeichte um entsprechende Unterstützung.

Doppelprogrammierung mit Hilfe der 11-Loch Wabe:

Fertigen Sie sich separat je einen Transmitter für hedonistisches Empfindungsglück und einen Transmitter für werthaltiges Erfüllungsglück an und stellen Sie in der täglichen Anwendung beide Transmitter gleichzeitig in die Wabe.

So erleben Sie, dass sich in Ihnen „zweierlei" Glück vereint und durch Sie gelebt werden kann. Der vermeintliche Widerspruch zwischen sinnlicher und geistiger Erfüllung wird überbrückt. Ein uralter Traum Gottes beginnt sich durch Sie zu verwirklichen. Das bedeutet es, zweierlei Glück in sich zu vereinen: Sich selbst als die Quelle des Glücks zu erleben!

Übrigens: Glück ist für mich auch, ein Urteilchen-Seminar zu geben – ich bin beglückt über meine wundervollen Seminarteilnehmer. Informationen über mein nächstes Urteilchen-Seminar erhalten Sie unter klaus@klausjuergenbecker.de

Schwester Hadewych

Von Gottesliebe durchdrungen

Bettina Maier

Den Begriff Mystik genau zu erklären, ist schwierig. Jedoch sind zwei Wörter untrennbar mit ihm verbunden: Liebe und Erkenntnis. Der Mystiker, dessen Antriebskraft die Liebe zu Gott ist, beschreibt Erfahrungen einer göttlichen Wirklichkeit – was für den unerleuchteten menschlichen Verstand oft nicht verständlich ist. So ist die Mystik wohl eher als ein Phänomen mit all seinen unterschiedlichen spirituellen Formen zu sehen. Als Blütezeit der Mystik kann das Mittelalter beschrieben werden. Während in Europa heute bekannte Namen wie Meister Eckehart oder Hildegard von Bingen in Erscheinung traten, sind aus dem Orient Mystiker wie Rumi oder Al-Ghazali ein Begriff.

In unserer neuen Herzgefühl-Serie wollen wir Ihnen Mystikerinnen und Mystiker quer durch alle Religionen und Zeiten vorstellen – bekannte Namen, aber auch solche, von denen Sie vielleicht bisher noch nichts gehört haben. Sie werden feststellen, dass hinter allen Botschaften und Gott-Erfahrungen ein und dieselbe Wahrheit steckt. Den Anfang macht eine Frau: Schwester Hadewych.

Die religiösen Gemeinschaften der Beghinen widmeten sich im zwölften und dreizehnten Jahrhundert der Nächstenliebe und Fürsorge für Arme und Kranke. In einem solchen Kloster in Brabant, einem historischen Gebiet in den heutigen Niederlanden und in Belgien, wirkte Schwester Hadewych. Sie soll zwischen 1180 und 1250 gelebt haben, ihr genaues Geburts- und Todesdatum und ihr bürgerlicher Name sind jedoch nicht bekannt.

Wir können uns Schwester Hadewych als eine vermutlich dem Adel entstammende und hoch gebildete Frau vorstellen. Als Verfasserin einer Sammlung von Minnegedichten, in denen die mystische Liebe zwischen Gott und Mensch beschrieben wird, gilt sie als eine der bedeutendsten Autorinnen in mittelniederländischer Sprache. Ihre erlebten Visionen und Erfahrungen der Göttlichkeit schrieb sie auch in Briefform und geistigen Unterweisungen nieder.

Schon früh in ihrer Kindheit soll Schwester Hadewych zum kosmischen Bewusstsein erwacht sein. Sie entschied sich gegen ein weltliches Leben in Wohlstand und für eine Existenz im Dienste Gottes. In ihren Werken berichtet sie ausführlich von Visionen und Erscheinungen, die sie seit ihrem zehnten Lebensjahr hatte: „Es war an einem Pfingsttage, als ich den heiligen Geist so empfing, dass ich den Willen der göttlichen Liebe in allem begriff, die Gesetze des Willens, alle Vollkommenheit der vollendeten Gerechtigkeit Gottes: Seitdem fühle ich die Liebe in allen, die da waren. Auch verstand ich alle Sprachen, und das Feuer der Liebe und die Erkenntnis der Wahrheit erloschen und verstummten seitdem nicht mehr in mir…."

Schwester Hadewych berichtet, wie sie Jahre später von einer inneren Stimme geführt, von Gott aufgenommen wurde. Von einem Engel geleitet, erlangte sie hohe und zutiefst beseelende Erkenntnisse, unzugänglich für den nicht erleuchteten menschlichen Verstand. Ihre Rückkehr ins Körperbewusstsein beschreibt sie als einen Abstieg in die Finsternis der Nichterkenntnis.

In einem ihrer Gedichte widmet sich Schwester Hadewych dem inneren Licht, das in jedem Menschen brennt:

> *„Ein edles Licht strahlt in uns rein,*
> *das will, dass wir ihm einig sein.*
> *Der reine Funke, das Lichtelein,*
> *Lebendigkeit der Seele mein.*
> *Die ewig eins mit Gott muss sein,*
> *drin leuchtet Gottes ewger Schein."*

Die Botschaft, die Schwester Hadewych hinterlassen hat, ist mit der aller großen Mystiker gemein: Wer Gott erkennen will, muss Gott ganz angehören. Wer sich hingibt und leer macht, durch den strömt die Fülle Gottes. „Verliere dich selbst, um Gott zu gewinnen."

Seesterne retten

Ein furchtbarer Sturm kam auf. Der Orkan tobte. Das Meer wurde aufgewühlt und meterhohe Wellen brachen sich ohrenbetäubend laut am Strand.

Nachdem das Unwetter langsam nachließ, klarte der Himmel wieder auf. Am Strand lagen aber unzählige Seesterne, die von der Strömung an den Strand geworfen worden waren.

Ein kleiner Junge lief am Strand entlang, nahm behutsam Seestern für Seestern in die Hand und warf ihn zurück ins Meer.

Da kam ein Mann vorbei. Er ging zu dem Jungen und sagte: „Du dummer Junge! Was du da machst, ist vollkommen sinnlos. Siehst du nicht, dass der ganze Strand voll von Seesternen ist? Die kannst du nie alle zurück ins Meer werfen! Was du da tust, ändert nicht das Geringste!"

Der Junge schaute den Mann einen Moment lang an. Dann ging er zu dem nächsten Seestern, hob ihn behutsam vom Boden auf und warf ihn ins Meer. Zu dem Mann sagte er: „Für ihn wird es etwas ändern!"

Kommentar:

Dabei kommt mir in den Sinn, einfach ein Lächeln in das große Meer der Menschen zu werfen. Lassen Sie einfach all Ihre Befürchtungen wie „was könnte der oder die von mir denken" beiseite und lächeln Sie drauf los. Für den, der Ihr Lächeln auffängt, wird es etwas ändern. Versuchen Sie es, ich mache ebenfalls mit.